L I E B E
einfach schrecklich

Tagebücher aus Europa

Herausgegeben von Marion Neumann und Ulrich Herold

LIEBE
einfach schrecklich

Tagebücher aus Europa

Elisabeth Senta Michelle Hilde
Eleonore Sevgi Jenny
Natálie Boris
Maren
Lea

Verlag **CONSTRUCTIV** Berlin

Einband und grafische Gestaltung: Regine G. Schulz

© **Verlag CONSTRUCTIV Berlin**
1. Auflage 1992
Satz: TYPO*design*WERKSTATT im Verlag
Druck: Chemnitzer Verlag und Druck GmbH, Werk Zwickau
Printed in Germany • Alle Rechte vorbehalten
ISBN 3-86154-006-1

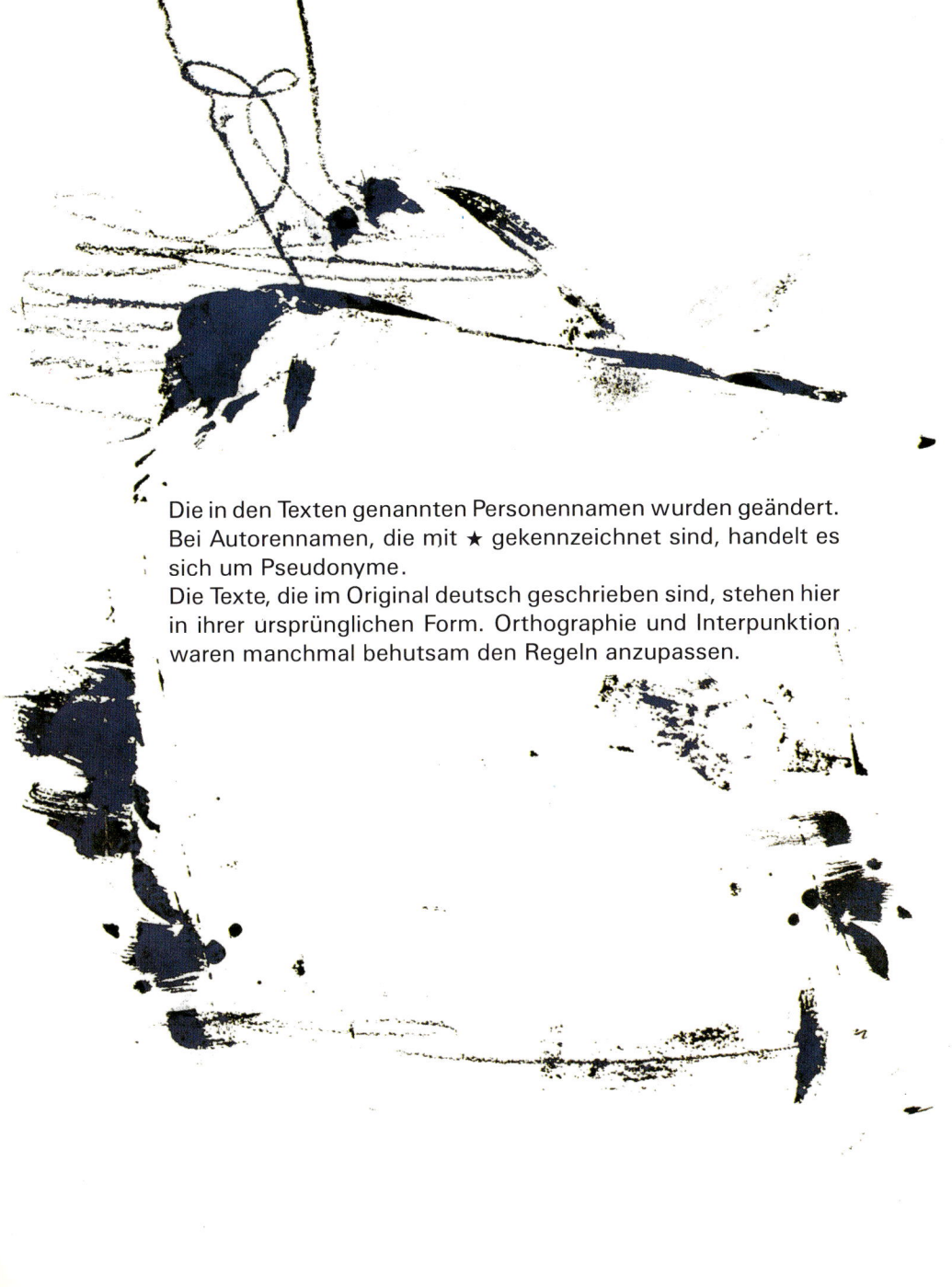

Die in den Texten genannten Personennamen wurden geändert.
Bei Autorennamen, die mit ★ gekennzeichnet sind, handelt es sich um Pseudonyme.
Die Texte, die im Original deutsch geschrieben sind, stehen hier in ihrer ursprünglichen Form. Orthographie und Interpunktion waren manchmal behutsam den Regeln anzupassen.

Maren

28. 4. 89

Immer, wenn ich alte Eintragungen lese, so von vor zwei oder drei Jahren, packt mich ein Gefühl zwischen Scham und unglaublicher Abgehobenheit – ein Gefühl, als ob gar nicht ich das wäre, sondern irgendein bedauernswertes Geschöpf, das hier irgendwo vor sich hin vegetiert. Und doch kann ich mich immer noch in diese alte Maren, die man absolut nicht gern haben wollte (und konnte), hineinversetzen.

Ich bin wirklich stolz, daß ich so bin, wie ich heute bin, daß ich mir heute zugestehe, neidisch, schüchtern, einsam, aber auch laut, lächerlich etc. zu sein, und daß ich trotzdem viele Menschen hab, die mich gern haben. Und obwohl ich bald aus K. weggeh, habe ich eigentlich nur hin und wieder Angst. Ich glaub einfach ganz fest, daß meine *wirklich* guten Freunde Sandra, Elke & natürlich Antje, aber auch Martin, Anke und vielleicht sogar Cornelia mir erhalten bleiben, daß Entfernung das, was uns verbindet, nicht verschwinden lassen kann. Obwohl mir hin und wieder doch leise Zweifel kommen.

Ich möcht von jedem so viel Schönes, Gutes in mich aufnehmen, wie ich nur kann, obwohl ich weiß, daß jeder nach und nach durch andere Freunde, die mir dann mindestens genauso lieb sein werden, ersetzt wird.

Daß alles, absolut alles so viel Zeit braucht und dann doch so schnell und so unabänderlich zu Ende geht. Wie oft hab ich geweint und war traurig, weil ich keine Freunde hatte, dann kamen nach und nach immer mehr, jeder für sich etwas Wunderbares, und jetzt soll ich sie verlieren!

Es ist gar nicht der Neuanfang, der mich deprimiert, es ist einfach die Tatsache, daß nichts von Bestand ist in dieser Scheißwelt, was mich schlicht und ergreifend wütend macht – wie ein kleines Kind, das nicht begreifen will, daß es langsam zu kalt zum Baden ist ... Eigentlich müßte ich ja enorm viel und ernsthaft Ethik lernen, da mein Abi ein bißchen in Gefahr ist – Aristoteles und sein Menschenbild und so. Aber ich schau lieber Fernsehen, denn ich bin mir schockierenderweise enorm sicher, daß ich's am nächsten Mittwoch haben werde – ob ich will oder nicht –, denn eigentlich will ich gar nicht, daß sich an meiner eigentlich herrlich sorglosen Welt etwas ändert. Aber ich werd nächsten Samstag von Herrn Rose mein Abitur überreicht bekommen – wetten! Ich glaube, der Mensch ist von Natur aus unzufrieden & schlecht – und enorm liebebedürftig, sorglos und unbekümmert.

Was immer noch ein Problem, eigentlich das Problem für mich darstellt, ist die Frage, inwieweit ich meine eigenen Bedürfnisse, den Aufbau meines Lebens, die Erfüllung meiner Träume, mit den Anforderungen, den Wünschen und Bedürfnissen der Menschen, die ich liebe, zum Beispiel meiner Eltern, verbinde.

Je älter ich werde, je mehr Dinge ich verstehen lerne, desto komplizierter werden die Dinge, denn je mehr ich verstehe, desto mehr Verantwortung habe ich zu tragen.

Bis zu welchem Punkt darf ich an mich denken, ab welchem Punkt sollte ich meine Bedürfnisse zugunsten der Menschen, die mir viel bedeuten, zurückstecken?

3. 5. 89

Es ist Mittwoch, es ist 19.43, und ich habe vor ungefähr 9 Stunden mein Abitur bestanden. Das schönste daran – ich war eigentlich entsetzlich nervös – war gar nicht mal, daß ich die Prüfung gut gemacht hab, sondern daß einfach alle, Heike, Sandra, Elke, Martin, da waren, mir Mut gemacht haben und sich dann unheimlich mit mir gefreut haben. Es war herrlich, so im Mittelpunkt zu stehen ... (oh, Selbsteitelkeit). Und jetzt sitz ich hier in meinem Abi-T-Shirt und werd heut und die nächsten 3 Tage feiern.

Es sind eigentlich die Reaktionen der anderen, die mich so freuen, meine Eltern, die stolz sind, mein Bruder, meine Oma und meine Freunde. Ich selber bin zwar erleichtert, aber eigentlich nur darüber, daß dieser an der Laune zehrende Streß vorbei ist.

8. 5. 89 / 19.00

Ich fühle mich momentan ziemlich deprimiert, wehmütig, so, als ob ich davor stehe, einen großen Fehler zu machen. Vor allen Dingen habe ich aber das Gefühl, daß ich mich im Grunde genommen auf keinen wirklich verlassen kann. Es stimmt sicher auch, »jeder ist eine Insel«. Doch bisher dachte ich irgendwie unbewußt immer, daß jeder meiner Freunde, Heike, Martin, Sandra, Elke, Anke und auch andere, vollkommen selbstlos für mich da seien. Doch dies ist leider absolut nicht so. Steffi will nicht, daß ich meine Haare blondiere, weil sie bereits diese Farbe trägt. Sandra ist eifersüchtig auf mich, weil ich soviel mit Martin zusammen bin, deshalb kann ich mit ihr nicht über meine Probleme reden, weil sie mir sofort immer das Gefühl gibt, mich wichtig machen zu wollen. Ich hasse sie dafür. Martin ist ein gnadenloser (wenn auch liebenswerter) Egoist, der mich zwar sicher gern hat, mich aber nur dazu benutzt, um sein Ego aufzubauen. Ich habe also niemanden, zu dem ich wirklich offen sein kann.

Ja, und Heike hat seit Samstag Frank, den sie bis zur Raserei liebt. Jetzt will ich mir, um mein Selbstwertgefühl aufzupushen, die Haare blondieren. Gott geb, daß es gut aussieht. Grade geht mir in meinem Selbstmitleid durch den Kopf, daß ich Freunde, die bei mir Rat suchen, genauso nach meinen Bedürfnissen manipuliere, daß mir dann diejenigen eigentlich genauso egal sind.

Um mein Verhältnis zu Sandra tut's mir irgendwo aber schon leid, denn nach diesem Telefongespräch heute habe ich nun endgültig das Vertrauen verloren, ich komme mir nun bloßgestellt vor, genau das, was wir eigentlich ausschalten wollten. Ich brauch einfach Freunde, denen ich 100%ig vertrauen kann – die es anscheinend wirklich nicht gibt. Ich find's traurig.

20.45

Ich bin eigentlich schon seit 20.00 im Bett, kann aber doch nicht schlafen. Komischerweise bin ich heute, obwohl ich eigentlich kein Tagebuch mehr führen wollte, in Schreiblaune. Vielleicht, weil ich mich dadurch überwinden muß, die Dinge mal beim Namen zu nennen. Ich esse auch momentan wieder viel zuviel. Besonders aus Angst vor der Zukunft. Von allen hier werden mir Elke und Martin am meisten fehlen. Aus ganz verschiedenen Gründen. Elke, weil sie der Mensch ist, zu dem ich eigentlich noch am meisten Vertrauen habe (wahrscheinlich, weil unsre Ansichten, Ziele & Wünsche ziemlich auseinandergehen, wir dafür aber den gleichen einzigartigen Humor haben), ... und dann Martin.

Martin wird mir momentan fast zu wichtig. Dabei glaube ich wirklich nicht, daß ich in ihn verliebt bin, ich bin mir sogar ziemlich sicher, daß das nicht der Fall ist. Ich denke vielmehr, daß sein Charme, den er zweifellos hat (oh, an ihm haben die Frauen dieser Welt *viel* verloren, was er leider auch nur zu gut weiß!), und sein gutes Aussehen meiner weiblichen Eitelkeit (die ja sonst wirklich unterernährt ist) unheimlich gut tun, ich praktisch von ihm (ohne Hintergründe) das bekomme, was ich mir ersehne, ohne jedoch dadurch beziehungsmäßig in Streß zu kommen. Wenn Anke sagt, daß ich mit ihm flirte, dann stimmt das sicher, und daß es keine Konsequenz hat, ist das Schöne daran. Und dann lieben wir nun einmal beide die dramatischen, pathetischen und schönen Dinge des Lebens ...

23. Mai 1989

Wieder einer dieser überaus depressiven Tage. Fernsehen, Marc Almond oder Nick Car (je nach meinem Grad von Verzweiflung), viel Essen und ansonsten geistige und körperliche Lähmung. Warum um Gottes willen ruft kein Mensch an?

Im Fernsehen verprügelt ein Mann eine Frau, schlägt ihren Kopf gegen eine Wand. Soll ich Sandra anrufen, ich glaub, ich bin heute der einsamste Mensch auf der Welt.

Und dann strahlt die Sonne noch vom Himmel.

24. Mai 1989

Zustand: unverändert. Ich wandle, der Hund folgt mir (er scheint auch nicht extrem gut drauf zu sein) durch das Haus, ohne Ruhe.

0.45

Werden meine Gedanken oder Gefühle wertbeständig, wenn ich sie aufschreibe? Ich glaube, ich finde, daß Tagebuchschreiben eine ganz ekelhafte Art der Eitelkeit, der Selbstverliebtheit ist (ekelhaft, weil man dazu keinen Spiegel, kein Publikum braucht, der Schein des In-sich-Kehrens so ohne Tadel ist – eine Generation von in-sich-gekehrten, poetischen jungen Menschen). Außerdem kann ich mit dem, was ich jetzt denke, in spätestens zwei Jahren sowieso nichts mehr anfangen. Aber für den Moment kann es doch recht nützlich sein.

Ich verstricke mich, so scheint mir, mit der Zeit immer mehr in meinen Ausnahmezustand. Fernsehen kann etwas enorm Schönes sein. Und Denken auf dem Nichtexistenz-Zustand ebenso. Trotzdem freue ich mich darauf, Martin morgen zu sehen. Vielleicht reiß ich mich sogar zusammen und rede mit Sandra. Obwohl Elke meine Befürchtungen nur bestätigt hat. Mir scheint, ich habe es geschafft, eine Freundschaft zu zerstören. Wenn ich jedoch ehrlich bin, weiß ich gar nicht genau, warum ich versuchen will, diese Freundschaft zu erhalten, ich befürchte, nur aus Nostalgie, Gewöhnung, weil mir irgend etwas fehlen würde und weil ich irgendwie das Gefühl hätte, daß mir Heike etwas weggenommen hätte.

4. Juni 89 / Sonntag

Mein Vater macht mir Sorgen. Immer, wenn ich mit ihm telefoniere, klingt er, der wenig von seinen Gefühlen zeigt, so verletzlich und so lieb, ich glaube, er hat wirklich Angst. Ein komischer Gedanke, der mir ebenfalls Angst macht, weil gerade mein Vater für mich immer der Inbegriff von Selbstbeherrschung und Stärke war. Das Schlimme daran ist, daß ihm von uns wirklich niemand helfen kann, wir praktisch tatenlos daneben stehen müssen und nur versuchen können, ihm zu zeigen, daß wir ihn lieb haben.

11. 6. 89

Ich hab's geschafft, gelte jetzt als eine von Holgers vier Frauen. Ich war heute erneut bei ihm und plötzlich (das heißt nach ungefähr 3 Std.) hat er mich geküßt. Ich bin, wie ich ihm nachher auch gestanden hatte (war das hart), noch tausendmal verliebter.

Im Grunde genommen bin ich total glücklich und sehn mich jetzt schon total nach ihm. Wie das Ganze aber in Zukunft aussehen soll, weiß ich nicht im geringsten, da Holger trotz allem nicht glüht vor Liebe zu mir.

12. 6. 89

Nachdem jetzt ein ganzer Tag vergangen ist (und Holger sich natürlich noch nicht gemeldet hat), ist meine Laune, meine Euphorie schon wieder ganz schön gesunken. Ich weiß gar nichts mehr. Was soll ich denn tun, wenn er die ganze Woche nicht anruft? Soll ich ihn wieder anrufen? Ich hab doch nicht mehr viel Zeit. Ich hab so Angst, daß das Ganze für ihn gestern nur ein Spiel war, und sehn mich auf der andern Seite so sehr nach ihm.

Er hat mich ja gewarnt und mir vorhergesagt, daß er mir weh tun wird. Ich muß so aufpassen, daß er nicht Dreh- & Angelpunkt meines Lebens wird. Ich liebe sein Lächeln sehr.

17. Juni 89 / Samstag

Montag ist Stichtag. Ich hab Angst und freu mich unheimlich, Holger wiederzusehen. Wenn ich nur wüßte, ob es noch etwas zu gewinnen gibt oder ob schon alles verloren ist.

Kann man einen Menschen so zärtlich in seinen Armen halten und küssen und dann alles vergessen – ich hoff so sehr, daß ich es wieder schaffe, ihn dazu zu bringen, daß er mich so weit gern hat, daß wir eine zumindest lose Beziehung eingehen.

Ich lieb ihn trotzdem.

26. Juni / Montag

Ich hab Holger so weit gebracht – sogar noch zweimal –, und ich bin genauso schlau und verliebt wie vorher. Momentan bin ich viel zu durcheinander, um das, was in meinem Kopf konfus durcheinanderschwirrt, festzuhalten oder zu ordnen.

Warum meldet sich Sandra nicht? Ich hab das dumpfe Gefühl, daß die ganze Holger-Geschichte ganz schön an den Grundfesten unserer Freundschaft nagt.

13. September 89 / Dienstag

Ich fühl mich momentan wieder ziemlich wohl – meine Angst, Hautkrebs zu haben, war unbegründet, mit Martin, Cornelia, Christel und Elke ist es zur Zeit wieder total gut, ich hab das Gefühl, gemocht zu werden, und kann das auch zeigen – und Holger, auch da hab ich wieder Hoffnung (obwohl ich noch keine Ahnung habe, wie unsere Trennung aufgehoben werden soll …). Doch das ist momentan auch gar nicht so wichtig. Ich fühl mich hier und heute in diesem untätigen Stadium der Hoffnung sehr, sehr wohl und will das erst einmal genießen.

Momentan bin ich mir total sicher, daß ich Holger ebenfalls nicht gleichgültig bin und daß ich irgendwie, irgendwo und irgendwann (möglichst bald, bitte) die richtigen Worte finde, um das Ganze noch zu retten (ich finde nämlich, daß es da durchaus noch einiges zu retten gibt). Ich sitz hier vor meinem offenen Fenster, es ist acht Uhr und schon ziemlich dunkel, ich werde den heutigen Abend zu Hause verbringen – ich muß sagen, ich genieße es. Heute abend bin ich zum erstenmal seit ziemlich langer Zeit mal wieder so richtig zufrieden – es ist total schön.

Mittwoch, 14. September / 1.20

Es ist passiert – ich war mit Katja in der Stadt, wir waren im K 9, haben uns betrunken, sind ins C. gekommen – und er war da, mit seiner Traumfrau.

Wir haben keinen Blick gewechselt. Ich konnte nicht in seine Richtung schauen. Obwohl ich mir, wenn ich ganz, ganz objektiv bin, keine noch so geringe Chance ausmalen kann, weiß ich hundertprozentig genau, daß noch irgend etwas passieren wird – ich muß noch einmal mit ihm reden. Martin sagt, ich soll das Ganze vergessen. Alle sagen, daß ich keine Chance mehr habe. Holger, hör mir bitte noch einmal zu.

Freitag, 16. September / 2.15
Es ist aus. Ein klares NEIN von Holger – er will einfach nicht mehr. Meine Gefühle sind nicht zu beschreiben. Mir selbst klarzumachen, daß es definitiv aus ist, läßt sich am besten damit bewerkstelligen, daß ich versuche, mir klarzumachen, daß er wieder mit dieser Kindergärtnerin zusammen ist. Diese Tatsache trifft mich wirklich. Wie ich die nächsten Tage überstehen soll, weiß ich nicht. Ich bin so liebe- & zärtlichkeitsbedürftig. Sehe ich Pärchen, dann komme ich mir minderwertig vor. Trotzdem sitze ich jetzt hier und hoffe, daß er anruft. Holger – ich bin total, unwiederbringlich am Ende. Du hast gewonnen.

Ich kann nicht mal weinen. Nicht mal heute. Ich muß jetzt so stark und hart zu mir selber sein, dann schaff ich es vielleicht, Dich zu vergessen.

23. September 89 / Freitag
Heute auf den Tag genau ist es einen Monat her, daß ich mit Holger Schluß gemacht habe – und es hat sich seither nichts mehr ergeben.

Dann habe ich gerade die wirklich deprimierende Aussprache mit Heike hinter mir. Es sieht nun wirklich zum allererstenmal sehr, sehr übel aus. Wir haben miteinander gesprochen und sind, ohne etwas geändert zu haben, wieder auseinandergegangen. Zum erstenmal in all den Jahren sind das Mißtrauen, die Verbitterung stärker als die Freundschaft. Wir mußten zu dem Entschluß kommen, daß wir momentan nichts an unserer Entfremdung ändern können. Ich frag mich, ob es mir jemals noch schlechter gehen kann als momentan. Ich bin einsam, einsam, einsam.

Es gibt niemanden, mit dem ich reden kann. Ich treffe mich jeden Abend mit irgendwelchen Leuten, fühle mich aber trotz allem extrem verlassen. Ob das wohl mein ganzes Leben lang so bleiben wird? War das das Gefühl, von dem Holger mir in jener Nacht erzählte – daß sich eigentlich niemand wirklich für den anderen interessiert? Damals habe ich ihm widersprochen, habe ihm gesagt, daß das bei mir ganz anders sei.

Heute fühle ich mich genauso, und das kann ich ihm nicht einmal sagen. Holger ist wieder mit Nadja zusammen – ich war für ihn nur jemand, mit der er sich ein paarmal getroffen hat. Ich weiß, es wird nicht schlimmer werden, es wird einfach nur noch verdammt lange so bleiben – mal ein bißchen erträglicher, mal wieder schlimmer. Mir graut vor jedem neuen Tag. Im Fernsehen küssen sie sich gerade mal.

Holger. Inzwischen kommen mir sogar die Tränen.

Gott, wie ich dieses sonnige Wetter hasse. Ich kann mich auch selbst nicht mehr sehen, hören und fühlen. Ich werd immer unzufriedener und gelangweilter. Jetzt habe ich sogar die Freunde verloren, von denen ich dachte, sie würden immer bei mir sein.

Oh, oh, oh, bald reicht's mir. Vielleicht ist das, was mir jetzt passiert, einfach nur eine zwangsläufige Entwicklung, vielleicht geht es im Grunde allen so, und ich war bis jetzt immer in dieser Scheinwelt, watteweich umgeben von liebenden Freunden. Und ich fresse, mir wird schlecht, ich fresse wieder und wieder und wieder ...

Dienstag, 10. Oktober 89

Es ist vollbracht – ich habe mit Holger telefoniert, wir treffen uns am Freitag. Ich habe alle Hoffnung dieser Welt. Zugleich aber auch diese Angst, daß am Freitag alles für immer, endgültig zu Ende sein könnte. Ich darf mir nichts wünschen, da immer genau das eintrifft, was man nicht voraussehen konnte ... Wenn ich nur wüßte, was in diesem Menschen vor sich geht – er ist so vollkommen unkalkulierbar. Und doch habe ich das Gefühl, daß ich durchaus die Möglichkeit habe, einiges zu steuern ... Hundertprozentig sicher bin ich mir natürlich auch nicht. Trotzdem sind diese Tage, Montag bis Freitag, gut, die Erwartung, Holger am Freitag zu sehen, läßt mich endlich mal wieder zur Ruhe kommen.

Überhaupt, Herbst, die wiederkehrende Kälte, Nebel, die kürzer werdenden Tage – es gefällt mir und tut mir so gut. Ich fühle mich wieder um einiges entspannter und ruhiger. Diese Ratlosigkeit, dieses Bedürfnis, bloß nicht allein zu sein, ist lange nicht mehr so zwingend. Die Tee-Zeit fängt wieder an, Kerzen, Vivaldi, lange angenehme Gespräche mit Menschen, die ich gern habe – es wird alles wieder erträglicher.

Freitag, 13. Oktober 89 / Vollmond

Blue Note, gleicher Tisch, wieder Vollmond – nur ganz anders, vertauschte Rollen. Der Kreis hat sich geschlossen.

Ich konnte Holger endlich mich, die wahre Maren, zeigen. Ich habe ihm meine Ängste, meine Wünsche erzählt. So wie ich es mir tausendmal in meinem Kopf durchgespielt habe. Und ich glaube, ich habe es zum erstenmal geschafft, zu ihm durchzudringen.

Ich habe gestern zum erstenmal den wahren Holger gesehen – den Holger, der mich nicht mehr anschauen konnte, den Holger, der unsicher, verlegen und unheimlich verletzlich ist. Es war entsetzlich und unaussprechlich traurig. Ich hätte ihn so gerne einfach nur in meine Arme genommen, ihn vor allem mit meiner Liebe beschützt, ihn gegen alles, was ihm weh tut, unverletzlich gemacht. Aber es ging nichts mehr. Gestern sind wir uns unwiederbringlich, endgültig zu nahe gekommen. Genau das hat uns endgültig auseinandergebracht – ein für allemal.

Jetzt habe ich sie endgültig, meine traurige Liebesgeschichte ... Ich will mich nie, nie wieder verlieben. Mein Gott, so viel.

Ich lieb ihn wie nie zuvor, aber es war niemals hoffnungsloser. Meine Gefühle sind nur noch dazu da, um vergessen und unterdrückt zu werden. Alles, was ich fühle. Mein Gott, Holger. Ich sollte eigentlich zufrieden sein, aber der gestrige Abend hat alles wieder so lebendig gemacht – seine Augen, seine Hände, sein Mund.

Samstag, 21. 10. 89 / 1.45

Ich habe heute mit Elke gesprochen, und sie hat mir mal wieder einiges deutlicher gemacht, Dinge, die ich eigentlich schon lange gespürt habe. Daß Holger eigentlich auch in einer schweren Lage ist. Er liebt mich nicht, aber durch die Dinge, die ich ihm gesagt habe, sieht er mich jetzt anders.

Wahrscheinlich (ich weiß ja eigentlich nichts über diesen Menschen – ich kann nur Vermutungen anstellen, die mir wahrscheinlich nur selbst darüber hinweghelfen sollen – aber macht nichts) bereut er einiges jetzt auch, hat aber einfach trotz allem nicht den Mut, noch irgendwas zu tun, und außerdem ist es ihm viel zuviel Streß, denn ich bedeute ihm einfach nicht viel. Ich habe ihn heute im K. getroffen, konnte ihn wieder einmal nicht einmal ansehen, geschweige denn grüßen. Ich habe die Nase voll von Männern, allen Liebesritualen – dem Sich-Anmachen, allem, wofür man Selbstbewußtsein braucht, was ich zur Zeit einfach nicht habe.

Ich fühle mich häßlich und ungeliebt. Mein Debüt in Sachen Männer ist total danebengegangen. Jetzt sitze ich hier, eine sich selbst bemitleidende, alte, vergrämte Jungfer. So was kann man doch gar nicht lieb haben.

22. 10. 89 / Sonntag

Es scheint mir so sinnlos, morgens überhaupt aufzustehen. Es ist jetzt 14.00, und ich komme nicht weiter als bis zum Fernseher – es ist vollkommen egal, was auf dem Bildschirm abgeht –, Hauptsache, ich werde nicht mit mir selbst allein gelassen.

Es ist jetzt 18.30, und ich lasse mich immer noch nicht mit mir selbst alleine. Wieder ein weggeworfener Tag – den absoluten Höhepunkt stellt die »Lindenstraße« dar. Bemitleide ich mich nur selber oder empfinde ich wirklich »Leid«? (Pathos!) Ich hab einfach keine Lust mehr, die zu sein, der es hauptsächlich schlecht geht, in jeder Beziehung. Es ist so verdammt schwierig, trotz allem noch positiv zu denken, noch zu denken, daß alles irgendwann erfüllter wird. Das Schlimme ist, daß ich irgendwo genau weiß, daß nur ich selbst mir helfen kann, sonst niemand. Ich denke momentan sehr oft daran, einfach Schluß zu machen, aber ich glaube irgendwo, daß es feige wäre und daß das, was danach kommt, nicht besser ist. Ich glaube, es ist einfach meine Aufgabe, das hier irgendwie durchzuhalten, trotz allem irgendwie die Hoffnung nicht zu verlieren.

Ich möchte nicht aufgeben, weil ich immer noch die Hoffnung habe, irgendwann glücklich und zufrieden mit mir selbst zu sein. Ich will nicht immer nur deprimiert sein.

29. Oktober 89 / 21.45

Mein Leben ist leer – seit fast fünf Monaten. Ich dachte immer, daß ich Holger nach einer gewissen Zeit vergessen könnte. Marburg, Ablenkung aller Art – nichts hat etwas an meinen Gefühlen geändert. Nur noch hier in meinem Zimmer fühle ich mich wohl – ausgerüstet mit Fernseher, gut zu essen, gut zu trinken. Eigentlich sollte es mir einerlei sein, ob ich hier oder sonstwo sitze – aber da ist ja, wie gesagt, die Sache mit dem Selbstvertrauen, das sich bei meiner Person nun einmal auf meine gewohnte Umgebung beschränkt – es läßt sich in gewohnter Umgebung nun einmal bequemer leiden. Holger – ich stelle die tragischste Person dar, die es in unsrer netten kleinen Stadt gibt. Ich schaff's nicht – ich kann, kann, kann ihn nicht vergessen. Ich weiß, wie unsinnig das ist. Ich werde mir jetzt Zeit nehmen – für was? Ich habe keine Ahnung.

Ich glaube, solange ich Geld habe, werde ich mich nicht langweilen. In der Zeit, die ich jetzt noch in K. verbringe, will ich mir einfach mal darüber klar werden, was um alles in der Welt ich eigentlich will. Daß ich unzufrieden bin, spüre ich, es kommt aus mir, also muß ich selbst es ändern. Ich will nicht, daß mich mehr und mehr Leute langweilen – ich will wieder an Kleinigkeiten Freude haben.

Mittwoch, 1. November 89

Ich spüre in immer kürzeren Abständen, daß ich mir zum Glück immer größere Reserven in mir selbst aufgebaut habe. Es ist inzwischen 16.00 Uhr, Holger ist sicher wach, er könnte mich anrufen – er wird es nie, nie tun. Und ich hoffe immer noch, daß ein Wunder geschieht. Was soll ich denn nur tun?

Nachdem ich hier jetzt eine Stunde gesessen habe und so richtig von Herzen geweint habe (ich hasse das Wort heulen, obwohl es wahrscheinlich treffender wäre), mußte ich, nun etwas ernüchtert, zu dem Entschluß kommen, daß es einfach irgendwie weitergehen muß, ich werde Holger vergessen – irgendwie, so bitter und traurig das auch sein mag. Jetzt ist es genau 17.45 – Holger wird jetzt garantiert nicht mehr anrufen.

Meiner Mutter, die natürlich auch merkt, was los ist, gehe ich nur noch auf die Nerven. Warum kapiere ich nur nicht, daß es aus ist? Gelobt sei, was hart macht.

Man sollte sich selber wirklich nicht so ernst nehmen – was ich immer predige! Wie kann etwas, das vor einiger Zeit einmal so schön war, so nichtig werden? Mir wird übel. Wie kann mich etwas so Banales nur so dermaßen außer Fassung bringen? Ich fasse es einfach nicht. Wie soll das alles bloß weitergehen. Wie – ich werde nach Marburg gehen, ich werde mir morgen einen Job suchen, ich werde nicht in Depressionen stürzen und mir alles selbst kaputtmachen – und es werden noch andere Männer kommen, die mich vielleicht auch glücklich, ganz sicher aber öfter noch unglücklich machen werden.

Holger war der erste Mann meines Lebens, er wird nicht der letzte sein. So einfach ist das. Es gibt auch ohne Holger noch Hoffnung. So viel für heute.

Sonntag, 5. November 89

Inzwischen ist es 17.00 Uhr, und ich glaube, ich bin immer noch betrunken. Draußen ist absolutes Novemberwetter, es regnet, es windet – ich fühl mich eigentlich total wohl, was, mal wieder, indirekt an Holger (nicht schon wieder) liegt.

Ich glaube, wir mögen uns wieder. Als ich gestern abend bei Sandra war, hat Holger angerufen – das Verblüffende war, als er gehört hat, daß ich da bin, wollte er trotzdem kommen. Ich hab's schier nicht geglaubt – er kam dann zwar nicht, weil ich Sandras Frage, ob Holger kommen solle, gar nicht ernst genommen habe, ich darauf also nein gesagt habe.

Ich meine, es wäre eine absolute Katastrophe geworden – Sandra, Maren und Holger auf einem Haufen, aber die Tatsache, daß Holger inzwischen wieder so weit ist, daß er trotz meiner Anwesenheit nicht das Weite sucht, hat mich absolut glücklich gemacht. Wir mögen uns – total schön. Ich habe ihn noch total lieb.

23.30

Ich fühle mich total gut. Es gibt noch andere Männer, man sollte es nicht für möglich halten. Ich war mit Heike im Sedir, wir haben B. H. getroffen, und im Laufe dieses Abends war ich einfach mit der Zeit immer näher dran, mich in ihn zu verlieben – einfach nur von seiner Art her, weil ich mich total gut mit ihm unterhalten hab, mich bei ihm gut gefühlt hab. Dabei gefällt er mir rein äußerlich eigentlich kaum. Es ist zu verrückt!

Mittwoch, 8. November 89

Ich bin wieder betrunken, alles ist so einfach, rosa und federleicht. Ich muß heute abend unbedingt mit Sandra eine Flasche Sekt trinken. Ich möchte tanzen und vor mich hin singen. Blendende Laune! Die Sonne scheint, ich fühl mich ganz, ganz wunderbar.

So schnell kann meine Laune zerstört werden ... Cornelia hat mir abgesagt, Sandra hatte keine Zeit. Gerade heute, wo Holger bei Sandra ist. Es ist komischerweise gar nicht so schlimm. Ich werde damit fertig.

20.05

Erschreckende Feststellung. Ich sehe gerade im Fernsehen eine Diskussion über Alkoholabhängigkeit. Mehr und mehr bin ich unangenehm berührt. Gespräche über Alkoholabhängigkeit, Selbstfindung. Ich frage mich, wie ich mit Alkohol umgehe, wo ich stehe, was mit meiner Selbstfindung, meinem Selbstbewußtsein geworden ist. Ich glaube, momentan sieht's in dieser Beziehung mit mir nicht besonders gut aus.

Ich trinke momentan ziemlich viel, weil ich einfach gute Laune habe und das noch steigern will und weil ich teilweise einfach total deprimiert und fertig bin. Letzteres sollte ich wahrscheinlich besser lassen. Mein Selbstbewußtsein ... ich versuchte mir vorhin vorzustellen, wie ich dastehe, etwas sagen will. Ich hätt's nicht geschafft. Ich kaue wieder Fingernägel, esse zuviel.

16. November 89 / Donnerstag
Ein Tag ist nichts – im Nu ist schon wieder Abend, es ist nicht zu fassen. Aber ich hab's endlich wieder geschafft, ich hab wieder angefangen zu lesen. Endlich hat mich wieder mal ein Buch wirklich gepackt – Thomas Mann, Erzählungen –, es ist total toll, mal wieder mit Leidenschaft zu lesen.

Trotz allem, so bald es dunkel wird, reduzieren sich meine Gedanken darauf, ob und wann ich Holger sehen werde.

Sonntag, 18. November 89
Wieder einmal eines dieser Sonntagnachmittag-Kaffee-Zukunftsgespräche mit Vater und Mutter. Und obwohl ich es eigentlich inzwischen gewöhnt sein müßte, geht es mir doch immer wieder an die Nieren. Ich will einfach nicht, daß meine Eltern sich auch noch um meine Zukunft sorgen müssen. Es wäre für mich und für sie zusätzliche Belastung.

Sie haben eh genug Sorgen, und ich will keine zusätzlichen Erwartungen erfüllen, mich nicht zu etwas treiben lassen, bloß um den Erwartungen und Wünschen anderer zu genügen – ich bin schon froh, wenn ich meine eigenen Erwartungen mal auf die Reihe bekomme. Obwohl, das ist das Problem an der Sache, ich meinen Eltern um nichts in der Welt weh tun möchte – ich will, daß sie stolz auf mich sind, will, daß sie mich genauso lieben wie ich sie. Ich hoffe, ich konnte sie einigermaßen beruhigen.

Ach verdammt, ich habe keinen Bock zum Grübeln. Ich werde im April zu studieren anfangen – ich merke, je länger ich jetzt nichts tue, in das ich mich reinsteigern müßte, desto größer wird die Lust dazu.

Was ich in diesem letzten halben Jahr in K. noch erreichen möchte, ist, daß ich mich wieder mehr um mich selbst kümmern will, um zu lernen, besser mit mir umzugehen und mich gern zu haben. Alles andere wird sich, denke ich, ergeben, so oder so.

Mittwoch, 22. November 89
Olalalala, ich hätte heute morgen nicht auf die Waage steigen dürfen – 94 kg! Ich kann's immer noch nicht fassen. Jetzt bleibt mir nur noch eins

– ich werde morgen zum Arzt gehen und was dagegen tun. Es reicht jetzt endgültig.

Ich weiß zwar, daß ich nie-, nie-, niemals schlank sein werde – irgendwo ist mein Körper Ausdruck meines Charakters, undiszipliniert, äußerst bequem –, was aber meine momentane Gewichtszunahme nicht rechtfertigt. Ich fühl mich jetzt auch wieder total häßlich – trau mich nicht, so vor Holger zu treten. Ich fühl mich nicht häßlich, ich bin nur traurig. Holger ist heute abend garantiert allein zu Hause – ich könnte also heute abend gut bei ihm vorbeigehen.

Samstag, 25. November 89

Wie dumm ich doch bin! Wie gottverdammt gutgläubig! Ich könnte mir selbst sonstwo hintreten.

Dabei hätte das gestern abend total schön sein können. Es war eine dieser Feten, auf denen man jeden oder zumindest die wichtigsten, interessantesten (lautesten) Leute kennt, viel trinkt, laut lacht, tanzt – kurz, man ist tierisch peinlich – was egal ist. Komisch, vor zwei Jahren wäre ich ebenso wie dieses blonde Mädchen in der Ecke gesessen und wäre frustriert gewesen.

Gestern – ich war einfach drin.

Ich sah diese Frau total einsam auf dem Sofa sitzen ... Szenenwechsel ... zwei Jahre zurück – ebenfalls Freitagabend – Maren, isoliert in einem Haufen sich blendend amüsierender Menschen ...

Trotzdem hab ich sie, wie alle anderen auch, ignoriert, mich über sie lustig gemacht. Die Menschen sind das Schlechteste auf dieser Welt ... Was mich trotz allem aber, wie gesagt, zuerst überhaupt nicht davon abgehalten hat, mich zu amüsieren, bis, um dem Abend noch einen Hauch von Ewigkeitsbestand zukommen zu lassen, Heike die Bombe hochgehen ließ. Wir saßen beide schon gut angetrunken im Flur, sie weniger, ich mehr, und haben uns blabla unterhalten. Irgendwann kamen wir auf Holger zu sprechen. Und sofort war alle Heiterkeit, Unbeschwertheit wie weggeblasen.

Der Ernst in Heikes Stimme hat mich ganz klein werden lassen – eindringlich, so um mein Wohl besorgt –, sie klang, als ob sie mir nicht davon abraten wollte, Holger zu besuchen, sondern von mir aus, ein Kind abzutreiben. Worte wie Erniedrigung, Stolz etc. fielen, bis sie dann mit dem absoluten Höhepunkt herausrückte – Sandra hätte ihr erzählt, daß Holger ihr gesagt hätte, daß er mich nicht mehr sehen will.

Was dann kam, ist alles ziemlich dunkel in meinem Gedächtnis zurückgeblieben – ich hab ihr irgendwann vorgeworfen, daß sie mir nur weh tun will, sie ist daraufhin nach Hause gegangen, ich bin dageblieben und habe mich weiter betrunken, bin dann irgendwann vollkommen depressiv nach Hause gegangen.

Und jetzt? Die Probleme mit mir selbst und vor allen Dingen mit Heike, Sandra und Holger fangen jetzt erst an.

Mittwoch, 29. November 89

Mir ist übel, ich habe zuviel gegessen. Es ist inzwischen so weit, daß ich alles esse, was mir zwischen die Finger kommt. Jetzt war mir gerade so schlecht, daß ich brechen mußte. Danebener geht's doch wohl kaum noch, oder? Es ist alles so jämmerlich und illusionslos. Ich glaube, ich werde wirklich erwachsen – meine Kindheit, der sentimentale Glaube an Dinge wie ewige Freundschaft, Vertrauen, Verläßlichkeit, es ist alles weg. Es ist wirklich wahr, ich habe mich so lange dagegen gesträubt, aber es hilft alles nichts – man wird früher oder später aus seiner kleinen, heilen und überschaubaren Welt herausgeschubst, man verliert das Vertrauen und erkennt, daß alles, wirklich alles, vergänglich ist.

Ich komme mir so klein und hilflos vor. Ich glaube, jetzt bin ich wirklich erwachsen. Ich wußte schon, warum ich das nie wollte. Holger habe ich inzwischen, glaube ich, auch aufgegeben – es geht, glaube ich, nicht anders. Ich bin so, so traurig. Ich glaube, ich hab's von Anfang an gespürt. Ich muß jetzt vernünftig sein, auch wenn's mir schwerfällt. Das sind nur die letzten Nachwehen. Bald wird auch das vorbei sein, und ich werd wieder, ich weiß nicht wie, ich weiß nicht was.

Es hilft nichts. Um neun geht's wieder los, Du ziehst dich an, schminkst Dich, wirst Dich mit Leuten, die Du gern hast, treffen. Wirst lachen, Dich wohl fühlen.

Es ist, glaube ich, ganz gut so ...

Jenny

SCHREIB IN DEN SAND DIE DICH BETRÜBEN,
VERGISS UND SCHLAF DARÜBER EIN,
DENN WAS DU IN DEN SAND GESCHRIEBEN;
WIRD SCHON MORGEN NICHT MEHR SEIN.

SCHREIB IN DEN STEIN WAS DU ERFAHREN
AN FREUD UND AN GLÜCK,
DENN ES GIBT DER STEIN NACH JAHREN
DIR DIE ERINNERUNG ZURÜCK.

SCHREIB IN DEIN HERZ ALL DEINE LIEBE,
VON OST UND SÜD, VON NORD UND WEST.
NUR WAS DU IN DEIN HERZ GESCHRIEBEN,
BLEIBT FÜR ALLE ZEITEN FEST.

Freitag, 14. 4. 89
Gestern war ein wunderschöner Tag. Ich bin zum erstenmal mit dem Flugzeug geflogen, und zwar in die CSSR, nach Prag. Das war echt ein Tag, den ich nie vergessen werde.

Mittwoch, 19. 4. 89
Ich werde wohl immer Probleme haben. Gestern war ich so traurig wegen Martin, und keiner hat das verstanden. Mutti kam nach Hause, und gleich war ich wieder diejenige welche ... Und wenn ich nicht gerade bei Stimmung bin, dann flippe ich bei so was oft genug aus.

Sonntag, 23. 4. 89
Heute hab ich einen vielleicht vernünftigen Gedanken gehabt: Ich versuche, Martin zu vergessen. Es hat ja doch keinen Sinn.

Freitag, 28. 4. 89
Ich muß mich ändern: ruhiger und zurückhaltender muß ich werden. Ich bin einfach viel zu aufgeregt und albern.

Dienstag, 09. 05. 89
Heute war ich mit Papi in Weißensee, und ich bin zum 1. Mal allein gerudert. Gut wa? Das hat irre Spaß gemacht.

Dienstag, 10. 10. 89
Tja, ich geh jetzt in die 9. Klasse. Alt wa? Das ist ein richtig komisches Gefühl: in allen Büchern steht nur noch »Sie«. Da muß man sich ja alt vorkommen!

Ich weiß jetzt genau, was ich werden möchte: Kinderärztin. Da hab ich zwar noch unheimlich viel vor mir (ich geh vielleicht erst mit 26 richtig arbeiten), aber das schaff ich schon. Wo ein Wille ist, ist auch ein Weg!

Sonntag, 29. 10. 89
Ballett macht überhaupt keinen Spaß mehr. Ich spiele schon mit dem Gedanken aufzuhören. Andererseits aber hoffe ich, daß es nur eine Phase ist. Ich hab doch jetzt schon fast 9 Jahre durchgehalten.

Dienstag, 31. 10. 89
Ich fühle mich derzeit, wie es Peter Maffay in einem Lied sagt:
»Ich glaube nicht, daß ich nur einem Menschen fehlen würde, denn dem ich fehlen würde, der macht sich nichts aus mir. Ich glaube nicht, daß ich etwas versäumen würde, denn was ich kennenlernte, daraus machte ich mir nichts. Ich glaube nicht, daß ich etwas zu erwarten habe, worauf ich warten wollte, war Zärtlichkeit von Dir. Ich glaube nicht, ja ich glaube nicht, daß ich noch länger leben möchte, wenn ich jetzt sterben würde, könnte ich die Welt mir träumen, wie sie nicht war ...«

Donnerstag, 2. 11. 89
Ich muß rausbekommen, was die 10. gegen uns hat. Wenn ich das wüßte, hätte ich Jans Einladung, heute zum Volleyball ins SEZ zu kommen, wahrscheinlich nicht abgelehnt. Ich habe nur Angst, daß nur Jan sich mit mir abgeben würde und die anderen mich leicht beschränkt finden. Ich möchte nämlich, wenn ich ehrlich bin, bei jedem gut angesehen sein.

Dienstag, 07. 11. 89
Ich war heute wieder so aufgedreht in der Schule. Ach, wenn ich doch etwas zurückhaltender werden könnte. Ist ja kein Wunder, daß andere besser

ankommen als ich. Monika zum Beispiel. Sie ist irdendwie schon so reif, und sie überlegt sich jedes Wort, das sie sagt. Ich dagegen quatsche, was mir gerade einfällt. Und 'ne unbedingt schöne Ausdrucksweise hab ich auch nicht. Und das muß ich abschaffen. ICH MUSS!

Sonnabend, 11. 11. 89

Man höre und staune, ich war heut im Westen. (Die Grenzen wurden aufgemacht.) Aber ehrlich gesagt, habe ich es mir dort ganz anders vorgestellt. Ich war sogar ein bißchen enttäuscht. Vielleicht waren aber auch einfach zu viele Menschen unterwegs. Das war ja wie auf einer Demo. Als kämen sie aus dem Gefängnis, so haben sich die meisten aufgeführt: Haben nach Kaffee gebettelt, als gäbe es bei uns keinen. War es denn bei uns wirklich so schlimm?

Donnerstag, 21. 12. 89

Nun ist bald Weihnachten, und zwei Wochen danach werde ich 15. Ich freu mich schon wie ein Schneemann auf meinen Geburtstag.

Freitag, 05. 01. 90

Ich hab zur Zeit so viel um die Ohren, aber zu wem soll ich denn mit meinen Problemen gehen? Aus der Klasse die Leute haben ihre eigenen Probleme. Die einzige, die ich noch hab, ist Susi (mein Meerschweinchen). Mutti und Vati haben auch kaum Zeit für mich. Meistens streiten wir uns wegen irgendwelcher Kleinigkeiten! Ob das die Zeit ist?

Mittwoch, 10. 01. 90

Wir hatten heut wieder Volleyball. Ich war urst gut, hab mich selbst gewundert. Nach dem Training sind Antje, Monika, Martin und noch ein paar andere noch zur Disco in die Nachbarschule gegangen.

Ich weiß auch nicht. Monika ist jetzt nur noch bei Antje. Sie läßt mich einfach links liegen. Ich hätte eben doch auf die andern hören sollen. Die haben mir so was ja schon vor ein paar Monaten gesagt. Ich bin trotzdem drauf reingefallen.

Mittwoch, 14. 03. 90

Ich möchte nicht mehr zum Training (Ballett). Was soll ich denn auch dort. Meine Lehrerin akzeptiert mich ja sowieso nicht. Für sie bin ich nur die

»kleine Dicke«. Wenn ich etwas falsch mache, motzt sie mich an, anderen erklärt sie es. 150mal. Das find ich total gemein. Und dann kommt noch das mit Monika dazu. Sie macht mich überall schlecht, hab ich das Gefühl. Was soll ich denn bloß machen? Das Schlimme ist ja, daß mich alle gewarnt haben. Die ganze Klasse hat gesagt, daß das mal so kommen wird. Und ich wollte das nicht glauben. Ich hab Monika das einfach nicht zugetraut. Und jetzt?

Was wahrscheinlich das Schlimmste ist, ist das ganze politische Zeugs, was jetzt noch dazu kommt. Ich hab wahnsinnige Angst vor der »Wiedervereinigung«. Warum wird jetzt alles, was sich die DDR an Gutem geschaffen hat, einfach in den Dreck geworfen? Ich versteh das einfach nicht! Irgendwie kann ich da auch nicht drüber weg. Klar, es wurde in den letzten Jahren auch viel Scheiße gebaut, aber es gab doch auch gute Seiten! Alles Gute wird einfach aufgegeben? Wo soll das denn hinführen? Alle sozialistischen Länder entwickeln sich ja zurück zum Kapitalismus! Oder vielleicht auch nicht?! Ich weiß es nicht. Ich weiß aber, es würde auch ohne Vergewaltigung gehen! Ich bin ganz sicher, wenn sich alle dahinter geklemmt hätten und nicht abgehauen wären, hätten wir die DDR retten können. Es mußte etwas passieren, das ist klar. Aber jetzt stellen wir uns wieder unter die Fuchteln eines anderen. Den Fehler haben wir doch schon mal gemacht! Auch wenn uns die SU wieder aus dem Dreck gezogen hat (nach dem Krieg) – aber irgendwann war eben der Punkt erreicht, wo wir uns allein hätten beweisen müssen. Den haben wir leider verpaßt. Aber wir haben nicht draus gelernt!

Dienstag, 20. 03. 90

So viel geheult wie heute hab ich noch nie. Susi ist gestorben!

Donnerstag, 22. 03. 90

Ich konnte vorgestern einfach nicht mehr schreiben. Ich war mit den Nerven total runter. Das war an dem Abend total komisch. Ich hab schon 'ne Stunde vorher gemerkt, daß es mit Susi zu Ende geht. Sie war ganz anders als sonst. Auf dem Arm hatte ich sie auch noch mal. Sie war ganz leicht, und mir kam sie richtig schwach vor. Am nächsten Morgen, als wir sie in den Schuhkarton gepackt haben, war sie richtig schwer und fest. Wie ein Stück Holz. Ich hab einen richtigen Schreck bekommen, und ich hab so gezittert, daß ich mit ihr an den Ofen gestoßen bin. Diesen Ton werd ich nie vergessen.

Wir haben sie dann im Garten begraben. Warum mußte sie sterben? Sie war doch die einzige, die ich hatte. Ich hab ihr immer alles erzählt, sie hat mir wenigstens zugehört. Ich hatte sogar das Gefühl, als würde sie mich verstehen. Sie war die einzige, die mich liebgehabt hat.

Susi – Du wirst mir fehlen, und ich werd Dich nie vergessen. NIE!

Montag, 26. 03. 90

Am Donnerstag hab ich mich beim Training abgemeldet. Ich konnte einfach nicht mehr.

Warum kommt eigentlich immer alles so auf einmal?!! Mit Mutti vertrag ich mich immer weniger. Ich hab das Gefühl, daß das nur davon kommt, weil ich das Tanzen aufgegeben hab. Ich hab's dort aber einfach nicht mehr ausgehalten. Ich hatte immer das Gefühl, daß ich der Sündenbock war. Ich hab zwar viel falsch gemacht, ich wußte aber nie genau was.

Freitag, 20. 04. 90

Mit Mutti klappt jetzt einfach gar nichts mehr. Ich verstehe das nicht. Warum sollte ich anders sein als alle anderen? Das geht wochenends nur noch so: »Aber zum Essen bist Du zu Hause. Wir wollen wenigstens in Familie essen!«

Klar, ich versteh das ja irgendwo, aber mich kann doch zur Abwechslung auch mal jemand verstehen, oder?

Donnerstag, 03. 05. 90

Ich hab mich jetzt für so 'ne Leistungsklasse beworben. Hoffentlich nimmt mich die KKS. Bitte, Bitte, Bitte!

Montag, 07. 05. 90

In der nächsten Woche haben wir PA. Ich versuche, steppen zu lernen. Mal sehen, wie ich mich mache. Goldpunkt selber ist ja nicht gerade das Gelbe vom Ei. Alles total keimig und so. Da sind auch unheimlich viele Ausländer. Die müssen die Dreckarbeit machen, während die »Nichtausländer« »Raucherpausen« machen und dafür noch Geld verdienen. Also ich find das 'ne Schweinerei.

Mit Mutti und Vati hatte ich heut ganz schön Krach. Wir wollten die Maiferien verplanen, und ich wollte aber nicht die ganze Zeit durch die Gegend gondeln, sondern auch mal mit Freunden weggehen. Aber das muß wahrscheinlich so sein.

Monika ist mir, ehrlich gesagt, egal. Ich find nur komisch, daß sie auf einmal so viel mit Karin zusammen ist. Sonst erzählte sie mir immer, wie doof sie sie findet. Ich bin ganz schön enttäuscht. Ich hätte nicht gedacht, daß sie mich mal so hängen lassen würde.

Freitag, 11. 05. 90

Gestern waren wir bei einem Schülerländerspiel (BRD-England) im Olympiastadion in Westberlin. Die BRD hat 4:0 verloren!!! Ha, Ha. »Hoffentlich« hat das ihrem nationalistischen Ego nicht geschadet.

Montag, 21. 05. 90

Ich bin ein totaler Volltrottel. Vorigen Sonntag (13. 05.) bei der Disco hab ich Lars kennengelernt. Ich hab mich die ganze Zeit mit ihm unterhalten, auch auf dem Rückweg. Und zur langsamen Runde hat er mich auch aufgefordert (»Another day in paradise«). Dann hat er mich für den nächsten Tag zu sich eingeladen – Videos gucken. Deswegen hab ich noch tierischen Krach mit Mutti gehabt, weil ich nicht mit in den Garten kommen wollte an dem Tag. Er hat mir jedenfalls total den Kopf verdreht. Ich habe die ganzen Ferien lang nur an ihn gedacht und mich unheimlich auf die nächste Disco gefreut. Tja und als ich dann gestern zur herbeigesehnten Disco kam, kam der große Schock. Er hatte seine Freundin, die er seit 3 Tagen kannte, mitgebracht. Ich hab die ganze Zeit geheult, wie ein Schloßhund, und schlafen konnte ich diese Nacht auch nicht. Ich wollte ihm nächste Woche noch was zur Jugendweihe schenken, aber das hat sich ja nun wohl erledigt.

Dienstag, 22. 05. 90

Ich war heut vielleicht wieder schön besch ... Lars hat heut abend bei mir angerufen. Und ich war nicht da, ich war Kinokarten kaufen. Abends bin ich noch mal auf'n Platz gegangen. Er war auch da, hat Fußball gespielt. Wir haben ihn gefragt, ob er am Donnerstag mit ins Kino kommt. Er hat ein bißchen drum rumgeredet, ich mußte dann gehen.

Tina rief mich dann noch an und erzählte, daß er noch mit ihr über mich geredet hat. Er sagte, er kommt nicht mit ins Kino, damit ich mir nicht weiter Hoffnungen mache. So was Blödes! Dabei hatte ich doch seiner tollen Susanne auch eine Kinokarte mitgebracht.

Mittwoch, 06. 06. 90
Ich weiß einfach nicht, was ich von ihm halten soll. Vorige Woche Donnerstag hat er Jana und mich vom Schwimmen abgeholt (mit Janas Freund zusammen). Da hat er mich gefragt, ob ich einen Freund brauche, und als ich fragte, wie er darauf kommt, sagte er, weil ich so traurig bin. Dann sind wir noch auf den Platz gegangen, und da hat er mich so süß gebeten, noch zu bleiben, ich konnte einfach nicht anders. Heute war er sogar mit schwimmen. Susanne hat ganz schön schief geguckt. Aber Schluß hat er mit ihr nicht gemacht. Als wir uns voneinander verabschiedeten, sagte er noch: »Bis Sonntag.« Mann, wenn ich nur wüßte, was an Susanne besser ist!
   Gestern waren Markus, Jana und ich drüben. Das war vielleicht lustig. Markus hat uns erst mal bis obenhin mit Negerküssen vollgestopft. Und dann dachte er doch wirklich, wir wollten noch einen Döner?!

Montag, 11. 06. 90
Ich versteh ihn einfach nicht. Was findet er an Susanne so toll? Ich find sie bald noch schlimmer als mich! Gestern in der Disco haben wir uns wieder so gut verstanden, und heute hat er nicht ein Wort zu mir gesagt. Ach doch! Eins: »Hallo«. Toll wa? Vielleicht hätte ich ihn gestern einfach auffordern sollen, ich Feigling hab mich natürlich nicht getraut. Und dann war's zu spät. Susanne hat ihn aufgefordert. Aber da bin ich wohl selber Schuld dran.

Mittwoch, 20. 06. 90
Nächstes Jahr komm ich auf eine Leistungsklasse. Gut wa? Ist zwar nicht die KKS (die war angeblich schon voll), sondern die 5. OS, aber immerhin. Da hab ich zwar etwas mehr Fahrzeit, aber ich werd's überleben. Ich freu mich schon riesig.

Mittwoch, 15. 08. 90
Heute sind wir gerade aus dem Urlaub wiedergekommen. Der ist natürlich viel zu schnell vergangen. Ich bin verliebt. Dieses Gefühl hab ich früher nie bemerkt. Er heißt Hannes, und ich find ihn total toll: niedlich, schüchtern, man kann sich unheimlich gut mit ihm unterhalten. Er hat mich sogar geküßt, sogar mal richtig. Ich hab mich natürlich total blöd angestellt. Aber ich hatte doch auch nie einen Freund.
   Er fehlt mir jetzt schon, und ich seh ihn doch erst am 30. 08. wieder, weil wir noch in die CSFR fahren. (So heißt das jetzt ja wohl).

Dienstag, 28. 08. 90

Im Riesengebirge war es total lustig, nur etwas naß. Wir sind viel gewandert. Anja und ich vorne weg. Und wenn wir auf Mutti gewartet hatten, waren ihre ersten Worte: »Anja, Jenny zieh Dir was an. Mir ist kalt.«

Ich hab mich zur Abwechslung mal ausgesprochen gut mit Mutti und Vati verstanden.

Donnerstag, 30. 08. 90

Irgendwie ist es schon komisch. Ich dachte, Hannes wär mein Traumtyp. Aber das stimmt nicht. Bei meiner ersten Euphorie kannte ich ihn nur noch nicht richtig. Ich kann das nicht erklären, aber ich fühle es.

Montag, 17. 09. 90

In meiner neuen Schule ist jemand, der mir total gefällt. Ich kenn ihn nur leider nicht richtig. Ich glaube aber, ihm würd ich das mit Hannes erzählen, er könnte mir sicher einen Rat geben. Ich hab mir schon unheimlich oft überlegt, wie ich da anfangen würde: Ich hab einen Freund. Jedenfalls nennt er sich so. Wir haben uns im Urlaub an der Ostsee kennengelernt. Das war alles ein bißchen komisch. Gleich am ersten Tag ist er mir aufgefallen – ich ihm wahrscheinlich auch, er hat jedenfalls auch immer zu mir rübergeguckt. Ich dachte aber, er wäre mindestens schon 18 und hätte sicher jemanden.

Nach ein paar Tagen, am 5. August, war ein sogenannter Tanzabend. Da hat er mich dann angesprochen. Seitdem haben wir uns dann jeden Abend getroffen, waren im Kino, in der Disco. Eigentlich war es sogar schön. Irgendwann hat er mich dann gefragt, ob es mit uns was werden könnte. Ich weiß auch nicht, wer mich gerade geritten hat, jedenfalls hab ich ja gesagt. (Klingt wie auf einer Hochzeit, oder?)

Jetzt denk ich, ich wollte einfach irgend jemanden, den ich mag, der mich mag, na und so weiter. Ich hab mich nach einem Freund gesehnt. In Berlin erst hab ich gemerkt, wie blöd ich war. Wir haben uns immer ab und zu mal gesehn. Ich weiß selbst nicht ganz genau, warum ich will, daß Schluß ist. Irgendwie hab ich das im Gefühl. Er ist einfach nicht das, was ich mir unter einem Freund vorstelle. Ich mag da zwar vielleicht altmodisch sein, aber es ist so. Ich hatte nie das Gefühl, daß er mich richtig doll mag. Und ich finde, selbst in meinem Alter müssen schon die Gefühle füreinander da sein. Meinerseits sind sie jedenfalls nicht (mehr?) da.

Wenn wir uns sehen, führ ich meistens die Unterhaltung, und wenn ich mal Luft hole, fragt er mich, was denn heute mit mir los sei, ich sei heute so ruhig. (Das ist zwar etwas überspitzt dargestellt, aber im Prinzip war es so.) Dadurch hab ich unheimlich wenig über ihn erfahren. Das ist wahrscheinlich mein Fehler gewesen. Ich muß die Leute erst besser kennenlernen, um mich mit ihnen abgeben zu können.

Er fragte auch immer, ob wir uns denn mal wieder treffen wollten. Wie soll ich das denn auffassen? Als zuviel Rücksichtnahme? Ich weiß nicht. Ich weiß nur, daß ich nicht mehr kann, vielleicht auch nicht mehr will. Vielleicht liegt es ja auch an mir, an meinen Vorstellungen von einem Freund. Vielleicht nehm ich das viel zu ernst, aber ich kann und will meine »Freunde« nicht wie die Socken wechseln. Für mich spielen da Gefühle nun mal eine ganz große Rolle, so bin ich, und ich will mich da auch nicht ändern. Warum sollte ich? Ich will auch keinen Freund, nur um bei den anderen gut dazustehen. Das war einmal. Er muß mir gefallen, nicht nur äußerlich, ich muß ihn ganz einfach mögen (und er mich), wahrscheinlich muß ich ihn sogar noch etwas mehr als nur mögen. Ich will einen Freund haben, der richtig doll lieb ist. Ob es so jemanden gibt? Oder bin ich einfach zu wählerisch?

Mittwoch, 03. 10. 90

»Der Tag der Freude für alle Deutschen!« Ich würd eher sagen, Kohls Tag der Freude. Hallo Tag der Freude. Ich bekomme gleich einen Lachkrampf. Also von Freude kann bei mir heute keine Rede sein. Aber wir sind ja ein Volk! Nicht vergessen!!!

Ich jedenfalls hasse diesen Tag, und ich hasse die BRD. Wir haben jetzt ja einen neuen »großen Bruder«. Aber mit diesem »großen Bruder« kann ich mich nicht gleichstellen, will ich auch gar nicht! Ich werd immer DDR-Bürger bleiben, wenigstens in Gedanken. Wir sind schon lange nicht mehr ein Volk. 40 Jahre Trennung verändern.

Ich kann mich einfach nicht damit abfinden, ab heute in DEUTSCHLAND zu leben (oder besser: leben zu müssen). Dieses Wort – schon da dreht sich bei mir alles um.

Da hatten wir letztens eine Diskussion über Einheit und die anderen Bezeichnungen in der Klasse. Und da sagt doch echt einer, wir müßten uns noch bei Kohl bedanken, weil er uns so nett behandelt hat. Hach, er ist so lieb zu uns! Soll ich auf Knien rutschen? Nein danke! Kohl macht doch mit uns letztendlich auch nur Profit. Das ist doch das einzige, was ihn interessiert.

Und G. Krause soll mal nicht so tun, als wär er der Glücksbringer Nr. 1. Einige CDU-Leute, die jetzt neben Kohl sitzen und ein Schweinegeld kriegen, haben früher Honni zugejubelt, waren Bezirkssekretäre, Mitglieder der Blockpartei … Je nach dem, wie laut sie geschrien oder gejubelt haben. Und jetzt? Tun so, als wären sie die RETTER DER NATION.

Bei einer Siegerehrung letztens im Fernsehen wurde die DDR-Hymne gespielt. Mir wurde ganz anders. Ich glaube, ich werd sie vermissen. Denn DEUTSCHLAND ÜBER ALLES ist bei mir nicht. Das können die sich abschminken. Ich bin ja gespannt, ab wann der Bundesverfassungsschutz mein Telefon abhört!

Freitag, 09. 11. 90

Am Dienstag (6. 11.) hab ich mit Hannes Schluß gemacht. Es ist mir ganz schön schwergefallen. Ich konnte ihm ja das alles nicht richtig erklären, und weh tun wollte ich ihm auch nicht. Er hat es nicht verstanden, aber findet sicher jemanden, der besser zu ihm paßt als ich.

Mittwoch, 21. 11. 90

Ich bin heut von der Klassenfahrt wiedergekommen. Vielen hat sie nicht so gefallen, aber mir hat sie großen Spaß gemacht. Die meisten kenn ich jetzt auch etwas besser.

Was ich schlimm finde, ist, daß ich mich richtig darauf gefreut habe, von zu Hause wegzukommen. Ist das nicht schlimm?! Ich komm einfach mit Mutti nicht klar. Dauernd kommen irgendwelche Bemerkungen von ihr, zum Bsp.: »Hoffentlich hast Du auch mal so schreckliche Kinder wie ich!« Ich glaube, sie weiß gar nicht, wie sehr sie mich damit verletzt hat. Auf der Klassenfahrt hat Steffen mich gefragt, ob ich überhaupt richtig hassen könnte. Als ich das Mutti erzählte, sagte sie, sie wüßte nur einen, den ich hassen würde, und das wäre sie. Dabei stimmt das doch gar nicht. Das macht mich alles so fertig. Ich bin keine 5 Minuten wieder da, da möchte ich am liebsten sofort wieder weg. Warum? Was mach ich denn bloß falsch? Andere kommen doch so gut mit ihren Eltern klar, warum ich nicht auch?

Am liebsten würde ich wegrennen. Irgendwohin, wo ich meine Ruhe hab, wo ich nachdenken kann. Vielleicht find ich dann, was mich für Mutti so unerträglich macht. Ich brauch Mutti doch! Ich hab sie doch lieb! Warum glaubt sie mir das nicht?! Bin ich wirklich so schlimm? Das kann doch gar nicht sein. Dann würd ich doch nicht diese Stellung in der Klasse haben. Dann hätte ich das doch auch von anderen Seiten gehört, oder?

Sonntag, 16. 12. 90

Ist das noch normal? Ich hab schon wieder mal einen neuen Schwarm. Der ist aus unserer Schule – Klasse 9 übrigens. (Lars war auch ein Jahr jünger als ich, komisch, oder?) Er aber würdigt mich keines Blickes. Jedenfalls fast keines.

Was soll ich denn jetzt bloß machen? Er findet mich garantiert total blöd. Wen wundert's? Ab und zu mal guck ich ja noch in den Spiegel, und das, was ich sehe, bringt mich zum Schreien.

Er hätte mich doch gestern auffordern können. Ich stand doch neben ihm, sogar ohne Nancy.

Er mag mich eben nicht!

Sonntag, 30. 12. 90

Jetzt war er schon das 2. Mal nicht zur Disco. Bestimmt ist er über die Ferien weggefahren. Aber er will ja sowieso nichts von mir, außerdem kenn ich ihn ja gar nicht weiter. Ich schaff es ja noch nicht mal mehr, ihn anzureden. Er ist ja auch nie allein – immer ist er mit seinen Freunden zusammen. Der eine von ihm hat mir gestern richtig doll leid getan. Der sieht nämlich unheimlich niedlich aus: hat ganz schaue Augen und eine unheimlich süße Nase. Unbeschreibbar! Der jedenfalls hatte eine Freundin – die beiden haben unheimlich gut zueinandergepaßt. Und jetzt hat sie einen neuen – Micha. Ich wette, sie bereut es noch. Aber das ist ja wohl nicht mein Problem. Ich find einen anderen ja viel besser. Aber ist ja auch egal. Ich bin doch sowieso zu blöd, ihm das zu zeigen. Ich starre ihn immer bloß an. Hoffentlich sagt er mir nicht irgendwann, daß ihm das auf den Wecker geht. Ich glaub, ich würde tagelang nicht essen und schlafen. Na ja, nichts zu essen kann mir ja wohl nicht schaden!

Sonntag, 13. 01. 91

Gestern war wieder Disco. Er war natürlich nicht da, aber jedenfalls kenn ich jetzt seinen Freund. Das war ganz lustig. Er hatte nämlich so ein Tuch an der Hose zu hängen, mit einem einfachen Knoten festgemacht. Ja und irgend so ein Trottel hat den Knoten fest gezogen. Und da hat er mich gefragt, ob ich den wieder aufbekäme. Ich hab's auch nicht geschafft, aber das ist jetzt schon wieder ein anderes Thema. Ja und dann, als ich gehen wollte und meine Jacke geholt hab, die mit auf Olivers Haken hing, der allerdings schon weg war, hing da noch eine Jacke. Das ging alles noch ein bißchen hin und her, jedenfalls war das seine Jacke.

Mit Mutti hatte ich vor kurzem einen riesigen Streit. Ich war allein zu Hause, Mutti war bei der Elternversammlung und Vati beim Training. Jedenfalls hat Tante Bärbel angerufen. Sie sagte mir eine Telefonnummer von einem Direktor durch und erklärte mir dann, ich müßte mich so schnell wie möglich bewerben, und an Saras Schule (davon war die Telnr.) könnte ich sogar mein großes Latinum machen, das ich ja zum Studium brauche. Und dann sagte sie noch so was, daß ich so bald wie möglich die Schule wechseln sollte, möglichst noch nach den Winterferien. Ich war total sauer. Ich dachte nun, daß ich an diese Schule soll. Wollte ich aber gar nicht. Ich will an meine alte Schule zurück, da kann ich mein gr. Latinum auch machen, und wenn meine alte Schule kein Gymnasium wird, kann ich mir immer noch was anderes suchen. Am Gymnasium darf ich schon bis 16.30 Uhr in der Schule sitzen, und dann noch eine Stunde Fahrzeit? Nein danke. Irgendwann muß ich ja auch noch Hausaufgaben machen, und ein bißchen Freizeit möcht ich auch haben. Ich hab dann am nächsten Morgen Mutti gefragt, was der Anruf zu bedeuten hätte. Und da meinte sie, ich müßte an ein gutes Gymnasium, wo ich mein Latinum machen kann, wo möglichst gute Lehrer sind, das einen guten Ruf hat usw. Und da sagte ich ihr, daß ich gerne auch ein Wörtchen mitsprechen wollte, mein Latinum mach ich überhaupt an der Volkshochschule, und an meine alte Schule kommen auch gute Lehrer. Den Ruf müßte sich jede Schule erst verschaffen. Und da sagte sie zum Schluß, ich könnte ja das Latinum an der Schule machen, dann würden wir das Geld für die Volkshochschule sparen. Da pauk ich nun kräftig Latein, geh Freitagabend, wenn andere ins Kino oder sonst wohin gehen, zur Volkshochschule, und dann so was. Na toll. Mutti meinte dann noch, daß das Gespräch hiermit für sie abgeschlossen sei, daß ich mir meine Fehler mal durch den Kopf gehen lassen könne. Da sieht man es wieder: Ich hab die Fehler gemacht! Klar, in einem passenden Ton hab ich wahrscheinlich nicht geredet, aber ich hab die Fehler doch nicht allein gemacht?! Und überhaupt: Als es Mutti nicht mehr gepaßt hat, hat sie einfach gesagt, sie rede mit mir nicht mehr über dieses Thema. Mittendrin wurde es abgebrochen, und das einzige, was dabei rauskam, war, daß wir uns mächtig gestritten hatten. Ist es denn so schlimm, meine Meinung zu sagen? Kann ich, wenn es um mich geht, nicht auch ein Wort mitreden? Warum wird so was eigentlich hinter meinem Rücken ausgemacht, und was geht Tante Bärbel mein »Bildungsweg« an? Ich hab das Gefühl, sie ist nicht darüber weg, daß ich mit Sara nicht mehr zusammen bin. Ich will ihr ja jetzt nichts unterstellen, und sie hat es sicher auch nur gut gemeint, wie Mutti auch, aber trotzdem. Das alles ist ja wohl hauptsächlich meine Sache, oder?

Am Dienstag läuft das Ultimatum für den Irak ab. Hoffentlich kommt es nicht zum Krieg. Da sieht man wieder, wie hoch der Mensch wirklich entwickelt ist. Was er am besten kann, ist, Mittel und Wege zu suchen, um andere auszurotten. Daß er selber dabei draufgeht, kommt ihm nicht in den Kopf. Was mit einem Krieg alles zusammenhängen würde: allein schon die ganzen Toten. Und dann noch Klimaveränderungen ... Wie kann man nur so wenig Verstand haben? Das will mir nicht in den Kopf! Nur wegen dem Scheißegoismus der Menschen! So was muß man sich mal überlegen: Macht, Macht – dafür ist den meisten jedes Mittel recht. Ich hab aber noch ein kleines Fünkchen Hoffnung, daß der Verstand doch siegen wird.

Ich hab da letztens mit Monika zusammen einen Film gesehen: »Die Geschichte der Dienerin«. Das war ein Film über die Zukunft und, wie ich fand, unheimlich pessimistisch. In dem Film ging es um Menschen (ob das noch Menschen waren, darüber läßt sich streiten), die gegen eine aufkommende Anti-Kinder-Bewegung waren. Diese Bewegung ist zustandegekommen, weil auf Grund der Umweltbedingungen ... keine Kinder mehr in die Welt gesetzt werden sollten. Das Ganze spielt auf dem heutigen Gebiet der USA. Die Dienerin war eine Frau, die mit Mann und Tochter die Grenze übertreten wollte. Der Mann wurde erschossen, das Kind vergessen, und die Frau kam in ein sogenanntes Ausbildungszentrum. Dort wurde sie auf Zeugungsfähigkeit untersucht, was bei ihr positiv ausfiel. Sie mußte dann zu einem »Kommandanten« und dessen Frau. Angeblich soll es an der Frau gelegen haben. Das konnte allerdings nicht bewiesen werden, weil Männer nicht untersucht wurden. Die Dienerin wurde dann auch schwanger, jedoch nicht vom Kommandanten, sondern von dessen Chauffeur, in den sie sich verliebt hatte. Im allgemeinen spielte Liebe da jedoch keine Rolle. Es gab auch immer so 'ne Rangordnung: Alle Dienerinnen mußten rot tragen, die Aufseherinnen braun ... Hat sich eine Dienerin geweigert, kam sie entweder an den Galgen oder in die Kolonie, wo sie schwer arbeiten mußte. Das Ganze war nicht nur gegen die Anti-Kinder-Bewegung gerichtet, sondern auch gegen den sogenannten Abschaum (das war die Bezeichnung für Homosexuelle, Nutten ...) Ich fand den Film unheimlich schlimm, aber manchmal sieht man Gemeinsamkeiten mit der Gegenwart!

Elisabeth

Die Stadt 04. 09. 1989

Laufe durch
die Stadt
Muß allen sagen
Kann es
Hab's geschafft
Losgelöst
Bin
Frei!

13. Sep. 89

Heute war Tetzis Gartenfete. Sie war toll. Angela hat mir einen Pagenkopf geschnitten. Ich wußte gar nicht, daß meine Haare dafür reichen. Alle finden's toll.

Ich hab total abgedanced, nach Lenzer Art. Tetzi hat ganz schön blöd geschaut, ist er eben nicht gewöhnt von mir. Seit Lenz ist sowieso alles ganz anders. Hans und ich, wir sind richtig ein Team. Urst locker, nur er, Mike und Steffen haben mitgemacht.

Und dann Grönemeyer ... Er hat für alle Situationen und Gefühlslagen das richtige Lied. Am besten ist »Vergiß es, laß es«.

Oh Gott, bin ich müde.

Oktober 1989 02. 10. 1989

Es ist still
ich warte
Meinungen
über dem Kopf
rottet's sich zusammen
brodelt's
so nah
der Schrei

im Bauch
So viele Münder
bieten die Stirn
ICH HABE ANGST!

»Warum sie!«   05. 10. 1989

Sie ist fort
Kein »Auf Wiedersehen«
ist gegangen
mit einem Teil von mir
unter Erinnerungen
jäher Schlußstrich

Sehe sie flüchten
über Mauern, Gitter
laufen
in Todesangst
Wie nun weiter?
Vielleicht vorwurfsvolle
Frage meiner Kinder
»Warum bist Du
nicht auch gegangen?«

                                                                        06. 10. 1989
Heute war es ziemlich amüsant.
Wir haben unser Appellprogramm vorgeführt. Ich konnte mich vor Lachen kaum am Mikro halten. Am schärfsten war ja dann das Gesicht von der Zeiseling, welche ja lieber Liedchen auf Thälmann gesungen gehabt hätte. Tetzi wird bestimmt noch Ärger bekommen, aber er hat ja auch mitgemacht.

Nancy als Trümmerfrau in meinem Kleid war schockend und Tetzi als Blumenkind. Als dann die Staatslimousinen durch die Straßen fuhren, haben wir jeder Straßenbahn gewunken, bloß nicht den DDR-Wagen. Jeder wollte eine SU-Fahne haben. Hab leider keine mehr bekommen.

Die totale Euphorie brach aus, als Gorbi kam, konnte ihn aber leider nicht sehen. Wir sollen Ruhe bewahren, hat er gesagt. Na, wie denn bei der angespannten Lage? Heute abend soll es ja rundgehen beim Fackelzug. 300 Skins sollen ja kommen. Weiß schon, warum ich nicht hingeh.

Komisch, ich befinde mich in richtig freudiger Erwartung darauf. Eine Art von Euphorie ergreift mich. Sollten Randale mich nicht abschrecken?

18. 10. 1989

Habe bei Moni in der Mansarde Comic-Figuren an die Wand gemalt. Sieht verdammt frech aus. Ihr Dad hat auch gelacht.

Das wird im Sommer ziemlich gemütlich da oben werden. Vielleicht kann ich da bei ihr übernachten.

Morgen mache ich Schulklub. Habe schon Bilder ausgesucht, da ja doch kein anderer mit der Ausstellung anfängt. Sehe mich sowieso schon allein dort herumsitzen und fuhrwerken. Was macht's. Ich tu's sowieso mehr für mich im Moment als für andere. Habe einige Bleistiftzeichnungen, Aquarelle (Tetzi hat nicht einmal gewußt, was das ist!) und Tempera ausgesucht. Ich bin eigentlich ganz stolz darauf, wobei ich eigentlich keinen eigenen Stil habe. Am Wochenende soll ich bei Oma tapezieren mit Vater. Mir graut's davor. Da muß wieder alles exakt sein. Ich weiß, es wird wieder Streit geben. Hoffentlich bekomme ich das einigermaßen über die Bühne. Ist echt Scheiße, mir das ganze Wochenende damit zu versauen, wo doch dann die Ferien vorbei sind.

26. Oktober

Bin echt stinksauer.
Ich war heute bei der angeblichen Anleitung im Pipala. Die wußten gar nicht, daß ich komme. Da haben die mich in den Kinderklub da unten geschickt, und ich mußte etwas vom Schulklub erzählen. Ich kam mir voll bescheuert vor. Dann haben sie mich mit Plakat- und Werbungsaufträgen vollgestopft. War ja ganz interessant, aber ich bin doch nicht Sam.
Dauernd renne ich für andere Leute.

Leckt mich!

Soll Montag 16.30 wieder da sein.

30. Oktober 1989

War mit Vater bei der NDPD-Versammlung. Aber bei denen hat sich ja gar nichts verändert. Ich war ziemlich enttäuscht. Vater sagt, es seien immer noch dieselben Typen da.

Einer vom Fernsehen der DDR war da und hat seinen Schnitzler verteidigt: »Aber mein Eduard, der hat doch nicht ... Aber der Eduard, der ist ja ...« Man hätte lachen mögen, der quatscht so, und derweil warten wir, um nach Hause gehen zu können und im Fernsehen zu sehen, ob er endlich abgesetzt ist.

Ansonsten waren die bloß damit beschäftigt, so einem Opa die Ehrenblätter der Partei an die Brust zu heften.

Tetzi sagt, ich könnte jetzt alles wegschmeißen, was Klassenplanung heißt. Ich brauche mich auch um niemand mehr zu kümmern, der nicht lernen und arbeiten will.

Wo soll das hinführen, das ganze Klassenkollektiv fällt auseinander. Sicher hat er recht damit, aber ich hab so das Gefühl, daß jetzt alle aneinander vorbeilaufen werden und sich niemand mehr für die Belange der anderen interessiert. Ich könnte heulen, weil meine ganze Schufterei umsonst war. Alle mühsam erarbeiteten Pläne sollen umsonst sein, ich könnte verzweifeln. So viele Ideen und Einfälle einfach in den Eimer geworfen, zum Heulen.

Schuldfrage   09. 11. 1989

ist wieder schwarz
was schon grau
wollt werden
wie hoffnungsblau
klar und rein
so grün
doch schwarz der Stein
zum Abgrund
mich kriechend
befahl

                                                              14. 11. 1989
                                                  Jurij Brezan »Bild des Vaters«

»... Ich ging viele Wege ins Nichts,
das Nahe war fremd, das Fremde
war ich, und ich wußte mich nicht ...«

Ahnung

ist zuviel
vergessen worden
zuviel verjubelt
zu viele verdorben
zu spät
das Denken angesetzt
zu spät der Stoß
zu spät
zuletzt
gewinnt Befürchtung
haltlos recht

Eiszeit
I
Gesichter
zur Faust geballt
Bedrohliche Mienen
Feindseligkeit
Verspannte Muskeln
Bereit sofort
zuzuschlagen
Hart, eisern
ohne Gnade
Stählerne Augen
ohne Bewegung
Ausgerichtet
Stehe dazwischen
Erfriere

II
Habe Angst
Auch so zu werden
Kaltblütig
Vorausgeplant

Sehe nur
erstarrte Masken
ohne Gefühl
Hoffe
zu überleben

08. 12. 1989

Habe im Schulklub lauthals verkündet, daß es mir egal ist, ob jetzt Christen, Mohammedaner oder sonstwas für Leute bei uns mitarbeiten. Der Schulklub soll nun nur noch Schulklub und nicht FDJ-Klub heißen. Hab ihn ja auch nie so genannt.
Sammle jetzt alle FDJ-Ausweise ein, werde aber selbst noch nicht austreten. Irgendwo muß doch die Jugend zusammenhalten. Alles läuft so auseinander, und ich habe Angst um die Jugend. Nur noch wenige tun etwas, und der Rest zeigt mir 'n Finger, man muß ja nicht mehr.

23. 12. 1989

Als ich heut bei Nancy war, wollte sie gerade 50 - 60 Bücher zum Müll geben. Ein Glück, daß ich das gesehen habe. So habe ich 10 - 20 gute Bücher umsonst bekommen, nach denen ich sonst gerannt wäre.
Ich habe von ihr einen Kerzenständer bekommen. Nun habe ich 7.
Allerdings war ich etwas enttäuscht, ich wollte mit ihr feten, und sie hatte nur wenig Zeit für mich.
  Dabei hatte ich schon alles gemütlich gemacht. Na ja, wenn man sich Hoffnungen macht.

Kult   28. 03. 1990

Schwarz und
mystisch
im Kerzenschein
dunkle Gedanken
ruft Kreuz
und Sarg
Geborgenheit
meiner Sehnsucht

Die Nacht   02. 04. 1990

Ich warte
auf die Gefühle der Ruhe
alles still
Bin für mich
in Schwerelosigkeit
niemand erkennt
die Schatten
besserer Tiefen
Wirklichkeiten entweichen
im Grab der Illusionen
fliegen Gedanken
wo immer sie wollen
hier in der Stille

Du weinst   17. April 1990

Du weinst
weinst
um mich zu halten
weinst
um dich zu retten
weinst
mir deinen Schmerz
weißt
ich geb die Welt
um dich zu heilen

Es fällt mir schwer

dich einfach
zu umarmen
dir zu sagen
wie lieb

ich dich habe
und Gefühle
zu wagen
ES FÄLLT MIR LEICHT
meine Glaskugel
nicht zu verlassen
und dem Leben
aus dem Weg
zu gehen

F. J.   21. April 1990

Kannte Dich zu gut
Stießt mich weg
Wolltest Dich wehren?
Gegen wen?
Weißt genau
wo Du mir weh tust
Geh nicht
Bist einer der Menschen
für die ich alles tue

Absage

Möchte wieder gehn
aufgeben
Doch weiß
muß mich wehren
Habe endlich Gefühle
gebraucht zu werden
andere aufzurichten

Wie und was?

Stehst da
die Wirklichkeit ganz anders

Dieser faule Traum
Zerbrochen an richtigen Worten
War die Wahrheit
zu frühster Stunde
Gewalt brach ein
Wo Funken war
Die Tür zersplittert
Wieder ein Gehirn geordnet

Für meinen Freund Michael

Mit Dir!

Ob ich mich finde?
Endlich?
Weiß wer ich bin?
Hilf mir!
Will Ruhe!
Zu Ergründen!
Gib mir Zeit!
Bitte!
Ich liebe Dich!

Anfang Juni 1990

Ich möchte niemanden mehr sehen! Geht alle fort von mir. (Die Katze beriecht gerade meinen Kugelschreiber!) Paradoxe Gedankengänge!

Draußen heult eine Sirene. Verbrennen Menschen? Springt einer aus dem Fenster, brennend? Na wenn schon! Ist doch egal. Von mir aus, brenn Haus, brenn! Ich möchte dabei sein. Feuersturm live — geiles Feeling! Mir ist alles so egal!

Ich scheiß auf alles. Leckt mich am Arsch. Ich habe keine Lust mehr, mir jeden Tag Euer dummes Gelaber anzuhören. Inhalte! Fangt doch einmal an zu denken. Nur einmal. Na ja, »Stony world«.

Vergeßt es. Lebt Euer Scheißleben weiter. Sauft Euer Bier vorm Fernseher. Wärmt die Latschen am Ofen. Freut Euch, daß ich bei Glücksrad wieder richtig geraten hab.

In Dunkelheit   Juni 1990

Ich singe ein Lied
mein stolzes Lied
Macht nichts
wenn ihr mich nicht hört
es ist mein Lied
vorbei an euren Ohren
brauche die festen Töne nicht
es ist kein schönes Lied
aber
es ist mein Lied

Gefallen

Als er am Kreuze hing
sah er so glücklich aus
dieses gewisse Lächeln
zu laufendem Blut
jeder Nagel
schien zu beglücken
mit dünnem Leib
Soldat
raumloser Zeiten

Jesus war ein Anarchist!

Gleichnis

Sitze am Grab
meiner Mutter
ein Suizid
und
bin fast glücklich
habe nicht verstanden

warum sie so war
wie der fallende
Stern
konnte Sehnsüchte
nicht erfüllen
starb sie
im Kampf
und ich
hab sie begraben
wie sie mich einst begrub

Auf der Straße

Ist nicht mehr peinlich
wenn Du
hier sitzt
nur leise Harmonien
schaudern auf
schüttelst den Hut
weißt
bist nicht besonders sauber
hübsch noch nie
doch die Zeiten sind vorbei
willst nur
überleben
ist doch egal
ob heut
ob morgen

Für Dirk

Ich kann mich
nicht wehren
in Deinen Blicken
stehen bittende Kinder

Du weißt
so ist es
Du weißt
ich kann nie nein sagen
mit diesen Augen
Kannst Du mich mit mir töten

Juni 1990

Mal wieder Vorbei-Stimmung. Wozu leben? Der Tod ist der Sinngeber des Lebens. Warum also nicht gleich? Ewig nur warten, aushalten, Zähne zusammenbeißen. Ich muß doch Erfolge sehen können!

Aber nichts! Wer sagt mir, daß der Tod nicht wunderschön ist? Wer beweist mir das? Vielleicht ein Schweben ohne Körper im Licht der Dunkelheit. Die Finsternis bietet viel mehr Möglichkeiten. Sie macht alles so scheinbar. So viele geahnte Formen und existent. Möglichkeiten. Das Licht ist grell, alles ist so schrecklich klar und eindeutig. Der Tod ist vielleicht das größte Selbstbekenntnis.

27. August 1990

Ich habe wieder Gedichte geschrieben. Sie sind ganz gut, und ich warte auf Pierres Urteil.
Ich habe ihn ganz schön niedergemacht, wegen seinem zu großen Selbstmitleid.
Aber bin ich nicht genauso?
Ewig nur lamentieren und nie etwas tun.
Wir haben uns geschworen, zusammen etwas aufzubauen. Ich will nicht als kleines armes Schwein enden.
Beziehungstheorien zwischen Pierre und mir? Vergessen!

29. August 1990

Lese gerade Rilke auf Empfehlung. Es ist phantastisch. Eine Gefühlswelt, die meiner gleicht. Zugegebenermaßen muß man sich erst hineinlesen. Es wird deutlich, wie unreif und dilettantisch meine Versuche, sich der deutschen Sprache zu bedienen, sind. Vorstellungen einer Veröffentlichung sind nur noch Trümmer. Natürlich sagen fast alle Freunde, daß sie toll sind, aber auf Qualität hin schaut keiner. Übrigens wird die Form zunehmend wichtiger.

Habe mittlerweile beim Lesen von Rilke so viele Zettel mit Anregungen, Anmerkungen und Problemen vollgeschrieben, daß es schwierig wird durchzusehen. Noch sind Ferien, und ich habe Zeit. Aber was wird, wenn die Schule beginnt? Inzwischen graut mir davor. Aber es muß sein. Ohne Abi ist man ein NICHTS, und so fühle ich mich auch.

August 1990

Ich habe langsam das Gefühl, unsere Beziehungen, Nico, Pierre, ich, brechen auseinander. Schade eigentlich, es war eine so schöne, intensive Lebezeit oder NEIN, es darf nicht vorbei sein. Es ist noch viel zu leben und zu wissen.

Es gewittert, und ich denke, es ist Krieg, Angst überfällt mich, viele Bombenflieger und unheimlich viel Lärm, mein brennendes Haus, ich im Keller verschüttet und wie immer die letzte, die stirbt, erstickt im Schutt.

1. September 1990

Weltfriedenstag. Ja, ein großer Tag wäre es für mich gewesen, wenn ich hätte nach Live-Club gehen können. Das Dreieck wäre wieder zusammen gewesen und mein Herz wieder voller, mein Halt wieder fester. Seine lieben Augen, ich hätte sie längst sehen können, und mit der Sehnsucht wächst die kribbelnde Ungeduld.

Statt dessen krampfiges Sitzen beim Geburtstag einer alten Frau, welche weiß Gott mehr verdient hat, als dieses schleimige »Ihr um den Hals Gekrieche«. Die ewige Grinse beim Erzählen von alten Storys und das schrille Lachen, weil für einen selbst nichts mehr zu lachen daran ist, und das sinnlose Hineinstopfen von Süßigkeiten und Alkohol vor lauter Langeweile. Ich hätte Besseres anfangen können, wenn ich nicht wüßte, wie einsam sie ist und wie sie sich freut über das Sitzen bei ihrem Sohn und ihren Enkeln. Es ist ihr nicht wichtig, das große Wort zu führen, sie möchte nur still teilhaben, auch hier ist sie noch bescheiden und ohne Selbstbewußtsein.

03. Sept. 1990

Ich muß mich wieder daran gewöhnen, auch nachts zu arbeiten. Zu früh bin ich schon müde, das muß abgestellt werden ... Ich darf nicht nur das tun, was ich wirklich muß, sondern mehr.

Pierres Anwesenheit gab mir wieder etwas Kraft. Ein Brief von ihm, und er hat sich Sorgen gemacht. Er ist so lieb, wie ich ihn in Erinnerung hatte.

Zusammen können wir es schaffen. Zusammen ergeben wir das Stärkste auf dieser Welt.

Eine neue Schule, welche ich mit ihren Wirren noch nicht erfaßt habe. Ich sehe nicht ein, warum ich hektisch werden sollte. Wenn ich alles korrekt mache und so, wie ich es mir vorgenommen hatte, kann gar nichts schiefgehen.

Ein Schock, der mich gleich heute morgen beunruhigte. »Julia ist nicht mehr. Sie ist tot.« Ich kenne diese Julia nicht. Wo ich bin, begleitet mich der Tod. Ich stellte mir vor, wie man ein 16jähriges hübsches langhaariges Mädchen aus den Autotrümmern zieht. Sie wollte gerade anfangen zu leben, vielleicht ein Freund, welcher auf sie wartete, eine Intelligenz, welche noch nicht in voller Blüte war, und ein Mädchen, das durstig auf Wissen und Leben war. Und nun tot!

Ich bin gespannt auf Deutsch. Hoffentlich ein Fach, in dem ich so richtig aufgehen kann. Warum nicht T.? Es wäre wenigstens etwas Vertrautes gewesen. Ich bin todmüde.

ICH MUSS KÄMPFEN!

06. September 1990

Eine komische Stimmung ergreift mich. Es ist wieder diese Stimmung, wo einen alles ankotzt und alles egal ist.

Die Schule ist Scheiße. Deutsch wird sicher sehr langweilig werden, weil die Lehrerin sich ewig ausmärt, eine einschläfernde Stimme hat und es nicht versteht, Spannung, Spaß und Action in den Unterricht zu bringen.

14. September 1990

Ich habe heute Frank wiedergesehen, kurz nur, aber es reichte, um wieder etwas Kraft zu schöpfen. 1 Woche voller Sehnsucht und Unrast und nun schon wieder Vergangenheit. Fast könnte ich behaupten, er betrügt mich nicht in Chorin, fast, ein kleines Anstands- und Moral- und Unsicherheitsfünkchen ist noch da.

Ich liebe und begehre ihn stetig. Nur weniges ist mir im Moment wichtiger. Ich liebe ihn!

15. 09. 1990

Es ist mir nicht leicht, in dieser Familie zu sein.
Man hält mich fest – eindeutig. Ich das gute, einzig geratene Kind im goldenen Käfig. Und doch ist mein Freiheitsdrang größer als andere Verlangen.

Ewig eingesperrt in dem Käfig, in dem es mir an nichts mangeln sollte, solange ich nur brav bin. Ein Leben nach meinen Wünschen ist ferner gerückt, und ich muß warten, immer weiter warten.

Geduld, eine Eigenschaft, deren ich wenig beimesse, ist mir das Salz in der Kehle geworden. Die Frage »Und dann, nach der Geduld?« läßt hoffen.

Ewig nur Träumereien, welche es schwerer machen, sich auf das Jetzt zu konzentrieren, und die Vornahme der Enthaltsamkeit ist so schwer geworden. Wenn nur ein Zeichen wäre, wo all dies fruchtet, es wär mir leichter zu ertragen den grauen Alltag. Das Sehnen nach jedem Wochenende ist ein Ding, welches auf die Dauer ermüdet. Und ich fühle mich wieder so alt und lahm, ohne Kraft, um auszubrechen. Die Wut vor der verdammten Buckelei ist groß, aber lähmend. Ach ich muß mir selbst helfen. FRANK ♥

03. Oktober 1990

Habe mich mit dem Engländer sehr gut unterhalten, Peter heißt er, Harway. Ich erzählte ihm von meinem Schock damals, als die Leute über Ungarn abgehaun sind, daß mir bald die Tränen kamen und ich mich ärgerte, wie die Leute in den Zeitungen verarscht wurden. Am Nebentisch wurde darüber gelacht. Ist es denn so lächerlich, diesem Land ein wenig nachzutrauern, was hätte Tolles aus diesem Staat werden können.

Nun bin ich bei denen sicher eine rote Kommunistensau. Der Traum von diesem Land ist nun vorbei. Mir ist so kalt. Vielleicht habe auch ich zu wenig getan. Irgendwie ist alles noch grauer als zuvor. Ich bin langsam zu müde geworden, um mich in diesem Land zurechtzufinden. Was hat denn hier überhaupt noch Sinn. Ich würde so gern reden und nicht immer nur stark sein müssen.

»... I want to change it all ...«

05. Oktober 1990

Ich glaube, ich habe nichts mehr zu sagen. Alles ist so bedeutungslos, man macht sich nicht mehr die Mühe, es zu beschreiben. Was soll's, und wozu eigentlich. Ständig neue Fragen, und um so weiter man bohrt, um so weniger können Dir antworten. Viele halten Dich für ein Genie, und Du weißt, Du bist um so kleiner, um so mehr Du nachdenkst.

24. 12. 1990

Frohe Weihnachten!
Die Kirchenglocken läuten, aber ich bin nicht in der Kirche. Ich habe auf

meinem Altar alle Kerzen angezündet und auch eine für Dich erleuchtet. Ich danke so allen für ihre Liebe und Geduld mit mir.
Ehe die große Schenkerei losgeht, besinne ich mich so zur Ruhe. Mein Beschluß, nicht in die Kirche zu gehen, beruht auf vielen Gründen. Erstens gehen sowieso 70 % nicht aus Glaubensgründen in die Kirche. Das ist Heuchelei und Betrug.
Ich mach es so auf meine Art und bin dafür ehrlich. Außerdem mag ich Massenaufläufe nicht so. Die Orgel ist auch kaputt, also kann mich nicht einmal der Kunstgenuß locken.
  Also Aritta, Du weißt, wie gern ich Dich hab ...
Ich glaube nicht an Gott als Person. Sondern an Gut und Böse als Medium, das ständig um mich ist.
Ich tue Böses und Gutes. Manchmal beherrscht mich, das Böse zu sehen, ganz schön, aber ich darf ihm nicht die Überhand lassen. Glaube nämlich, der Mensch hat da auch noch ganz schön was zu sagen. Überhaupt, was ist schon gut und was böse. Ein rationales Begriffsschema aus Moral und Anstand, selbst auferlegt vom Menschen. Also er entscheidet im Grunde eben noch selbst, ob er von »Gott« oder »Satan« sich besessen meint. Da sind die Grenzen, und gibt es ein Mittel, ein Gemisch aus Gut und Böse?

01. Januar 1991

Meine liebe Schnecke!
Ein paar Worte von Aalbi. Seine erste Reaktion im neuen Jahr war ein Kurzschluß.
  Ich habe diese Worte in ähnlicher Form oder etwas abgewandelt schon von Nico, Pierre, Agnes und vielen anderen Gruftis gehört. In einer Situation voller Verzweiflung, Sehnsucht, Angst, Depression u. v. m.

Es waren seine Schreie ins neue Jahr.
Agnes, hilf mir!
Bitte hilf mir sterben!
Du hilfst mir doch?
Ich bringe alle Menschen um.
Sie tun mir immer so weh.
Sie tun Dir weh.
Sie solln Dir nicht weh tun.
Ich bringe sie alle um.

Er lief auf den Bahnhof, um den Erstbesten aufzulauern.

Geh, ich mach dich nur fertig!
Vergiß mich!
Ich will sterben.

Apathisch, weiß und zitternd standen sie dann 6.00 Uhr am Neujahrstag vor Nicos Tür, nachdem der ganze Live-Club sie suchte und die meisten in hysterische Heulkrämpfe ausarteten, wegen eigener Depressionen, die sie nun bestätigt fühlten.
    Aritta, ich habe so viel geweint in letzter Zeit, ich fühle mich am Ende.

Eleonore

DAS SPIEL IST AUS 26. 10. 1989
21.20 h

Das Spiel ist aus!
Das Urteil sprichst nicht Du,
Spreche nicht ich.
Keiner von uns verdient Applaus.
Was wir taten, war von uns beiden nicht richtig.

Das Spiel ist aus!
Es gibt kein zurück.
Vielleicht geht's für uns geradeaus!?
Keiner von uns weiß Genaues.
Was uns fehlt, ist eine große Portion Glück.

»Das Spiel ist aus!«
sagte ich Dir,
Bevor wir uns im Himmel wiedertrafen.
Komm, machen wir das Beste draus,
Damit ich Dich nicht wieder verlier.
Laß uns eine neue Art von Liebe schaffen!

Zwar werden wir nie wieder dieselben Gefühle füreinander haben,
Denn fühlen können wir nur im Leben.
Das Spiel ist aus!
Wir müssen es mit Fassung tragen,
Und uns für die falschen Vorstellungen
der himmlischen Liebe vergeben.

DER VERZWEIFELTE SPRUNG 30. 10. 89
20.32 h

Ab heute nenn ich Dich Verzweiflung.
Kann Dich nicht gebrauchen, denn
Du liegst mir schwer im Bauch.

Deine Tasse hat 'nen Sprung
Und mein Herzken auch.

Bei Dir brennt 'ne Sicherung.
Du bist mir lästig, und doch halt
ich Dich fest in meinem Arm.
Dein Teller hat 'nen Sprung,
Und mein Herzken schlägt Alarm.

Ab morgen will ich Dich vergessen.
Bringe Dich zum Schrottplatz runter.
Von Deinem Teller kann niemand mehr essen,
Und Deine Tasse geht schon im Kaffee unter.

Ab übermorgen nenn ich mich Antiquitätensammlerin,
Damit ich Dich vom Schrottplatz wieder aufsammeln kann;
Weil ich Dich brauch.
In Deiner Tasse ist zwar ein Sprung,
Aber mir scheint, in meiner auch.

30. 10. 1989
20.53 h

Dear Christof Marré
Du bist vor Alter schon ergraut,
Hast Dir Dein halbes Leben gekonnt versaut;
Du bist eine einzige Katastrophe,
Immer das letzte Wort in einer Strophe,
Du bist eigentlich gar kein Thema für ein Gedicht,
Bist nicht mehr das, wovon frau heutzutage spricht;
Du bist von der Zeit eigentlich längst überholt,
Aber für mich doch schon soviel wie mein geliebter H. Gold.

Freitag, den 10. 11. 1989

Das folgende Gedicht ist an alle deutschen Menschen, an alle schlagenden Herzen, an die Politik, sei sie nun gut oder »noch« schlecht, es ist einfach an diesen Tag, dieses Datum: den »10. 11. 1989«, an die Freiheit der DDR und an die Hoffnung an eine glückliche Zukunft, die dieser Tag und »Egon Krenz« in mir geweckt bzw. noch mehr gestärkt hat!

Es mag etwas durcheinander sein, aber so sind auch meine Gefühle.
Dieses Gedicht kommt nicht nur aus meinem Kopf, sondern erst recht aus
vollem Herzen, und wenn es zum Schluß etwas parteiisch klingen mag, so
tut es mir auch nicht leid, denn meine Seele spricht auch stets ein Wörtchen
mit!

VERWIRKLICHUNG EINES TRAUMS am 9. 11. 1989

November, der Zehnte;
Mein Radio geht an.
Fast wie im Traum, was der Berliner Korrespondent eben erwähnte,
So wundervoll, daß ich es gar nicht recht glauben kann.

Die Berliner Grenzübergänge stehn offen;
Beschlossen und durchgeführt in dieser Nacht!
Ich bin wie vom Schlag getroffen.
Hab ich erst geweint oder gelacht?

Im Radio sprechen Ostberliner.
Kaum einer kann es richtig fassen.
Vor Glück singen sie Kinderlieder.
Alles jetzt nachholen, nichts mehr verpassen ...

»Westis« denken an ihre Ostberliner Kollegen;
bringen ihnen Frühstück und reichen
ihnen ihre Hand.
Freundschaft, Glück und Segen
Für die Deutschen und ihr gemeinsames Land!

Schauer über Schauer geht vor Rührung
über meinen Rücken.
Jetzt in Berlin sein, alles miterleben!
Wie soll ich in Hamburg nur diesen Tag überbrücken?
So gern möcht ich mit den Berlinern über der Mauer schweben!

Im Rundfunk und Fernsehen werden Reden gesendet.
Besteht die Zukunft nun aus Taten oder Lügen?

Wer ist der ehrliche Redner, und wer ist einer, der seinen
Hals nach dem Winde wendet?
Will man uns von hinten 'rum betrügen?

Gedanken an die deutsche Zukunft bleiben nicht aus;
Sein sie nun zuversichtlich oder schlecht!
Doch in ganz Berlin überwiegt der fröhliche Applaus.
Geben wir erst mal den Optimisten recht!

Egon Krenz, ich glaub an Dich!
Du sagtest, es sollen kein »wir« und kein »uns« mehr geben,
Sondern nur noch »uns, die Partei«!
Halte Dein Wort, dann liegst Du richtig!
Laß Dein Volk und seine Verbesserungsvorschläge frei!

Weg muß nicht die Mauer!
Sie ist ein Teil der Geschichte, ein Teil von Berlin.
Weg muß die ewige Trauer!
Wenn die nicht mehr existiert, wollen
Deutsche auch nicht mehr nach Deutschland fliehn.

Keine Widersprüche, nur ein klarer Blick geradeaus.
Es lebe der »reine Sozialismus«!
Schalten wir die konservativen Gedanken endlich aus!

Und weiter lebe Deutschland,
Weiter lebe die Liebe!
Schön, daß es ein Politiker der DDR wieder zu »schaffen« verstand!
Ich wünsche den Verwirklichern der Träume noch viele Siege!

Sonntag, den 12. 11. 89

ZUM DDR-VERKEHR

Moni und ich waren heute 'ne 3/4 Stunde spazieren und haben dabei die in Hamburg stehenden DDR-PKW gezählt.

Wir sind durch die Seewartenstraße, Davidstraße, Reeperbahn und Ost-West-Straße und haben dabei »38« Trabants, also Trabis, gezählt

& »29« andere DDR-Fahrzeuge wie zum Beispiel Ladas oder Wartburgs. Es war wirklich irre! Die Reeperbahn war voll »Ostis«, eine Wahnsinnsmenschenmenge bewegte sich zum Dom ... wie im Traum!

Sonntag, 12. 11. 89
CHINCHILLA GREEN 18.38 h
Heute gab's um 14.15 h 'ne Wiederholung von »45 Fieber«.

Also gut, das Lied »You don't know what love is« ist doch nicht so schlecht, und auch an Hannes gewöhn ick mir langsam, aber Julie Ocean ... nee! Nicht nur, daß die roten Haare voll daneben sind, ihre Haut glänzt, als wenn sie sich mit Vaseline eingeschmiert hat, & überhaupt ihr ganzes Outfit ein Krampf ist, sie selbst ist auch etwas merkwürdig. Wie redet die Frau nur? Ist ja keen Wunda, det ick immer noch ma' nachfragen mußte, weil ick sie so gut wie nie verstanden habe. Die redet nicht nur leise, die Frau hat ooch 'ne komische Aussprache. Nicht falsch! Nur komisch; na ick weeß ooch nich.

»45 Fieber«: »Habt Ihr nicht auch manchmal Probleme mit so einem alten – oder nee – mit so einem Pop-Opa?«

Julie Ocean – Grins! –: »Na ja, es ist schon etwas umständlich, ihn immer aus dem Altersheim abzuholen. Deshalb kann's auch nicht so spät werden mit den Proben.«

... Lispel, lispel, grins, smile. Übrigens hatte ich mich doch nicht verguckt, dort stand weiß auf schwarz: 3. 11. Hamburg.

Wat soll's? Da hat ja nicht Chinchilla Green oder der Lunapark Schuld, sondern »45 Fieber«.

Es folgt das Abbild meines ehemaligen Schönheitsideals (bis Februar 1989) und die neue Berliner Garagen-Hexe: Frau Julie Ocean. Schade, Julie, wirklich schade!

Montag, 13. 11. 89
Herr Marré 18.51 h
ist ein besonders lieber Mann, was den heutigen Tag betrifft.

Außerdem sieht er besonders süß heut aus. Er trägt nämlich eine viel zu weite Jeans und ganz süße Hosenträger, die dieselbe halten. Die chicen Hosenträger! Ansonsten versucht man sich heute als Handwerker, wobei das »versucht« betont wird!

IN DER SCHULE   Dienstag, 14. 11. 89
bin ich mit Michael Klassensprecherin geworden. Ich liebe meine Klasse!

                                            Mittwoch, 15. 11. 89
Auch heute war Christof ein wahrer Schatz! Er war vollkommen zufrieden
mit mir, hat sich lange mit mir über dies und das unterhalten und war unge-
heuer lustig. Wir bzw. ich verbesserte noch seinen Brief nach Taiwan, und
mir war, als würde mich Christof voll und ganz akzeptieren wie eine lang-
jährige Mitarbeiterin oder »Freundin«.
   Ich konnte heute früher gehn, weil ich morgen um 9.00 h da sein muß.
Er meinte noch: »Danke für alles!« Was er wohl damit meinte?
   Mein süßer Schlumpf, ich wäre Dir sehr dankbar, wenn Du mich mal in die
Arme nehmen würdest!

MASKENBALL   15. 11. 1989
                                                   21.58 h

Kirchenglocken läuten durch den Tag,
Musik erklingt aus allen Straßenecken.
Eine Versuchung, der ich unterlag;
Ich wollt das Leben neu entdecken.

Wie ein Rausch packt mich ein Gefühl.
Keiner kennt mich, und ich bin frei.
Mal küß ich wildfremde Gestalten,
mal bin ich kühl;
... Hier darf ich heut und gestern sein.

Dunkle Augen unter silberner Maske.
Ein sinnlicher Tanz über den unzähligen Brücken;
Für einen Tag und eine Nacht zurückholen, was ich bisher verpaßte.
Zwei unbekannte Spiegelbilder,
deren Farben den Canale Grande schmücken.

Kirchenglocken läuten zum nächsten Morgen.

Der Spuk ist vorbei, und ich verlier Deine Hand.
Unsre Gesichter blieben verborgen.
Ich dreh mich noch mal um, wo
Deine Gondel im Nebel verschwand.

Der Zauber der Stadt läßt mich für
eine Weile nicht weitergehn.
Kann meine Maske noch nicht fallen lassen.
Ein rätselhafter Ball, den ich werde nie verstehn ...
So verschwind auch ich irgendwann in den dunklen Gassen.

Freitag, 17. 11. 89

CHRISTOF

Neuerdings muß ich für meinen Schlumpf gar nicht mehr einkaufen gehn!? Als ich am Morgen mit meiner ersten Brille die Treppen raufkam, war Christof gerade an der Tür. »Eleonore mit Brille! Sieht aber gar nicht schlecht aus!« Das baute ungemein auf, denn ich war erst fürchterlich unsicher, weil mich kaum ein Mann auf der Straße angeguckt hat, was ja sonst schon Alltag für mich geworden ist.

Als Lorenzo reinkam, war sein erster Satz: »Na, Schwarzbrille!« – »Selber!« antwortete ich. Alle beide waren ganz, ganz lieb zu mir. Gregor sagte nüscht zu meiner Brille, sondern schmunzelte nur im Vorbeigehn.

Der Höhepunkt des Tages war jedoch, als Christof bepackt mit Brett und Nägeln aus seiner Küche kam und mich bat, das Lineal zu nehmen, das er über seinen Arm gehängt hat. Ich griff also über meinen Tisch und versuchte verzweifelt, es ihm durch die Arme zu ziehen. Allerdings war dies so lang, daß es sich querlegte und zwischen seinen Beinen steckenblieb. Christof sagte keinen Pieps, und ich versuchte panisch, das Lineal da rauszubekommen. Dabei flogen Christof die Nägel vom Brett, und er fluchte: »Scheiße.« – »Mist!« sagte auch ich leise und hob das Segeltuch auf, das er auch fallen ließ. »Du kannst ja nichts dafür, das war meine Schuld!« beruhigte er mich. Aber das war wohl unser beider Mißgeschick!

Samstag, 18. 11. 1989

BERLIN

Bei dieser Busfahrt lief alles ganz glatt ab. Wir waren sogar rechtzeitig um 11.00 h in Berlin. Auf der Hinfahrt haben wir auf der Ostseite eine Trabi-

Schlange von 30 Kilometern gesehn. Die ärmsten konnten einem richtig leid tun. In Berlin war ein Wahnsinnsgetümmel. Wo man hinsah – alles Ostis. Beim KadeWe z. B. war überhaupt kein Durchkommen. Wir fuhren mit dem Bus zur Garage, wo ich mir zum Mantel passend einen schwarzen Minirock kaufte und ein schwarzes Minikleid aus den 60ern. Dann fuhren wir mit der völlig überfüllten U 1 zurück zum Wittenbergplatz, von wo wir dann zur Kantstraße liefen und chinesisch essen waren. Vom Fenster aus beobachteten wir immer einen jungen Osti, der so niedlich war, daß ich ihn 2x fotografierte. Dann schlenderten wir noch über den Ku'damm, der bis zur Uhlandstraße zur Fußgängerzone erklärt wurde. Wir machten viele Fotos. Ich ersteigerte mir noch Postkarten, 'ne Haarschleife und Schreibzeug. 'ne Erste als Anspitzer wurde mir zusätzlich zum lila Winterbriefpapier geschenkt. Dann warn wir noch mal im Café, wo ich schon recht müde wurde. Zum Schluß sahn wir noch »Mompi« an der Gedächtniskirche sprechen, an der wir noch einen Stadtplan bekamen, »damit wir uns nicht am Ku'damm verlaufen.« Zum Schluß wurde es dann erst richtig gemütlich. Sie spielten die alte LP von Tracy Chapman, nach der alle sangen und tanzten. Bei den Lichtern war das absolut romantisch, auch wenn's arschkalt war. 'ne Disco im Freien ...

Zum Aufwärmen tranken Moni und icke noch'n Glühwein. Wieder mal wurden wir von einem Besoffenen belabert, war aber nett. An der Gedächtniskirche wurden schon die Buden für den Weihnachtsmarkt zusammengezimmert. Rundherum saßen und standen die Ostis mit ihrer Erbsensuppe. Es war wie auf'm Volksfest.

Pünktlich um 18.00 h fuhren wir ab. Es war ein herrlicher Tag in einer herrlichen Stadt, und ich schlief im Bus ein und träumte von überfüllten Bussen usw. ...

Montag, 20. 11. 89

NEUE DATEN ZU MEINEM SCHLUMPF
Nebenbei hab ich heut mitbekommen, daß Christof im Aurilenweg 2 seinen zweiten Wohnsitz hat, daß er 1,78 m groß ist und 75 kg wiegt. Mein Schatz will nämlich eine Krankenversicherung abschließen. Dafür muß er sich demnächst einer Volluntersuchung stellen, zu der auch ein Aids-Test gehört. »Sollte man vielleicht sowieso mal machen!« war sein Kommentar. Aha! kann ich dazu nur sagen.

Und wenn schon, ich lieb diesen frechen, tollpatsch'en Knallfrosch! Ach ja, und er war beim Friseur und hat sich den Nacken ausrasieren lassen.

30. 11. 89
20.20 h
DIE LUNAPARKHEXE
Flog mal 'ne Hexe uff'n Besen.
Flog ohne Führerschein
in den Lunapark hinein,
Ohne vorn det Schild zu lesen.
Ward sie dann der Gefahr
gewahr,
ging ihr, oh Graus,
det Benzin ooch noch aus.
Seitdem hat sie sich jeschworen,
sie fliegt nur noch mit Schutz an den Ohren.

Mittwoch, 6. 12. 89
NIKOLAUS BEI RHOMBUS
10.00 h, ich kam rein. Siggy hatte mir schon, lieb wie sie ist, die Topflappen mitgebracht, für die ich mich auch gleich bedankte.
 Dann sah ich den Teller mit dem großen Nikolaus auf meinem Tisch. Meine Augen wurden größer: 2 Äpfel, Schokokugeln von Milka und Printen lagen auch auf dem Teller. Ich schaute zu Christof rein, um ihn zu begrüßen. Eigentlich wollte ich mich gleich für den Teller bedanken, aber mein Schlumpf lenkte mich mit der Schule ab. »Und hast Du heute was zu tun?« fragte er dann. Etwas beleidigt vertiefte er sich wieder in sein Schreibzeug, als er hörte, daß ich noch das Bild für Sieglinde anfangen wollte. Christof ging in sein Zimmer. Mir kam der geniale Gedanke, daß ich ja ein Aquarell machen könnte. Siggy schickte mich rüber zu Christof, als ich nicht recht weiterkam. Christof stand mitten in seinem Zimmer, in der Hand einen Bügel mit seiner braunen Jacke und strahlte mich an, als ich ihn fragte, ob er mir nicht helfen könnte. Sofort ging's los. Er holte anderes Papier, Lappen, ein Holzbrett, dicken Pinsel, und ich mußte mehr Wasser holen. Eifrig fing er an, mir die italienische Aquarell-Technik zu zeigen. Brett naß, dreimal überpinseln ... Es spritzte ganz unheimlich. Aber die Freude sah man ihm an. Endlich wurde er mal wieder von mir gebraucht. Er begann, meinen Nikolaus abzupinseln. Ich stand dicht neben ihm und genoß das sanfte Streifen seiner Haare in

meinem Gesicht. Wir starrten Kopf an Kopf auf das Papier. Ab und zu strahlten wir uns an, und er erklärte eifrig alle Möglichkeiten, die ich hätte. Als er wiederkam, hatte ich schon zwei Bilder fertig, die ich auf seinen Wäscheständer legte, wie auch seins, auf das ich noch einen roten Apfel setzte – malerisch, versteht sich! Siggy und ich faxten unsre Musikwünsche nach Radio 107, und beide hatten wir Glück. Ihr Wunsch: »The power of love« von Jennifer Rush kam gleich an dritter Stelle. Christof stellte das Radio leiser, weil er tippen wollte. Siggy guckte mich an. Was, ich? »Bryan Ferry«! sagte Siggy. Zum Glück war das Radio leise, denn ich hatte mir den Song »Is your love strong enough« unter Christofs Namen gewünscht. »Darf ich 'n bißchen lauter machen?« fragte ich Christof. »Ja, aber natürlich!« Fein, ich drehte lauter und hörte noch, wie der Moderator meinen Musikwunsch lobte. Christof fing an mitzusummen. Total süß! Als das Lied zu Ende war, ging er wieder raus. Kaum kam er wieder, hatte ich schon 'ne neue Idee. Ich begeisterte Christof sofort, als ich ihm vorschlug, im Frühling nach Hagenbek zu gehen und die Jungtiere abzumalen. Ich soll ihn auf jeden Fall wieder dran erinnern! Er will unbedingt »mit mir« in den Zoo ...

EINFACH SO   07. 12. 1989
Dein Lachen, das mein Herz bewegt;
Dein Blick, der wie die warme Sonne auf mein Gesicht sich legt;
Dein Atem, der mich wiederbelebt;
Der Mann, der mir den Kopf verdreht.
Könnt nie sagen: »Ich lieb Dich nicht!«
Muß nur warten, bis die Wand zerbricht,
Die uns trennt durch 21 Jahre.
Möchte mir die Worte sparen;
Möchte mit Dir durch die Zeiten gehn
Und Dich immer lachen sehn!

                                                Donnerstag, 7. 12. 1989
TRAURIGES MÄRCHEN   21.21 h
Der Name, den sie rief in der Nacht;
Der Mund, der eben noch von Liebe sprach;
Das Wort, das ihr fehlt;
Das Nichts, das sie quält;

Der Mann, dem sie nachgerannt;
Die Trauer, die sie bei ihm fand;
Der Mond, der nur Märchen schreibt;
Die Träne in der Nacht, die ihm noch bleibt.

Am 9. 12. 1989 bei Venezia-Eis ging meine traurige Phase wieder los. Nicht nur, daß mein Schlumpf erst um 23.00 h antanzte, nachdem er mich mit einem unwahrscheinlich schönen Blick anschaute, schlug das Schicksal für mich wieder kräftig zu. Er beturtelte eine blondgelockte junge Frau und gab dem Ganzen die Krone auf das Bier, als er ausgerechnet zu mir kam und folgendes sagte: »Ich glaub, ich bin ein bißchen verliebt. – Was heißt ein bißchen ...« Nachdem er Sascha und Andrea verabschiedet hatte, zog ich ihn noch mal zur Seite.»In wen bist Du verliebt?« fragte ich. »Na in die Blonde da oben. Ich glaube, ich werde mir da viel Mühe geben!« Geknickt & geschockt zugleich verkrümelte ich mich hinterm Tresen und weinte mich in den Armen von Rolf, der wirklich ganz zauberhaft zu mir war, aus. Gregor hat auch alles gleich geschnallt und war ebenfalls sehr, sehr lieb zu mir. Nur Christof blickte die Lage nicht. Nachdem ich sein Glas Sekt halbwegs verschüttete, guckte er mich noch an und fragte: »Was ist denn los?« Aber ich schüttelte nur mit dem Kopf und sah weinend zu, wie er sich weiter amüsierte.
   Heute, also am 10. 12. 1989, hab ich Siggy aufgeklärt. Gregor hatte ihr schon alles erzählt, sie wollte das nur erst nicht glauben.
   Morgen will sie Christof etwas antasten, damit es hoffentlich für mich etwas leichter wird. Ich bete nur, daß unser gutes Verhältnis sich dadurch nicht gestört fühlt und alles wieder so wird wie vorher, wenn er schon nicht mich lieben kann oder will.
   Auch wenn meine Wünsche nicht ausbleiben, hab ich eher das Gefühl, daß alle anderen recht haben. Er liebt mich wahrscheinlich wirklich nicht, sondern hat mich nur gern. Aber das tut unheimlich weh! Denn ich liebe ihn ja noch ...

Sonntag, 10. 12. 89
12.26 h

ICH STELLE MEINE HOFFNUNGEN IN FRAGE
Tränen überschwemmen mich.
Vorhin versprachen mir Deine Augen noch die Liebe,

Dann vertrautest Du Dich mir an:
Verliebt hast Du Dich
In die Blonde,
Und Du gibst Dir alle Mühe ...
Schmerzen tut es in mir drinnen!
Ich stelle meine Hoffnungen in Frage.
War ich denn von allen Sinnen?
Zu lieben ist eine Plage.
Immer dachte ich, Du würdest mich lieben!
Nun muß ich ein weiteres Mal große Stärke zeigen.
Bin auf der Strecke zu Dir liegengeblieben,
Und muß über meine Gefühle zu Dir schweigen.

                     10. 12. 89

WIE EIN SPRACHLOSER DICHTER   12.42 h
Ist es wirklich wahr?
Du liebst eine andre?
Für mich war alles so klar,
doch es ist wahr,
Ich war diejenige, die ohne Worte
Unmögliches verlangte.
Am Grunde angelangt;
Ich seh im Wasser Eure Gesichter.
Ich habe wortlos die Liebe von Dir verlangt;
Ich fühle mich wie ein sprachloser Dichter!
Ist es denn wirklich wahr?
Oder hast Du mich belogen?
Für mich war alles so klar;
Bitte laß mich jetzt nicht mit mir allein!
Ich möchte nur still in Deiner Nähe sein.
Fang mich ein!
Ich hab mich ins Unmögliche verflogen.

DIE WEICHEN   12.46 h
Umgeben von Kälte.
Ich wollte die möglichen Folgen nicht sehn.
Nun traf mich das Schicksal, das mir die

Weichen stellte;
Mir sind sie zu hoch.
Ich wünschte, ich könnt Gefühle verstehn!

                                      10. 12. 89
DON'T ASK ME!   12.46 – 12.55 h
»Was ist denn los?«
Hast Du gefragt,
Und ich konnt es Dir nicht sagen.
Denn hätt ich's gesagt,
Würdst Du mich nimmer fragen ...

                                      10. 12. 89
WEGLAUFEN – VERLAUFEN – AUFLAUFEN   17.34 h
... Ich möcht so gern vor allem davonlaufen!
Vor der Zeit und auch vor Dir!
Doch verlaufen hab ich mich schon vor einiger Zeit –
Und angekommen bin ich hier.

                                      10. 12. 89
                                      18.20 h
Ich hab eben, ich weiß auch nicht warum, mir die Karten des Liebestarots' gelegt. Das Ergebnis ist verblüffend, nur hoffentlich nicht wieder voll daneben wie bei Hartwig!

Demnach:
1. Wären meine Erwartungen eine Chance zum Neubeginn oder eine stille Vorbereitung meinerseits auf eine neue Begegnung.
2. Wäre ich der Teil unsrer »Beziehung«, der eine Zeitlang allein sein muß bzw. darf, um einen Sinn fürs Leben und die entsprechende Partnerschaft zu finden.
3. Wäre Christof der Lebensgenießer und die irdische Erfüllung der Partnerschaft. – »Erntezeit« – versuchen, auch anderen, also mir, Glück zu schenken.
4. Was aus unserer Vergangenheit noch jetzt eine Rolle spielt, wäre eine schöpferische, kreative Partnerschaft – Lebensfreude, ich, als reifere Frau – eine sich anpassende Liebe.

5. Die Entwicklungschancen wären eine erotische Anziehungskraft, die Christof ja sowieso auf mich hat, Erleben von Intimität – neue Liebe – Entscheidung über eine Partnerschaft, die wohl wie die Faust aufs Auge paßt.

Hoffentlich stimmt das alles, und vor allen Dingen, hoffentlich entwickelt sich alles zum Guten hin ...!

Montag, 11. 12. 89

ENTWICKLUNG ...

»Zum Glück gab's kein Drama«, so empfing mich Siggy heut morgen, als ich zitternd im Büro ankam. Sie hatte ihm also schon gesagt, daß ich ihn liebe.

Seine Reaktion war sehr überrascht, was mich nun wiederum überraschte, denn er war der einzige, der die Lage nicht gecheckt hat. So ungefähr soll er reagiert haben: »Was??? In mich?! Oh Gott! Scheiße! Das gibt's doch gar nicht!«

Nun ja, Siggy meint nach wie vor, ich sollte mir das alles aus dem Kopf schlagen, denn daraus würde eh nüscht werden. Nun, wenn's mit seiner blonden Stewardeß geklappt hat, glaub ich auch bald nicht mehr dran. – Aber ganz, ganz lieb und rücksichtsvoll war er. Er war sehr vorsichtig, aber so nett wie immer, und versuchte das Arbeitsverhältnis in keinem Falle zu stören, wofür ich ihm unheimlich dankbar bin. Ich weiß auch nicht weiter im Moment. Jedenfalls kann ich noch keine Entscheidung fällen, wie's mit mir bzw. mit uns in Zukunft weitergehen soll. Was sagt das TAROTS dazu?

1. Meine Erwartungen liegen in einem geistigen & körperlichen Ausgleich in Sachen Interesse und Energie. – Harmonie zwischen weiblichen & männlichen Kräften in einer Partnerschaft & in mir selbst.
2. Ich spiel die Rolle der Verstrickung. Habe eine neurotische Bindung zu Christof, die bei mir wohl nüscht Neues ist, wa!
3. Christof symbolisiert die Schöpfung, die umfassende Vollendung und Erfüllung einer Beziehung. – Oder Auflösung im tiefen, beiderseitigen Einverständnis, weil beide Partner sich nun neuen Lebensaufgaben zuwenden. Wobei wohl das erstere eher zutrifft.
4. Die Rolle unserer bisherigen Vergangenheit, insbesondere der heutigen Vergangenheit, liegt in einem Aufruf einer Neuorientierung in einer Partnerschaft – Überprüfung des bisherigen Lebensweges.
5. Die Zukunft bestimmt das Schicksalsrad. Ein neuer Zyklus beginnt für eine Partnerschaft – entweder kann man sich auf neue Strömungen

einlassen, oder man fühlt sich als Opfer eines Lebensschicksals.
We'll see ...

                                                   11. 12. 89
VOLLMOND   23.37 h
Wenn ich meinen Gefühlen keinen Sinn verleihen kann,
Seh ich sehnsüchtig nach Hilfe den Mond in seiner ganzen Pracht nur an.
Er zeigt mir den Spiegel meiner Gefühle
Und sortiert die Gedanken, die ich in Liebe ständig zerwühle:
Große Ehrfurcht bekam ich heut vor Dir!
Eine sagenhafte Wärme, die ich bei Dir spür.
Doch die Mauer steht noch immer,
Und Dein Mitwissen macht sie nur um einen Hauch dünner.
Du schickst mich nicht fort, und ich bleibe ...
... Und der Vollmond scheint heut für uns beide.

                                   Dienstag, 12. 12. 89
                                     – In der Schule –
HEARTACHE   ca. 10.30 h
I'm dead.
Broken is my heart.
Please, hold my heavy head!
Please, help me to start
My life anew!
Tell me softly but also clearly
May I love you?
Could you ever love me?

                                                  12. 12. 89
AUS VERSEHEN ...   18.42 h
Aus Versehen sprachst Du zu mir;
Mit einem Sprung versehn, trat mein Herz zurück.
Aus Versehen nahm ich die Gedanken Dir
Und gehe nach hinten selbst ein Stück.
Aus Versehen löstest Du meine Hand,
Mit einem Hoffnungsschimmer stürzte ich vom Felsen in das Meer hinein;

Aus Versehen hast Du die Gefahr nicht erkannt,
Aus Versehen ließ ich Dich allein.

MEINE ENGLEIN 12. 12. 1989
19.15 h

Des Nachts hör ich ihre Flügel schlagen,
Setz mich auf und lausche still.
Zum Glück stellen sie keine Fragen,
Reden nur, wenn ich es will.

Englein, die mir von Dir erzählen,
Englein, die mich niemals quälen.

Wenn der Vollmond scheint, singen sie mir Lieder;
Ergriffen lausch ich dem Gesang.
Ganz von selbst kommen sie wieder
In den Nächten, in denen ich nicht allein sein kann.

Englein, die mich vor Dir schützen.
Englein, die mich in schweren Zeiten unterstützen.

In guten Zeiten bleiben sie manchmal fern,
Dann schlaf ich ruhig und träum von Dir;
Hell scheint auf mich ihr Stern,
Nur eine Feder unterm Kissen lassen sie bei mir.

Englein, die alles sehn.
Englein, die mich ohne Worte verstehn.

13. 12. 89
22.10 h

Mein Gott, wenn das Liebestarots nur recht hat!
Heute sagt es zu der »Beziehung« von Christof und mir folgendes:
1. Meine Wünsche wären scheinbar von außen kommende plötzliche Veränderungen in der Beziehung – Chance, Masken fallen zu lassen und eine neue Partnerschaft zu gewinnen, weil alte Muster zerbrochen werden. Ja, das wünsch ich mir tatsächlich von Christof.

2. Meine Rolle in der Beziehung ist eine schützende und ordnende der Partnerschaft – Lebensbeherrschung – feste Liebe zu meinem Schlumpf.
3. Seine Aufgabe ist es, Bilanz in der Beziehung zu ziehen – mir und sich selbst gerecht zu werden.
4. Alltagsanforderungen an eine feste Gemeinschaftsbindung – das Leben in der Partnerschaft verlangt sowohl eine klare gemeinsame Richtung als auch ein bewußtes Auseinanderhalten unserer beider Wünsche. Wahnsinn, stimmt genau!
5. Zukunft bestimmt mein geliebter Mond. – Hab ich's gestern nicht gesagt? – Sehnsucht nach tiefer seelischer Bindung – intuitiver Zugang zu neuen Bewußtseinserfahrungen.

... So gern möcht ich meinen Engel küssen!
Aber er muß den Schritt machen! I love him so much, yes indeed!

Sonntag, der 17. 12. 1989
DER KLEINE JUNGE IM HEU
9.03 h
– nach der Erzählung von Heidrun Marré über ihren Sohn Christof –

Ein kleiner Junge mit hellbraunen Haaren
sitzt mit seiner Gitarre im Heu und singt.
Seine Worte erinnern an die Zeit vor einigen Jahren;
Für einen Moment abschalten ist das, was mir bei ihm gelingt.

Ein kleiner Junge mit goldbraunen Augen
sitzt mit seiner Gitarre im dunklen Stall und singt.
Seine Worte festigen in mir einen Glauben:
Er wird einmal der Mann sein, der mit mir die schönste Nacht verbringt.

Ein kleiner Junge
sitzt mit seiner Gitarre neben mir und singt.
Seine Melodie ist noch lang zu hören,
Bis sie in der Gegenwart leis verklingt.

Michelle

Freitag, den 16. 2. 1990

Heute war es unheimlich schön in der Schule. Mit H. und S. ist alles o. k. Ich habe H. Poster und Girlanden gebracht.

Also beruflich (oder meinetwegen schulisch) ist alles o. k. Null problemo. Abgeschrieben wird »auf Kraft« in unserer Klasse (inklusive ich). In der 8. Klasse hätte ich das nie für möglich gehalten, daß ich je abschreiben würde. Wenn meine Eltern das wüßten, sie würden mich nicht mehr auf Chefs lassen.

Apropos Chefs! Wenn ich das höre, denke ich automatisch an Wildenbach. Man, war es toll auf dem Klassenchef, aber nur 11 kamen von 36. Tja, und trotzdem haben wir uns herrlich amüsiert mit den Wildenbachern. Vor allem ein Typ hat mir da wahnsinnig gefallen, und das war T. Er ist nicht größer, besser gesagt, nicht viel größer als ich, brünett, im ganzen ein gutaussehender junger Mann. Ich habe sehr oft mit ihm getanzt, aber mehr war nicht drin. Eigentlich wollte ich nicht mehr. Schließlich bin ich jetzt in dem Alter (15 Jahre), in dem ein intensiver Blickkontakt reicht u. natürlich noch ein harmloser Flirt.

Und da war noch G. Der schien ziemlich verknallt in mich zu sein. Ich will ja nichts sagen, aber er bemühte sich wahnsinnig um mich. Ich blieb natürlich total cool, schließlich gefiel mir T.

Ob noch etwas mit ihm wird??

Ich weiß nicht, aber ich bin noch total unerfahren in Liebesdingen. Ich meine, Blickkontakte gab's schon immer, aber mehr??? Nie!!!

Tja, wir werden ja sehen ...

Sonntag, den 25. 2. 1990

Die Zeit vergeht so unheimlich schnell. Wahnsinn!!! Gestern hatte ich absolut keine Zeit, auch nur das Geringste aufzuschreiben.

Der Tag fing ja gut an: Morgens kam ich ziemlich ins Gedränge und mußte mich beeilen, um den Zug zu erreichen. Nach 4 Stunden Schule vertrödelte ich die Zeit bis zum nächsten Zug (1 Uhr 15 Min.), verpaßte ihn und blieb dann mit S. weiterhin zusammen bis zum Zwei-Uhr-Zug. Fünf Minuten vor Abfahrt des Zuges eilte ich auf den Bahnhof, sah ihn dort stehen, stieg ein und – fuhr in die entgegengesetzte Richtung. Bei der 1. Station stieg ich natürlich aus, aber immerhin waren es 2 km. Bis ich zurückging, verpaßte ich den »motor« und mußte mit dem Vier-Uhr-Zug nach Hause fahren. Wenigstens stand der Zug schon dort, u. ich konnte mich setzen. Das war das mindeste, was ich noch verlangen konnte.

Ich verbrachte die Zeit mit einer »Das-Beste«-Zeitschrift, bis zwei Jungen (D. u. I.) in mein Abteil kamen und wir uns angeregt unterhielten.

Schließlich und endlich kam ich halb fünf in T. an und rief dann gleich E. an, um sie zu fragen, ob wir uns maskieren würden am heutigen Abend. Bei uns war nämlich Maskenball. »Nein« lautete die niederschmetternde Antwort. Schade, wirklich schade. Es wäre mein 1. und letzter Fasching in T. gewesen, weil die Leute ja ziemlich wegfahren.

6 Uhr rief A. an: »Wir maskieren uns!!« O Jubel, o Freude! 7 Uhr sollten wir bei F. sein, um uns anzuziehn! Jipiee!!

Ich richtete alle meine Sachen, und los ging's. Sieben Leute kamen wir aus der Clique zusammen. Wir brachten Kaninchen- und Schaffelle mit, die uns ziemlich originell als Kannibalen kleideten. Wir färbten uns so, wie sie in Filmen ausschauen u. wie sie wohl auch in Wirklichkeit ausgesehen haben mochten. Wir griffen uns ein paar Knochen, einen schwarzen Kessel und gingen in das Saal. Es waren, wie vorauszusehen, nicht viele Leute, aber trotzdem haben wir uns prächtig amüsiert. Und wir sahen auch soooo toll aus. Aber weiter schreibe ich morgen. Ich bin jetzt einfach zu müde (23 Uhr).

Montag, den 26. 2. 1990

Also, wir sahen echt super aus!!! Mit den Fellen und so, eben original. E. war Missionar, der zu uns Wilden kam, um uns zu bekehren. Wir steckten ihn in den Topf (Kessel), machten einen Totentanz – gebärdeten uns eben wie die Wilden. Und es war so schön, so unheimlich toll.

Endlich aber doch konnte ich mich in der Öffentlichkeit austoben und mußte nicht zurückhalten (in unserer Gemeinde gibt es nämlich viele schlechte Mäuler ...).

Wir belästigten auch die anderen Masken: »Lambada-Gruppe«, »Deutschland«, »Tischlein-deck-Dich«, »Alte Hexe«.

So, um es kurz zu machen: wir erhielten den ersten Preis (eine Torte und Champagner) gemeinsam mit der Lambada-Gruppe.

Nach der Prämierung tanzte ich noch einmal und ging anschließend nach Hause, um zu baden u. mich fein zu machen. Nachher kam ich wieder ins Saal, denn der Ball ging weiter.

Dort traf ich H. + ihren Freund A. Ich machte Bekanntschaft mit dem Freund A.'s, J. Er sieht nicht besonders gut aus, aber er war mir sofort sympathisch. Er kann auch echt gut tanzen, und erzählen kann man mit ihm auch stramm.

Als sie dann nach Hause fuhren, bat mich J. um ein Abschiedspussi. Ich gab es ihm. Das war mein erstes Küßchen von einem Jungen. Kann man sich so was überhaupt noch vorstellen? Mit 15 Jahren das 1. Küßchen!!! Wenn ich denke, daß in den westlichen Ländern Kinder mit 13 Jahren Kinder kriegen, und ich ...

Na ja, ist ja weiter auch nicht wichtig!!! Nachher ging ich noch zurück, aber es war nicht besonders viel los, so daß ich mich schon 6 Uhr in die Matten legte.

Ach ja, und gestern kamen wir zusammen, um die Torte aufzuessen und den Champagner zu trinken. Der schmeckte voll gut, die Torte weniger. Und anschließend ging die ganze Clique auf der »Falmäceler« Straße spazieren, und wir amüsierten uns bis in die Nacht hinein.

1. März 1990

Heute ist der Tag der Märzchen. Jedes Mädchen geschweige denn Frau bekommt Märzchen von Freunden, Bekannten usw.

Ich habe auch eins von J. bekommen. Dafür habe ich ihm ein Pussi versprochen. Ich bin wirklich neugierig, wann ich es geben muß.

Hu, ich glaube, ich mag ihn wirklich!!! Ich weiß nicht, da ist irgendein Gefühl, das ich nicht beschreiben kann. Ich meine, Herzflattern + Schmetterlinge sind es sicher nicht, aber irgendein anderes Gefühl ...

I don't know. Es ist irgendwie komisch ...

Na ja, ich schätze, das finde ich noch heraus. Aber jetzt muß ich etwas Dringendes erledigen. Tschüß, bis bald.

Montag, den 19. 3. 1990

Tja, so bald ist es nun auch nicht geworden. Aber immerhin. Heute ist Montag!!! Der zweite Tag nach J.'s Geburtstagsfete. Ich habe ihn in den letzten zwei Wochen näher kennengelernt. Wir gehen jetzt miteinander!!! Schließlich sind wir auch noch mit dem Auto auswärts gewesen mit H. + A.

Also, am Samstag, dem 17. 3. 1990, hatte J. Geburtstag. H. + A. holten mich mit dem Auto ab, und ca. 10 Uhr kamen wir dort an. Es war das Übliche: Tanzen, die Jungs rauchten (bäh!), tranken usw.

J. und ich kamen uns so nah wie noch nie. Als H. dann mit A. »abzischte«, verdrückten sich J. u. ich in das andere Zimmer u. redeten u. küßten uns auch. Aber wieder bloß auf die Lippen. Ich mag Rauch- und Alkoholgeruch nicht, und deshalb wagte ich es nicht ... Trotzdem, ich mag ihn. Ja, wirklich!!!! Aber ich bin jetzt im Zweifel, ob ich überhaupt verknallt in ihn bin, oder ... Ich weiß es echt nicht. Aber ich schätze, bald weiß ich mehr. Kommt Zeit, kommt Rat – ist ja ein schönes deutsches Sprichwort. Wir werden ja sehen, wie es weitergeht. Eines aber weiß ich ganz, ganz genau. Es ist nicht Liebe. Obwohl ich noch nie verliebt war, weiß ich das. Ich meine, wenn er mich küßt, erregt es mich kein bißchen. Da ist doch was faul, oder?? Na ja, wie gesagt: Kommt Zeit, kommt Rat!!!

Samstag, den 7. 4. 1990

Und es stimmte, dieses alte Sprichwort. Und was ich zuvor schrieb; ich habe mich gar nicht getäuscht. Mit J. ist nichts mehr los. Seit seinem Geburtstag habe ich ihn nicht mehr gesehen. Und ich glaube, es ist auch besser so. Wir hätten ja keinen richtigen Spaß mehr miteinander gehabt. Eigentlich war das Ganze ja von Anfang an ein kleiner Flirt. Sogar »kleiner«!!!!

So, und damit wäre das Kapitel J. beendet. Hoffentlich finde ich irgendwann einen anderen jungen Mann, bei dem ich mehr empfinden kann. Bei J. war es ja, wie schon geschrieben, nicht der Fall!!!

Schluß, zu Ende, aus, vorbei, wie das im Lied so schön heißt.

Ach ja, und da fällt mir Physik ein (ich weiß nicht, wieso gerade dies Scheißfach). Wir haben nämlich jetzt in Physik den R. als Lehrer, u. der ist ziemlich beknackt. Das sollte man einem jungen Lehrer wie dem nicht ansehen, aber er sieht ja auch so aus (Anzug, gehäkelte Krawatte – bäh!!!). Schrecklicher geht's nicht.

Und fast sollte ich bei der Schreckensfigur durchrasseln. Man stelle sich vor: in Physik durchfliegen. Zum Glück habe ich mich »aufgerappelt« u. bin gerade noch so durchgekommen. Aber der kann was erleben. Wir drei (S., H. u. ich) werden ihn noch mehr heruntermachen. Auch wenn er das in die Zeitung schreibt. Eine Unverschämtheit, denen vom B-Lyzeum unsere (schwachen) Arbeiten zu zeigen. Der kann was erleben!!!! Rache ist Blutwurst!!!

Mittwoch, den 18. 4. 1990

Ich glaube, ich habe mich sterblich verliebt. Das kommt ziemlich überraschend, wie?

Nun, Tatsache ist, ich war gestern mit S., H. + A. auf einem Chef in Wildenbach (wieder mal).

Dort habe ich jemanden besser, näher kennengelernt, und zwar G.

Bei ihm »spürte« ich sogar mehr als bei J. Und das war etwas total Neues für mich. Ich meine, »so« etwas habe ich ja noch nicht erlebt. Wir gingen eng umschlungen spazieren, küßten uns auch (aber nicht mehr).

Es war eigentlich nicht mal so schlecht, aber nicht das, was ich gehofft hatte zu finden.

Na ja, ich habe ja noch viel, viel Zeit, die ganz große Liebe zu erleben. Ich weiß, daß es sie gibt. Und eigentlich ist es ja ganz gut, daß sie nicht schon jetzt kommt.

Nur etwas tut mir leid bei G. Wir können uns nicht sehr oft sehen, weil er in Wildenbch arbeitet u. ich in H. zur Schule gehe und außerdem in T. lebe. Tja, die Verständigung klappt wahrscheinlich nur über Briefe.

Bin ich vielleicht gespannt auf die Gesichter meiner Eltern.

Dienstag, den 24. 4. 1990

Heute war ich mit G. in H. verabredet, um 2 Uhr. Wir waren beide überpünktlich. (Ich, weil die Schule eher als beabsichtigt aufhörte, und er, nun ja!!!)

Wir spazierten eng umschlungen durch die Stadt; es war nicht schlecht!!! Nein, wirklich nicht. Wenn ich denke, es war ziemlich schön!!!

Aber wenn er bloß nich soviel reden tät. Ich meine, er redet ziemlich viel Quatsch dabei, u. das hat mich irgendwann irritiert. Ich weiß nicht, aber mit 18 Jahren müßte man ja wenigstens ein wenig Gescheites reden und nicht nur solchen Wisch wie G.

Tja, und das war's dann für heute. Ich bin wieder mal furchtbar in Eile ...

Freitag, den 4. Mai 1990

Ich weiß gar nicht, wo ich beginnen soll ... Nicht umsonst heißt es, wem das Herz voll ist, geht der Mund über. Aber nun kurz das Wichtigste:

Samstag, den 23. April, stieg bei uns ein wahnsinnig strammer Chef. Trotz der vielen Rumänen, eigentlich war es gerade wegen ihnen.

Ich packte mir noch schnell den Rucksack, denn am 1. Mai (Arbeitertag – frei) sollten wir ja zur Schutzhütte von E. gehen. Am Chef die große Enttäuschung zunächst: wir fahren, d. h. gehen nicht mehr (Sauwetter).

Aber am Sonntag rief A. an: wir gehen doch. Wir, d. h. F., A., C., E., K. und ich. Am Gebirge schneite es in »großen Massen«. Wir waren durchnäßt, als wir endlich ankamen. Zum Glück war wenigstens Holz da, daß wir Feuer machen konnten (kein Gas, kein elektrisches Licht, kein Wasser).

Bald wurde es gemütlich (warm und überhaupt). Bis in den frühen Morgen unterhielten wir uns, waren fröhlich, lachten viel, waren ausgelassen.

Am nächsten Tag kamen wir wieder runter. Schade eigentlich, denn es war sehr, sehr stramm!!!

Übrigens, mit G. gehe ich nicht mehr. Es bereitet mir einfach keinen Spaß mehr.

Montag, den 27. Juni 1990

Es wäre mal wieder Zeit, mich zu melden! Ich habe lange, lange nichts mehr von mir hören lassen. Aber das liegt nur daran, daß hier absolut nichts mehr los ist.

Außer daß ich vom 15. - 17. 6. 1990 am evangelischen Kirchentag in Siebenbürgen war, ist nichts mehr vorgefallen.

Es war auch dort sehr toll. Ich habe Jugendliche, christliche Gleichgesinnte, kennengelernt. Hoffentlich bricht die Verbindung zu ihnen nicht ab.

Am Freitag, dem 15. J., kam ich dort an. Das Ganze dauerte bis Sonntag nachmittag. Täglich gab es zwei parallel verlaufende Veranstaltungen. Es war ziemlich schwer, zu entscheiden, wohin man gehen soll. Wir gingen hin, wo mehr Verkündigung geboten wurde. Es war echt toll!!!

Zu gegebener Zeit machte man auch Bibelarbeit – zu 8 in einer Gruppe. Ich persönlich habe nicht mitgeredet, aber dafür andere aus meiner Gruppe.

Alles in allem: es war sehr stramm!!! Und ich danke Gott, meinem Vater, für dieses Geschenk, das ich aus seinen Händen nehmen durfte.

Gepriesen seist Du, mein Vater, in Ewigkeit, Du allmächtiger Gott.

Dienstag, den 24. Juli 1990

Ich bin am Meer!!! Mann, es ist so herrlich, einfach toll!!! Und was noch toller ist, ich habe gleich am ersten Tag einen netten Jungen, C., kennengelernt. Er ist groß, brünett, im ganzen ein ziemlich gutaussehender Junge.

Nun aber kurz darüber, wie es dazu kam: S.'s Onkel + Tante organisierten diesen Ferienaufenthalt für 2 Wochen am Schwarzen Meer für ca. 100 Leute, unter denen natürlich auch H., S. und ich.

Bis jetzt ging jedenfalls alles glatt. Die Reise war ziemlich lustig, und hier wohnen wir in einem erstklassigen Hotel zu dritt in einem Zimmer. Ist das nicht wahnsinnig stramm??? Ich bin so glücklich, so unheimlich glücklich ...

Mittwoch, den 25. Juli 1990
C. gefällt mir nicht mehr. Er kann nicht mal stramm küssen. Ich habe einen tolleren Boy kennengelernt, B. Er ist einer der Betreuer, 18 J. jung und unheimlich gut aussehend. Ich glaube, ich habe mich verknallt ...
   Heute startete ich den 1. Annäherungsversuch. Durch einen glücklichen Zufall kam ich an seine Matte und schwamm im Wasser damit herum, bis er dann kam u. ich ihn daraufhin ansprach. Nun, so fing alles an, und für heute abend haben wir uns für die Disco verabredet; allerdings mit S., H., C.
   Bin ich gespannt, wie es sich nun weiterentwickeln wird ...

Sonntag, den 29. Juli 1990
Bis jetzt konnte ich kein Tagebuch schreiben, weil ich viel zu beschäftigt war.
   Ich bin total verknallt in B. Es ist toll mit ihm. Er gibt mir all das, was ich in letzter Zeit (bewußt oder unbewußt) herbeigesehnt, gewünscht habe. Und er kann so toll küssen. Und er ist so zärtlich ... Wenn ich da an C. denke – bäh. Der hat doch gar keine Erfahrung, verglichen mit B.

Sonntag, den 5. August 1990
Die schöne, schöne Ferienzeit am Meer ist leider, leider vorüber. Ich sitze hier am Bahnhof u. hoffe, daß mein Zug nicht allzu große Verspätung hat. Zurückblickend kann ich sagen, daß dieser Urlaub am Schwarzen Meer der schönste meines bisherigen Lebens war.
   Und ich bin dem Schicksal (Gott) so dankbar, daß ich das erleben durfte!!! Es war so herrlich ... Allerdings, wenn B. nicht gewesen wäre, ich weiß nicht, ob es auch so stramm geworden wäre???? Nein, kann ich jetzt sagen, nach dieser Zeit mit B.
   Wenn ich so an seine Vorgänger denke, die genaugenommen keine Vorgänger sind, denn sie sind echt nichts gegen B. Und das, was ich mit ihm erlebt habe – einmalig. Ich glaube, nie hätte ich es besser und schöner erfahren können, was er mir zu »sagen« hatte, als durch ihn.
   O Mann, es war so schön, so unheimlich schön ...
   Nur schade, daß die unbeschwerte Zeit schon vorbei ist.
   Noch eine Woche ist er zwar da in H., aber das ist etwas anderes.
   Natürlich bleibe ich mit ihm noch in Verbindung, so lange er da ist, aber nachher???? Es wird nicht mehr möglich sein, unsere Beziehung weiterhin durch kilometerweite Entfernungen aufrechtzuerhalten, und weil

ich das ganz genau weiß und mir keine Illusionen mache, weine ich auch nicht. Ich habe den Moment mit ihm sehr genossen, und ich bin sehr glücklich über das Erlebte.

Es war sehr, sehr schön.

Ah, da ist mein Zug!!! Ich werde nun einsteigen müssen.

Samstag, den 1. September 1990

Tja, da bin ich wieder. Die Zeit ist wieder mal unheimlich schnell vergangen.

B. ist inzwischen längst weg. Die letzten Tage waren wir zusammen. Der Abschied war nicht zu schwer. Na ja, im geheimen habe ich's ja immer gewußt, daß es irgendwann mal sein muß ...

Ja, und vom 12. - 23. Aug. war ich in einer Jugendrüstzeit im Lotrioaratal, nicht weit von uns. H. + R. (der Bruder von B.), S. u. ich genaugenommen. Mit uns waren 38 Jugendliche, einige sogar aus der gewesenen DDR. Acht Tage lang auf primitivste Weise in einem Zelt gewohnt, Wasser war nur im Bach und in der Quelle, das Essen kochten wir auf einer offenen Herdstelle. Trotzdem, besser gesagt, gerade deswegen war es sehr, sehr stramm.

Jeden Tag machten wir Bibelarbeit vormittags, nachmittags spielten wir, sangen, lachten. Am Abend gab's am Lagerfeuer Abendandacht, erzählen, singen, spielen.

Alles in allem war sehr, sehr schön. Es tut mir auch so schrecklich leid, daß die Ferienzeit nun schon um ist, aber na ... Kann man machen nichts, muß man gucken zu.

Samstag, den 22. Dezember 1990

Viel, viel Zeit ist seit meiner letzten Eintragung vergangen, in der so wahnsinnig viel vorgefallen ist, daß ich gar nicht weiß, wo ich beginnen soll.

Erst mal die ganz große Neuigkeit: Ich habe bei einer Theateraufführung eines sächsischen Stückes (»Schlangen«) mitgemacht. Und nicht nur ich, auch H. u. S. + noch ein Mädchen von unserer Schule + 4 Theologen + 1 kleinerer Junge.

Kurz die Thematik: Also da ist ein Professor, ein Naturwissenschaftler, der eine 18jährige Tochter hat (H.) und die jeden Sommer die Ferien auf dem Lande, bei der Bauernfamilie K., verbringen, die einen 20jährigen Sohn und einen 11jährigen Sohn haben. Die beiden jungen Leute lieben sich, geraten aber aneinander, als ein Familienstreit die Freunde entzweit. Nämlich jeden zweiten Tag sind die Kühe der Familie K. ausgemolken. Bei den alten Sachsen gab es ja den Aberglauben, daß, wenn die Kühe keine Milch haben, die Schlangen sie aussaugen. Nun, und so glaubt der Bauer das. Aber nun liest sein jüngster Sohn im Schulbuch, das vom Professor geschrieben wurde: »Es ist ein Aberglaube dummer Bauern, daß die Schlangen den Kühen die Milch entziehen. In Wirklichkeit ist etwas Derartiges niemals beobachtet worden.« Wegen der »dummen« Bauern regt sich der Bauer so auf, daß er seinen ehemaligen Freund rauswerfen will. Aber der Bäuerin (das war ich) gelingt es, insoweit die Gemüter zu beruhigen, als daß sie den Professor dazu bewegt, die Nacht im Stall zu verbringen, um die vermeintlichen Schlangen zu beobachten. Die Tochter des Professors aber möchte, daß sie dableiben (sie liebt ja den Sohn des Hauses), und so bastelt sie mit dem Knecht eine Schlange und führt sie ihrem Vater vor. Ob seiner Kurzsichtigkeit denkt er, es ist eine richtige Schlange, und will am nächsten Tag den Satz aus seinem Buch streichen lassen (es sollte neu gedruckt werden). Aber seine Tochter reut der Lausbubenstreich, und sie bekennt ihrem Vater die Wahrheit. Der will es nicht glauben, ist aber dann doch überzeugt (und wütend, entsetzt ...), als der Bauernsohn ihm die falsche Schlange zeigt. Derselbe entlarvt den alten Knecht als Schlange, d. h. als »Milchstehler«. Der hatte die Kuh gemolken, stahl Eier, Honig, und das alles für seine arme alte Mutter (S.). Er wurde natürlich sofort gefeuert. Und das Stück endet mit dem Zueinanderfinden von Bauernsohn + Professorentochter. Ende gut, alles gut.

So, und am 29. November hatten wir in H. die große Premiere. Es waren wahnsinnig viele Leute da, Professoren, Theologen, Eltern usw. Am Anfang hatte ich ja auch riesig Bammel, aber das hat sich dann gegeben!!! Es war toll, selbst mitzuspielen, die Leute klatschen und lachen hören. Es war wirklich sehr schön, und ich bin um diese Erfahrung sehr, sehr dankbar. Trotzdem werde ich wohl in nächster Zeit nicht mehr Theater spielen. Die Zeit, die Zeit ...

Heute ist der 22. Dezember!!!
Ein Jahr ist nach der Revolution vergangen!!!
Ich erinnere mich, ich saß mit meiner Schwester im Schlafzimmer auf dem Boden (ich sehe heute noch die Szene vor mir) und spielte Rommé. Wir wußten von den Unruhen im Land, aber man erzählte nur unter vorgehaltener Hand davon. Plötzlich kam Vater rein: »Ceausescu ist geflohen.« Mann, wir

sprangen auf, drehten schnell das Fernsehen auf und sahen dann allerhand aufgeregte Leute, die wirr durcheinandersprachen und so. Das Ganze war eigentlich ein heilloses Durcheinander, schließlich wurde nichts organisiert, alles kam ganz spontan.

An das Weitere kann ich mich nur noch verschwommen erinnern, an den Krieg, an ... na ja, was eben noch dazu gehört.

Aber etwas bleibt mir für immer im Sinn. Mein Bruder war gerade damals beim Militär in Bukarest, in der Hauptstadt. Wir wußten absolut nichts von ihm über die Weihnachtstage hindurch. Es war schrecklich!! Meine Mutter lief mit verweinten Augen herum, man wußte ja nicht, ob er an der »Front« schon gestorben war, starb, oder ... Man, d. h. wir wußten überhaupt nichts.

Na ja, zum Glück kam er dann heil zu Hause an, und wir konnten wieder alle lachen. Aber mir tun die Mütter leid, die Söhne, u. die Frauen, die Männer in diesem Krieg verloren haben. Und warum sind sie gestorben? Bloß weil ein Wahnsinniger wie Ceausescu geglaubt hat, er könne sich noch behaupten??? Aber es war und ist aus mit der Diktatur!!! Was denken sich eigentlich Diktatoren, wenn sie das Volk geknechtet sehen??? Empfinden sie Genugtuung darüber?

Ich würde gern mal erfahren, was so ein Diktator und wie er denkt ... Das ist bestimmt hochinteressant. Aber wie alle Diktatoren konnte sich auch Ceausescu nicht halten, d. h. nicht für ewig (wie er wohl beabsichtigt hat) auf dem Thron sitzen. Irgendwann war das Maß voll und peng!!! Er starb wie der letzte Hund, und es geschieht ihm ganz, ganz recht.

Er hat Kirchen abgerissen, hat sich in Heiligenbilder malen lassen, hat den Glauben an Gott nicht gestattet und gefördert, und das war sein größter Fehler gewesen. Daran ist er schließlich zugrunde gegangen, buchstäblich zerschellt.

So ist es nun mal!!! Wir können Gott nur bis zu einer gewissen Grenze herausfordern – nachher ist Schluß.

Und jetzt kann Ceausescu zusammen mit seinem Weib in der Hölle schmoren. Dort ist ja auch ihr Platz. Und sie haben es sich redlich verdient, o ja!!!

Aber mit dem Tod Ceausescus ist nicht viel besser geworden. Anstatt man jetzt alle Kräfte dransetzen soll, um zu arbeiten, machen die Leute Demonstrationen, verlangen mehr Geld usw. Aber woher das, wenn man nicht arbeitet???

Na ja, ich schätze, es braucht seine Zeit, bis man umdenken lernt, und dann wird es schon besser hier im Land.

Ich bin voll Zuversicht und hoffe es für die Rumänen. Ich bin zwar keine und werde irgendwann mal auswandern, aber ich wünsche es dem rumänischen Volk, daß sie sich ein besseres Leben schaffen können, wenn möglich mit allen (erlaubten) Mitteln.

Freitag, den 4. Januar 1991

Ja, wir sind jetzt endlich aber doch im Jahr 1991!!! Und es hat so stramm angefangen, daß ich unbedingt annehmen muß, dieses Jahr wird ein Bombenerfolg. Also, noch im alten Jahr kamen einige aus unserer Clique (5), die nach Old Germany ausgereist waren, zu uns auf Besuch, und zwar A., F. (der auch ein Kannibal war), F., E., O. Und dann noch A. u. M. Am 23. Dezember begrüßten wir uns und machten anschließend einen tollen Begrüßungschef. In der Zeit, in der sie hier waren (heute sind sie abgereist), war es toll. Fast jeden Abend Chef und so. Es versteht sich von selbst, daß wir Silvester gemeinsam »verbracht« haben, deshalb sind sie schließlich hergekommen.

Alles in allem: es war sehr stramm!!!!!!

Bis gegen Morgen gecheft und bis nachmittags geschlafen und so. Es war toll!!!!!!!

Ach ja, und dann um 12 Uhr versammelten wir uns wie in jedem Jahr beim (evangelischen) Kirchturm. Punkt 12 Uhr läuteten die Glocken, es wurden Raketen abgeschossen, wir fielen uns in die Arme. Dies war das letzte Weihnachts- und Neujahrsfest, das ich hier erlebt habe!!! Es wird immer als schöne Erinnerung in meinem Gedächtnis bleiben!!!!

Samstag, den 19. Januar 1991

Wieder mal ist Zeit vergangen, und ich hätte nicht geschrieben, hätte ich nicht etwas Besonderes erlebt.

Vom 12. - 17. Januar waren meine Schwester D., H., S. und ich in der Winterjugendrüstzeit in W. bei den evangelischen Zigeunern. Und ich muß sagen, es war herrlich!!!!!!

Gewohnt haben wir im verlassenen Pfarrhaus, wo Betten für uns bereitgestellt wurden. Um das Mittagessen brauchten wir uns nicht zu sorgen. Um den Abwasch sowieso nicht!!!!! Die Bewirtung wurde also großartig von den Zigeunern besorgt!!!

Wie gewöhnlich machten wir Bibelarbeit, aber bloß zu einem Thema: »Jesu Salbung durch die Sünderin«.

1. Jeder sagte ein Wort oder halben Satz, der ihm zu dem Thema einfiel.
2. Es bildeten sich 2 Gruppen: die einen sprachen über Liebe – Sünde – Realität, die anderen über Jesus – Sünderin, Pharisäer. Später tauschten wir dann die »Ergebnisse« aus.
3. Gab es ein Rollenspiel dazu. Anschließend diskutierten wir darüber.
4. Einige von uns schrieben einen Aufsatz oder so, in dem wir die Erzählung in die heutige Zeit versetzten, andere machten ein »modernes« Rollenspiel dazu.

Diese 4 Bibelarbeiten wurden auf die 4 Tage aufgeteilt, die wir beisammen waren. Sonst sangen wir sehr viel, spielten und erzählten bis in den frühen Morgen, lachten und unterhielten uns großartig.

Am letzten Tag gab's einen bunten und lustigen Zigeunerabend mit origineller Zigeunerband (2 Geigen, Akkordion, Kontrabaß + Klarinette zeitweilig). Die Zigeuner sind echt ein fröhliches und unterhaltsames Volk. Trotzdem sie mit vielen Vorurteilen zu kämpfen haben. Aber sie sind nicht so wie die anderen Zigeuner, denn es sind evangelische. Und da liegt der Unterschied. Da bemerkt man eigentlich ziemlich klar, wie es ist, wenn Gott mit uns ist. Da ist vieles, eigentlich alles besser!!!!

Zwar müssen wir Christen sehr um unseren Glauben kämpfen – auch heute noch. Aber darum gebe ich meinen Glauben noch lange nicht auf!!!!

O nein!!!! Ich werde um Gottes Recht kämpfen!!! Meine Jugend will ich ihm Untertan machen, und in seinem Namen würde ich am liebsten die ganze Welt verbessern!!!!! Die Not lindern, die immer mehr überhandnimmt!!!!

Ich komm mir fast schäbig vor, daß ich zu essen habe, genug zu essen, Kleider zum Anziehen, ein Dach überm Kopf, gute Eltern usw., während ich weiß, andere haben es nicht, müssen darben, hungern, frieren!!!! Und ich danke meinem Vater, daß er mich in diese Familie hineinversetzt hat und daß ich im Glauben erzogen worden bin!!!!!

Nicht auszudenken, was geschehen wäre, wenn ich nicht so wäre wie ich bin. O Gott, ich danke Dir für dieses wunderbare Geschenk!!!! Und ich danke Dir überhaupt dafür, daß ich leben darf!!!! Und weil ich mein Leben aus Deiner Hand genommen habe, weil Du es mir geschenkt hast, will ich es Dir geben. Führe Du mich Herr den rechten Weg, und laß mich durch Dich an meinen Mitmenschen, an meinen Nächsten wirken!!!!

Herr, ich glaube, hilf meinem Unglauben!!!!!

Freitag, den 1. Februar 1991

Zur Zeit ist nicht mehr besonders viel los hier, und nur eine Angelegenheit liegt mir noch am Herz: Der amerikanisch-irakische Krieg!!!!!!

Kaum zu glauben, daß es im 20. Jahrhundert noch Krieg gibt!!!! Krieg!!!! Was für ein schreckliches Wort!!!!!

Und wofür sterben Menschen, Männer, Brüder, Väter???? Weil so ein oller Mensch wie Hussein Kuweit, ein anderes Land, einfach so besetzt!!! Das gibt's doch gar nicht!!!!! Ich weiß zwar nicht sehr viel über den Krieg, die Informationen dringen nur spärlich bis zu mir!!! Aber was ich weiß, ist schon genug, mehr als genug, dann noch, was alles dort geschieht ...

Genug, es sterben Menschen für eine nichtige Sache, die eigentlich nicht hätte sein sollen, müssen, dürfen. Wir leben ja in einem aufgeklärten Zeitalter, wo unmöglich zugelassen werden darf, daß es noch Krieg gibt!!! Hat man denn aus den vergangenen Kriegen nichts gelernt??? Muß man alles am eigenen Leibe intensiv erfahren, um zu wissen, was Krieg heißt????

Wieso können irakische Mütter zulassen, daß ihre Söhne und Männer einfach so sterben??? Oder hat man sie so geblendet, daß sie die Sinnlosigkeit dieses Schießens nicht einsehen??? Es ist kaum zu glauben.

Aber zum Glück ist da jemand, der auf uns aufpaßt, der zusieht, was wir machen, und der unsere Schritte lenkt und sogar für uns denkt. Ja, es ist unser allmächtiger Vater!!!!

Aber jetzt kann man fragen, wieso er das zuläßt???? Ich frage: Warum hat er den 2. Weltkrieg u. die anderen alle zugelassen?? Wenn der Mensch so blöd ist, einen Krieg zu beginnen, muß er auch die Folgen davon tragen, muß die Konsequenzen ziehen. Und anstatt das zu machen, beginnen die blöden Menschen immer wieder, sich zu bekriegen, und können gar nicht genug davon kriegen!!! Ist das zu fassen???

Kein Wunder, daß unser Vater uns freie Hand läßt; irgendwann müßten wir doch zur Einsicht kommen, oder??? Wie der verlorene Sohn zum Vater zurückkam, so werden auch wir wieder zum Vater kommen; wenn die Zeit gekommen ist!!!

Und ich vertraue fest darauf!!!!

Senta

5. Januar 1990 – 19. Januar 1990
Innerhalb einer Woche hab ich drei Briefe erhalten. Alle 3 hatten das gleiche Thema: die Revolution. Da ich ja meine Ferien ganz abgeschieden in Stolzenburg verbringe, war ich über diese Informationen sehr erfreut.

Durch Fernsehen konnte ich erst nach der Besetzung der »televiziune«, dem Fernsehgebäude, Einzelheiten erfahren. Aber bis dahin ist ja noch sooo viel geschehn.

Ich fang mit Mihails Brief an. Er verbrachte seine Ferien zu Hause, und zwar in Temeswar. Den Brief hab ich allerdings als letzten und später erhalten. Er schrieb, daß er nur den Anfang und den Sieg der Revolution miterlebt hat. Er war auf dem Weg zur Druckerei, um etwas abzuholen (er hat mir nicht verraten, was das war), und erklärte seine Befürchtungen, nämlich, daß er zu Weihnachten gar keinen Baum schmücken konnte, da seine junge Schwester ausgeflogen sei und bei Freundinnen weilte und seine Eltern es nicht für nötig hielten, nur für ihn sich noch so viel in den Straßen herumzuschlagen um eine Tanne. Tannen waren gerade Mangelware.

Sie kamen am Maria-Platz vorbei und sahen eine Menschenmenge, von der sie glaubten, daß es wieder mal Zigeuner waren, die Jeans oder Kitsch verkauften. Ahnungslos gingen sie an der ungarischen Kirche vorbei.

Als sie beim Heimweg noch mal da vorbeigingen, schien es ihnen doch etwas verdächtig, daß so eine Menschenmenge, die sich inzwischen 3fach vermehrt hat, um ein paar lumpige Zigeuner herumsteht. Aber sie konnten nicht durchkommen.

Am nächsten Tag, am 16. Dezember, fuhren seine Mutter und seine Schwester zum Bahnhof, um gleich darauf den Onkel aus Pitepti zu erwarten.

Der Onkel machte einen ausgiebigen Stadtbummel, bei dem er eine alte Bekannte traf, deren Sohn bei der damaligen Miliz, der jetzigen Polizei, gearbeitet hat. Sie machte sich Sorgen um ihn, er sei bloß zu Hause gewesen, um rasch zu essen, zu baden und sich umzuziehen. Der Onkel pflichtete ihr in allem bei, er hatte ja keine Ahnung, was da in Temeswar vorging. Von Mihails Vater erfuhr er dann, daß Laszlo Töhes im ungarischen Fernsehn um Hilfe gebeten hat und daß sich alle, die ihm helfen wollen, am 15. Dez. am Maria-Platz versammeln sollen.

Nun erklärte sich auch die Menschenmenge vor der Kirche und die eingeschlagenen Schaufenster, von denen der Onkel nach seinem Stadtbummel berichtete. Mihail wohnt im Wohnhaus im 9. Stock, nah an der ungarischen Kirche, deren Türme für ihn gut zu erkennen waren. Als er die Vorhänge zuziehn wollte, erblickte er in der Richtung ein helles Licht – Feuer. Er wußte gleich, daß der Stoffladen gegenüber der Kirche brannte. Kurze Zeit später konnte er nach einigen Anstrengungen verstehn, was die Leute in den Straßen riefen. Z. B. »Romanii, veniti eu noi!«, »Ceausescu – P.C.R. – libertatea unde e?« Als die Menschenmenge an ihrem Block vorbeiging, schaltete sein Vater das Licht aus, umfaßte seine Schultern, und beide sahen sie den Demonstranten zu. Kurze Zeit später war Lärm zu hören, sogar vereinzelte Schreie.

Sein Vater, der an den nächsten Tagen frühzeitig aus der Arbeit kam, erzählte, daß die Straßen von Soldaten wimmelten, von Panzern und natürlich von Demonstranten. Überall zerschlagene Schaufenster und auf den Pflastersteinen – Blutspuren.

Es wurden in den vorigen Nächten Menschen erschossen und verwundet, Menschen, die bloß um ihre Rechte gekämpft haben, die Brot, Wasser, Wärme und Licht verlangten.

Im Radio, auf »Europa libera«, war nichts von alldem erwähnt. Der Versuch, dadurch Verbindung mit der Umwelt zu bekommen, schlug fehl. Die Telefonverbindungen um Temeswar herum sind abgeschnitten worden. Nun war kein einziges Schaufenster mehr heil anzufinden, mehrere Geschäfte ausgebrannt, und die Stadt war von der Armee umzingelt. Einen Tag darauf wurde jedoch berichtet, daß, während sie dies durchgeben, Menschen in Temeswar sterben. Auch wurden im Radio und Fernsehn nur die Erfolge, die angeblichen Erfolge des Herrn Genossen ... angesagt und daß derselbige sich nun in Kuba befinde.

Am 19. Dez. holte er mit seinem Vater die zurückkehrende Mutter vom Bahnhof ab. Der Anblick der Stadt erschreckte ihn geradezu. Nicht weit vom Bahnhof wurden eine Mutter und ihr Kind erschossen u. in einen Kanal geworfen, um Spuren zu verwischen – Sekuristen.

Am 20. Dez. kehrte unser verehrter Landesvater von seiner Reise zurück, grüßte uns sehr schön von unseren lieben braunen Brüdern u. erwähnte nur nebenbei, daß in Temeswar Faschisten und Huligane die Ruhe u. Ordnung der Stadt gestört haben. Damit unterschrieb er sozusagen sein Testament. Mihail ist ausgeflippt, wie er diese Direktsendung aus Bukarest mitverfolgte, und er war sicher nicht der einzige. Er wollte auf die Straße gehn, er wollte auch gegen diesen Verbrecher kämpfen, auch wenn es ihn das Leben kostete. Die Sache war's ihm wert. Er zog sich an, handelte sich aber damit bei seiner Mutter eine Ohrfeige, Schelte und angstvoll blickende Augen ein. So hatte er seine Mutter noch nie gesehn. So verängstigt. Sie sagte, daß es auf einen mehr oder weniger nicht ankomme.

Die Bevölkerung Temeswars arbeitete nicht mehr, auch wegen der abfälligen Bemerkung, die Ceausescu machte. Es wurde geschossen, geschossen u. nochmals geschossen. Die vielen Toten, die noch nicht eingesammelt worden sind, wurden von der Sekuritate verscharrt – in Massengräber – oder nach Bukarest verschleppt und dort verbrannt.

Die Toten wurden unter lautem Protest zurückverlangt, u. die Armee, die entsetzt war, stellte sich auf die Seite des Volkes, ihrer Familien, Bekannten. Protestierende trafen aus allen Gegenden in Temeswar ein, demonstrierten u. wurden erschossen.

Am 21. Dez. kam Mihails Vater mit der Nachricht nach Hause, daß in Bukarest ein Meeting abgehalten wird, es sollte direkt übertragen werden, Ceausescu sollte reden. Viele Fabriken erklärten sich dazu bereit, für die Temeswarer einzutreten. Der Vortrag des Herrn Landesvater wurde öfter durch Rufe, Protestschreie unterbrochen. Das zeigte man aber erst nach der Revolution. Diesmal allerdings wurde der Bildschirm dunkel, und erst nach Minuten, nachdem sich die Bevölkerung beruhigt hatte, setzte er seine Rede fort. Gegen Ende wurde er nochmals unterbrochen, man sah bloß einen Stein am Podium abprallen u. hörte Pfeifen u. Schreien. Er fing an zu stottern u. sah seine Frau u. die Danebenstehenden hilflos an.

Dann war wieder alles dunkel. (Diese Rede habe ich auch mitverfolgt u. mich diebisch gefreut.) Das hat ganz Temeswar auch. Die Leute haben die Fenster aufgestoßen u. laut gerufen »Victorie!!! Am invins«. »A inceput pi Bucurestul«. Das, die letzte Aussage, war für Temeswar ungemein erleichternd, da Ceausescu Flugzeuge startklar machte, um Temeswar, falls die Erhebung nicht unterdrückt werde, zu bombardieren.

Am 22. Dez. wurde dann der Nachrichtenansager unterbrochen, und erst nach etlichen Stunden flimmerte das Bild wieder, u. bald konnte man viele aufgeregte, nervöse Menschen erkennen, darunter auch bekannte Schauspieler u. Schriftsteller. Es dauerte sehr lange, bis sich alle beruhigt haben u. nicht mehr alle zugleich in den Lautsprecher brüllten. Sie sahen alle hergenommen und übermüdet aus, mit Schmutz, Öl u. Blut bedeckt, aber ihre

Augen leuchteten, u. glücklich verkündeten sie, daß die »Televiziune« in ihren Händen war u. daß die »Armata e cu noi«. Man hörte vereinzelte Schüsse, die anzeigten, daß die Terroristen das Fernsehgebäude nicht aufgeben wollten.

An diesem Tag begann für Mihail der Frühling. Er merkte plötzlich, daß die Sonne schien u. daß es für einen Dezembertag ungewöhnlich warm war. Mit seinen Eltern ging er zum Maria-Platz u. feierte gemeinsam mit 100 000 Menschen den Sieg. Ein Teil von diesen Menschen ist aus allen Ortschaften der Umgebung, sie waren stolz, mit den Helden dieses geschichtlichen Ereignisses zusammensein zu können. Krankenpfleger, Ärzte, Schwestern u. u. u. ... rückten an, um den Verwundeten zu helfen. Viele wurden in andere Großstädte geschafft, da die Temeswarer Krankenhäuser aus allen Nähten platzten. Jungverheiratete Paare nahmen Vollwaisen auf ... Das waren allerdings die positiven Seiten.

Es lagen nämlich immer noch Tote auf den Straßen, von denen niemand wußte, wer sie waren, wo sie wohnten, die keine Papiere bei sich hatten.

Man sah Mütter zwischen ihnen herumgehen, sich um jeden beugend, um zu sehn, ob das der seit Tagen nicht mehr heimgekehrte Sohn ist, während andere im Rausch darüber stolperten. Die halbe Stadt lag an diesem Abend im Siegesrausch u. betrank sich. Auch sehr viele Mädchen und Frauen waren darunter, die ihren Freund, Verlobten oder Ehemann verloren hatten. Von den Männern gar nicht zu reden. Ein großer Teil der Toten wurde nicht mehr gefunden, u. man versuchte die Tage darauf herauszufinden, wer u. warum sie gestohlen waren u. wohin sie gebracht wurden.

Die Anzahl der Opfer hat bis zum heutigen Tag nicht festgelegt werden können.

Wie befürchtet, hatte Mihail zu Weihnachten keinen Tannenbaum. Er feierte Weihnachten allein, ohne Kerzenlicht u. ohne Kuchen. Statt Weihnachtslieder hörte er voll Angst die Schüsse, die nicht aufzuhören schienen. Nach einem solchen Tag, wie es der vergangene war, noch Schüsse zu hören, war für die Temeswarer Bevölkerung ein Schlag. Schon deshalb, weil Ceausescu geflohen ist.

Mihail hat vor, seinen Kindern u. Kindeskindern immer wieder seine Erlebnisse zu erzählen, daß sie u. deren Nachkommen mal sagen können, ihr Großvater war dabei, als alles anfing.

Ich hab mich über diesen Brief irrsinnig gefreut. Beim Lesen seines ausführlichen Schreibens hab ich noch einmal alles durchlebt, die schrecklichen

Bilder, die man im Fernsehen gezeigt hat, sind wie ein Film vor meinen Augen abgelaufen.

Ich hab, ehrlich gedacht, gezweifelt, daß er heil bleiben wird. Ich hab sogar bis ans Ende der Ferien mit der Angst gelebt, daß wir nicht mehr alle in der Klasse sind. Da wir ja aus allen Richtungen des Landes kommen u. Mihail mit 2 anderen Klassenkollegen aus Temeswar stammen, andere aus Kronstadt, mehrere aus Bukarest, um die wir alle sehr besorgt waren, u. ein Teil aus Hermannstadt.

Die zwei anderen Briefe hab ich aus Hermannstadt erhalten. Der eine war von Maria u. war sehr kurz u. eilig geschrieben. Sie erzählte bloß, daß sie auch mitgewandert ist in den Reihen der Demonstranten u. hat sogar bei der Sekurität einen Platz in den vordersten Reihen ergattern können, allerdings nur mit Hilfe ihres Bruders. Mit höchster Begeisterung hat sie mitgeschrien »Jos Ceausescu! Jos P.C.R.« u. derartiges, bis plötzlich die Türen der Sekuritate aufgingen u. bewaffnete Männer heraustraten. Wie auf einen Schlag hörte die Menge auf zu schrein, und es war totstill. Und in diese Stille hinein ratterten plötzlich die Maschinengewehre.

Diese Männer, es kamen inzwischen immer mehr heraus, schossen wie von Sinnen auf die Menschenmenge. Sie nahmen keine Rücksicht auf die Kinder, die sich in die vorderste Reihe gedrängt haben, weder auf alte Mütterchen noch auf Jugendliche oder sonst irgend jemand.

Maria sah vor sich und neben sich Menschen fallen, sie war vor Schreck so gelähmt, daß sie keine klaren Gedanken mehr faßte.

Glücklicherweise behielt ihr Bruder klaren Kopf, er zerrte sie an ihren langen Haaren weg von diesem Platz u. mischte sich unter die Flüchtenden.

Die Menschen entwickelten sich in ihrer Panik zu Tieren. Kinder oder Alte, die stürzten, wurden einfach niedergetrampelt, niemand bückte sich, um ihnen zu helfen. Alle wollten bloß weg, die eigene Haut retten.

Ihr Bruder hatte inzwischen Marias Haar freigegeben, u. sie rannten weiter, sie rannten auch noch, als die Gefahr längst vorbei war.

In der Nacht hatte sie Alpträume. Immer wieder sah sie Menschen vor sich u. neben sich stürzen, u. das Rattern der Gewehre dröhnte immer noch in ihren Ohren. Daß sie Tage später noch unter schwerem Schock stand, hab ich erst durch ihren Bruder erfahren.

Der dritte Brief war von Leo. Eigentlich heißt sie Leonore, aber das klingt uns zu abgehackt.

Was ich nicht wußte, war, daß Leo zwischen Sekurität und den Militärkasernen wohnte. Und so fing der Brief auch an: »Du weißt ja, daß sich mein Wohnblock zwischen den Kasernen u. der Sekuritate befindet.« Mir ist das Herz stehngeblieben, als ich diese Zeilen las.

Es fing damit an, daß sie plötzlich mitten in der Nacht von Lärm geweckt wurden, dem laute Schüsse folgten, so laut, daß auch das kleinste Kind jetzt merken konnte, daß alles sich unmittelbar in der Nähe abspielte.

Unwillkürlich griff sie zum Schalter u. drehte das Licht auf, weil die Dunkelheit bedrückend auf ihr lastete, aber schon stürzte ihr Vater ins Zimmer, schaltete wieder aus u. ließ sich aufatmend in einen Sessel fallen.

Es bedurfte keiner Erklärung, Leo wußte sofort, wie unbedacht sie gehandelt hat. Aber diesmal wurde sie nicht wie sonst von Vorwürfen überschüttet, ihre Mutter, die soeben eintrat, das Brüderchen an der Hand, winkte wortlos, und alle verließen Leos Zimmer, um in ein Zimmer zu gehen, dessen Fenster zum Hinterhof führten.

Die Schießerei wurde immer lauter, das Brüderchen und die Mutter weinten angstvoll. Leo, so alt sie auch ist, hat den Ernst der Lage nicht begriffen (ist jedenfalls meine Meinung), sie wollte zum Fenster in ihrem Zimmer, um zu sehn, was los war, u. dann in der Schule erzählen zu können, was sie alles durchgemacht hat. Außerdem fror sie u. wollte sich anziehn u. ihre warme Decke holen. Sie versuchte, die Eltern zu beruhigen, indem sie sagte, daß sie ja im 4. Stock wohnen u. wahrscheinlich nur der erste u. zweite Stock in Gefahr waren. Ein zurechtweisender Blick des Vaters hielt sie zurück. Einen Blick, den sie folgendermaßen beschrieb: »Er hat mich dann so böse angesehn, wie wenn ich wieder mal seinen Maßanzug als Hundedecke benutzt habe. Meistens fällt mir ja kein anderes Kleidungsstück zwischen die Finger.«

Ja, die Leo ist ein ganz ausgekochter Kerl. Aber dieser Kerl schrumpfte plötzlich zum Jammerlappen, als hintereinander 2 Schüsse in die Wand gegenüber dem Badezimmerfenster einschlugen.

Es muß allerdings ein Meisterschütze gewesen sein, da das Fenster im Badezimmer sehr klein ist. Und was man damit bezweckte, blieb auch ein Rätsel. Jedenfalls fror Leo nun nicht mehr, sondern Hitzewellen durchströmten ihren Körper. Jetzt waren auch im Treppenhaus Schüsse zu hören. Und nach großem Krach hörte man viele Schritte die Treppe heraufkommen.

»Jetzt ist es aus mit uns...«, werden wohl alle Bewohner des Blocks gedacht haben. Aber es waren bloß Soldaten, die hier oben gute Schießplätze suchten. Sie brachen Türen auf u. achteten nicht auf die Leute, die verängstigt in ihren Nachthemden zusammengedrängt auf ihres Lebens Ende warteten. Das war, wie Leo behauptete, bei ihnen leider nicht der Fall. Es traten Pausen ein, dann wurde wieder geschossen, u. als es hell zu werden schien, zogen sich Sekuristen u. Terroristen zurück, u. so verschwanden auch die Soldaten nach einem ausgedehnten Frühstück wieder.

Auf eigene Gefahr hin packten nun Leos Eltern schnell ein paar Sachen ein, u. sie verließen den Wohnblock im Morgengrauen. Da kein Trolleybus fuhr, legten sie den Weg bis ans andere Ende der Stadt ohne Zwischenfälle zurück. Da wohnte Leos Großmutter, die sie herzlich aufnahm. Leo sorgte sich sehr um ihre Freundin, auch eine Klassenkameradin, deren Vater mal bei der Sekuritate gearbeitet hat u., entsetzt von den Methoden, die sie angewandt hat, ausgetreten ist u. alle Schandtaten u. Verbrechen dieser Organisation weitererzählt hat. Bestimmt wollte sie sich nun rächen u. nicht nur ihn, Bertas Vater, sondern auch seine ganze Familie, wie es ihre Gewohnheit war, zugrunde richten.

Das lag Leo nun schwer am Herzen, u. so schüttete sie sich nun bei mir ihr Herz aus. Als sie dann, nach Weihnachten, wieder in ihre Wohnung zurückkehrten, fanden sie alles wie vorher vor, es war nicht eingebrochen worden. Nur Leos kleiner Fensterschmuck, ein kleines Körbchen aus Ton mit Strohblumen, war durchlöchert worden u. die Kugeln in die gegenüberliegende Wand eingeschlagen.

Die Kugeln putzte sie schön säuberlich heraus u. hängte sie an einem Faden um den Hals. Das war nämlich in Hermannstadt neuste Mode, daß man so was am Hals hatte. Entweder Patronen oder deren Hülsen.

In der Schule wird jetzt viel erzählt. Jeder von ihnen will von seinen Ängsten berichten. Ich habe nicht viel zu erzählen. Ich bin ja die ganze Zeit bloß beim Fernseher gesessen. Kaum, daß ich einmal am Tag mich davon losriß, um mir in höchster Eile ein Brötchen zu schmieren.

Als in H-stadt die Schießereien anfingen, waren bloß meine Geschwister mit meinem Vater unterwegs. Aber viel haben sie auch nicht gesehn, außer dem Pulverrauch, der über der ganzen Stadt war. An dem Tag wurden auch die Wasserleitungen mit Gift gefüllt, und keiner traute sich zu trinken, da es im Fernsehen angesagt wurde, gerade noch rechtzeitig, da man nun auch bei uns, in unserem Kreis, die Telefonleitungen durchgeschnitten hat.

Auch nach dem Prozeß der beiden, bei dem leider nicht alles gezeigt wurde, auch nicht, wie sie erschossen wurden, nur als Leichen, sagte man an, daß sich H-stadt immer noch nicht beruhigt hat, daß man immer noch schieße.

Und als es auch in H-stadt wieder ruhig war, zeigte man den ganzen Verlauf der Revolution noch einmal mit einer schrecklich deprimierenden Filmmusik. Man zeigte Leichen auf den Straßen, um die sich Menschen beugten, man zeigte die Kreuze, die man aufstellte, u. um sie herum Kränze, Blumen u. brennende Kerzen, u. etwas, das sich in meinem Gehirn eingebrannt hat, einen 10jährigen Jungen, der auf ein Denkmal stieg, die durchlöcherte Fahne hob u. dann erschossen wurde und herunterfiel ...

Eigentlich habe ich mich früher immer gewundert, wenn meine Eltern »Pssssst« sagten, wenn ich Ceausescus Namen erwähnt habe. Ich hab aber weiter nicht daran gedacht. Jetzt erfuhr ich, daß mein Vater auch von der Sekuritate heimgesucht worden ist, um von ihr erpreßt zu werden, weil er Gedichte gegen das Regime geschrieben hat, u. nicht nur Gedichte.

26. Januar – 27. Januar 1990

Der 26. Januar – Ceausescus Geburtstag.

Es liefen Gerüchte herum, und Flugblätter wurden verteilt, daß an diesem Tag die restlichen Terroristen C. rächen wollten.

Die Bevölkerung geriet in Panik, Arbeiter nahmen sich heute einen freien Tag u. verbarrikadierten sich in ihren Wohnungen.

Meine Eltern bestanden jedoch darauf, daß ich wie immer mit dem Bus aus Stolzenburg nach H-stadt fahren u. in die Schule gehn sollte. Für sie war das Schwänzen, wenn ich fehlte. Also fuhr ich in die Stadt.

Die Straßen waren verlassen, hie und da waren Menschen zu sehn. Die Heltavergasse war sogar sehr belebt.

Ich war eine von den sechsen unserer Klasse, die sich entschlossen hatten, in die Schule zu kommen. Da wir nur so wenige waren, schickte uns der Rumänischprofessor wieder nach Hause, nachdem er uns gebeten hat, ihn nicht zu verraten. Ich ärgerte mich grün und blau. Da stand ich schon um 6 Uhr morgens auf, um in die Schule zu kommen, u. werde dann wieder nach Hause geschickt. Ich war nicht die einzige, die so dachte. Hilde und Barbara waren auch sehr ungehalten. Der einzige Vorteil der Sache war, daß für heute eine Mathearbeit angesagt war. Ich glaub, das war auch der Hauptgrund, weshalb alle Mädchen aus dem Internat gefehlt haben.

Da gingen wir nun zu dritt die Straße hinunter u. hatten keine Lust, nach Hause zu gehn, also beschäftigten wir uns mit dem Gedanken, was wir als nächstes anstellen sollten. Ich weiß nicht, wer von uns die Idee hatte, mal die Straße zu besuchen, wo am meisten geschossen worden ist u. wo jedes zweite Haus abgebrannt ist. In der Straße lag auch die Sekuritate u. die Miliz.

Wir waren erschüttert, als wir alle die zerstörten Häuser und Villen besichtigten, von denen nicht viel mehr übriggeblieben ist als die Grundmauern. Sowohl die Sekuritate als auch die Miliz wies an den Fensterrändern Brandspuren auf, u. die Front war total durchlöchert. Fensterscheiben fehlten u. abgeschossene Äste lagen unter dem Nußbaum, der daneben stand. Gleich dahinter lag das Paßamt. »Warum auch nicht?« dachten wir und traten ein, in den Vorhof. Es wimmelte nur so von Sachsen. Alle wollten weg. Gerade jetzt, wo so bitter die Freiheit erkämpft wurde.

Wir hielten uns hier nicht lange auf, sondern gingen weiter, in die Richtung, wo C.'s Sohn Nico gewohnt hat.

Wir wußten, daß er hier in der Nähe wohnte, wir wußten auch ungefähr, wie die Straße hieß, also fragten wir jeden Vorbeigehenden, wo denn die »Lilly Pane« sei. Es kam auch einer vorbei, der am Kopf verbunden war. Keine von uns wollte fragen – nach der Str. Überhaupt stritten wir immer darüber, wer denn der Nächste sei, der fragen sollte, da jeder, den wir fragten, eine komische Grimasse zog oder die Brauen zusammenzog.

Endlich wußte uns jemand zu helfen. Er schaute uns erst verdutzt an, ehe sein Gesicht sich aufhellte, u. sagte: »Ah! Die ...« Er sagte so was ähnliches wie »Lilly Pane«. Jedenfalls wußten wir jetzt, wohin wir gehen sollten. Nach kurzem Suchen fanden wir auch endlich das Haus. Ein hoher Zaun umringte es, u. zwei Soldaten bewachten es. Zuerst standen wir unschlüssig da, bis Barbara entschlossen auf den einen zuging u. ihn fragte, ob wir das Haus besichtigen könnten. Er sagte, daß es eigentlich verboten sei, er uns aber bis in den Hof lassen wollte.

Es war ein großes weißes Haus, eigentlich nicht so luxuriös, wie wir's erwartet hatten. Daneben lag ein leeres Schwimmbecken mit hellblauen Fliesen ausgelegt. Der Boden war, soviel ich aus der Entfernung erkennen konnte, gemustert.

Vor der Treppe, die zum Eingang führte, standen zwei Laternen, und auf einer Seite gleich neben dem Tor standen riesige Hundezwinger. Der Soldat erzählte, daß da große Bluthunde gewesen seien, die man mit riesigen Fleischstücken und Vitaminen (!) gefüttert hat, während für die Bevölkerung Fleisch eine rare Spezialität war. Während Barbara u. ich uns das alles ansahen, unterhielt sich Hilde eifrig mit dem Soldaten, der uns hereingelassen hat.

Wir wären gern auch hineingegangen, wo Nico heiße Parties gefeiert hat, aber wir wagten nicht, auch noch darum zu bitten.

Also verabschiedeten wir uns dankend u. verließen diesen Ort. Wir waren nun in Hochstimmung u. wollten immer noch nicht nach Hause.

»Kommt, wir fahren in irgendein Dorf u. schaun es uns an«, war die nächste Idee. Wir entschlossen uns für Talmesch. Dort wohnt Astrid, die auch nicht in der Schule erschienen ist. H. kramte in ihrer Schultasche u. holte ein Notizheft heraus, in dem sie die Züge H-stadt-Talmesch aufgeschrieben hat. Der nächste Zug fuhr in etwa 10 Minuten. Wir überlegten nicht lange, sondern liefen auch schon los, in Richtung Bahnhof. Die Möglichkeit, daß wir ihn noch erwischten, bestand noch irgendwie.

Es ging inzwischen auf Mittag zu, u. die, die sich entschlossen haben, nicht mehr an diesen Irrsinn mit der Rache zu glauben, sahen uns erstaunt nach. Wir sahen gerade noch das Ende des Zuges zw. den Fabrikgebäuden verschwinden. Außer Atem standen wir auf dem Bahnsteig und sahen ihm nach. Aber wir gaben nicht auf, auf der Tafel, auf der die Abfahrt und Ankunft der Busse standen, suchten wir die nächste Abfahruhrzeit.

Wir entschieden uns für Reußen. Das liegt hinter Stolzenburg, mußten aber noch etwas warten.

Als wir dann in St-burg hielten, und H. u. B. die Burg sahen, hielt sie nichts mehr im Bus. Wir ließen unser Gepäck bei uns im Pfarrhaus u. stiegen den Berg hinauf. Als wir läuteten, erschien die Burghüterin. Wir hatten sie wahrscheinlich gerade bei irgendwas gestört, sie war sehr unfreundlich. Unter meiner Führung besichtigten wir dann die Ruinen. Wir krochen durch jedes Loch, das wir zwischen diesen Gemäuern fanden, das mal eine Tür darstellte. Die Burghüterin langweilte sich bald u. ließ uns allein, nachdem sie uns erlaubte, auch auf den Turm zu steigen, uns aber abschlug, den zweiten Turm, den Specktrum, zu besichtigen.

Trotzdem stiegen wir frohen Mutes auf den Glockenturm. Wir übersahen bewußt die Massen von Taubenmist, die da herumlagen, u. erfreuten uns der herrlichen Aussicht. Man konnte das ganze Dorf sehn.

Dann widmeten wir unsere Aufmerksamkeit ganz den Glocken. Es waren alte, riesige Glocken, auf denen sogar noch einige lateinische Wörter standen, die mir mein Vater mal erklärt hat, u. auf denen das Wappen von Stolzenburg prangte: Ein Hufeisen mit einem Lorbeerkranz u. einer Zange. Dies war auf der größten, tiefsten Glocke. Die anderen zwei waren schmucklos, die eine war größer u. die andere klein.

Und an dieser kleinen Glocke, an der nur gezogen wird, wenn es brennt, zieht H., u. ein heller, langgezogener Ton dröhnt in unseren Ohren. Wir waren alle drei geschockt. H. am meisten. Sie hat es nicht absichtlich getan. Sie hat sich bloß am Seil festgehalten, um über einen Balken zu steigen.

Nach einem Moment völliger Stille rannten wir alle zum Turmfenster, um zu sehn, ob sich die unfreundliche Burghüterin schon auf den Weg nach oben macht. Wir hatten Glück. Als wir voller Selbstvorwürfe heruntersteigen, ließ sich weder die Burghüterin noch jemand aus der Familie blicken.

Also schauten wir zu, daß wir verschwanden. Das war feig von uns. Aber daran dachten wir im Augenblick nicht. Wir liefen fast den Berg herunter, H. u. B. holten sich ihr Gepäck und fuhren per Anhalter wieder nach H-stadt. Sie fuhren weg, was man auch als feig bezeichnen kann, und ich blieb mit dem Schlamassel zurück. Mein Vater als »verordneter Diener der Kirche« hielt mir eine ordentliche Standpauke, und ich mußte noch mal herauf, um mich bei der Hüterin zu entschuldigen.

Wie ein Kindergartenkind!

Die Frau hat ja kein freundlicheres Gesicht gemacht als vorher, aber auch kein böseres. Ihre Kinder hätten das auch gemacht, als sie noch kleiner waren, winkte sie ab. So kam ich noch glimpflich davon.

28. Janunar 1990

Am nächsten Samstag wollen wir eine Riesenparty bei mir feiern. B. u. H. kamen extra mal zum Stolzenburger Bus, um Jungens einzuladen, da ich gesagt hab, daß ich mich nicht um alles kümmern kann. Im Grunde war ich froh, daß sie mich zum Bus begleiteten.

Es sagten bloß 11/12 Mädel zu. Aber da in Stolzenburg auch noch Mädel sind, beschloß H., ihren Bruder u. dessen Freunde mizubringen, 2 an der Zahl. Wir nehmen Brötchen u. Kuchen mit. Ich sorge für Getränke u. Musik.

4. Februar 1990

Barbara hatte ihren »Bruder« mitgebracht, wie sie, uns unschuldig anblickend, mitteilte. Wir hatten grade gedacht, Barbara würde sich am allerverrücktesten u. lustigsten gebärden. Ja woher. Sie zog sich schon bald mit ihrem »Bruder« in ein stilles Eckchen zurück, u. damit war für sie die Party abgeschlossen. Der Rest futterte u. vergnügte sich.

Zuerst stand zwischen H-städtern u. St-burgern eine unsichtbare Mauer, die jedoch bald abgebaut wurde. Es wurde geflirtet, viel mehr, als ich es anfangs angenommen hatte. Sogar Astrid, unsere brave Bankkollegin, hat sich einen gefunden. Sie strahlte uns alle triumphierend an, wie wenn sie sagen wollte: »He, das habt ihr mir wohl nicht zugetraut.« Ruth hat sich unglücklich verknallt in Albert, der schon eine Freundin hat, aber viel mit Lisa geflirtet hat.

H. hatte keine derartigen Probleme. Sie amüsierte sich mit ihrem Bruder u. dessen Freunden bis zum Morgen. Sechs Uhr früh mußten sie alle zum Bus. Da standen nun die St-burger mit den H-städtern in einem riesigen Kreis in der Busstation u. lärmten. Wir sangen u. tanzten, da es sehr kalt war u. wir jämmerlich froren. Mit etwas Verspätung kam dann endlich der Bus, u. die H-städter setzten ihren Lärm drin fort. Einige von ihnen u. den Stolzenburgern waren etwas beschwipst. Vielleicht auch ich ...

5. Februar 1990

Heute kamen alle unausgeschlafen in die Schule.

Ruth hat ihren Albert immer noch nicht vergessen. Sie hatte sich bei ihm erkundigt und erfahren, auf welche Schule er geht. Sie hackte so lange an uns herum, bis wir uns bereit erklärten, mit ihr hinzugehn.

Sieben Leute waren wir: Ruth, Barbara, Hilde, Astrid, Lisa, Dani u. ich.

Ruth hat uns tatsächlich überredet, eine halbe Klasse (fast), einen Jungen aufzusuchen. So gingen wir durch die Straßen, lachten und blödelten u. hänselten Ruth. Dabei waren wir selbst die Blöden.

Etwas später standen wir im Schulhof, alle, außer Ruth, insgeheim hoffend, daß er nicht erscheine. Es kam uns jetzt doch lächerlich an. Und ich glaub, ich hab mich am blödesten gefühlt, weil Albert ja aus St-burg ist u. dann dort erzählen könnte: »Die Senta schleppt ihre ganze Klasse zu meiner Schule ... Hat die sie noch alle?« Er könnte es auch Bernd sagen. Auf den hab ich nämlich ein Auge geworfen. Und er hat's aufgefangen. Aber wir hatten noch keine Gelegenheit, allein miteinander zu sein.

Zurück zu Albert. Er kam doch. Zuerst sah er uns gar nicht. Alles, außer Ruth, die tief beleidigt dreinblickte, atmete erleichtert auf. Ich nahm die Baske, die ich mir schnell tief in die Augen gedrückt hab, herunter in dem Moment, als er sich wie elektrisiert umdrehte. Jemand von uns muß geredet u. er die Stimme erkannt haben. Er sah uns überrascht an. Wir sahen ihn aber noch überraschter an, denn an seinem Arm hing ein Mädchen.

Er kam langsam zu uns rüber u. grüßte. Keiner von uns redete ein Wort. Es war Lisa, die uns endlich erlöste: Sie hatte sich vorher im Hof umgesehen

u. gemerkt, daß eine große Menge um einen Laster stand. Sie sagte: »Wir haben gehört, daß es hier was zu verteilen gibt, u. da dachten wir, wir kommen mal, um uns das anzusehn.«

Von wegen Erlösung. Jetzt macht sie uns zu allem Überfluß noch zu Bettlerinnen. Er schien das aber nicht gemerkt zu haben, er sah sie erstaunt an u. sagte, daß das die neuen Bänke seien, die heute angekommen sind. Da hätte uns jemand ganz schön angeschmiert. Alle Blicke richteten sich auf Lisa. Die Arme druckste einmal verlegen u. sagte dann schnell, daß wir ja dann gehen könnten ... Auch Ruth hatte nun nichts mehr dagegen. Sie war kuriert, nachdem sie das Mädel neben Albert gesehn hatte.

Ich zog ihn schnell für einen Augenblick zur Seite u. machte ihm den Vorschlag zu schweigen mit einem Seitenblick auf die Biene, die ungeduldig etwas abseits stand, mit der Bedingung, daß auch er schweigen würde in bezug auf unseren kleinen Ausflug. Er wußte, daß ich mich gut mit seiner Freundin verstand u. sie mir glauben würde. Also schlug er ein.

Die anderen waren schon gegangen. Nur H. wartete noch auf mich. Ich mußte mich noch ein wenig erholen. Also standen wir noch ein wenig im Hof und bedauerten, gekommen zu sein. Als wir um die Ecke biegen wollten, stand er dort u. plauderte mit 3 anderen Jungen. Wir zuckten zurück u. warteten auf das Ende der Diskussion. Noch einmal wollten wir ihm nicht begegnen.

Anscheinend war ich heute vom Pech verfolgt. Er stand ungefähr noch eine halbe Stunde dort, während wir uns auf einen Bordstein gesetzt u. an eine Straßenlaterne gelehnt haben. Wieder starrten uns alle Vorübergehenden an. Mancher wird sich wohl gedacht haben, seit wann Strichmädchen am hellichten Tage auf Freier warten.

Auch ein älterer Mann mit einem Hund kam vorbei. Der Hund mußte grad mal u. hob schon den Fuß in Richtung unserer Laterne, zum Glück zog der alte Mann ihn freundlicherweise fort.

Dann wurde es uns zu bunt, u. wir liefen über die Straße in der Hoffnung, daß er uns nicht sehen würde u. um schnell wegzukommen. Ehe wir in die nächste Nebenstraße einbogen, sahen wir zurück. Er hat uns doch gesehn. Und zu unserem Ärger trennten sie sich nun, u. Albert ging die Straße herunter. Da haben wir uns gegenseitig ausgelacht.

5. April 1990

Und ich hab ihn doch bekommen, meinen Bernd. Und das einen Tag nach meinem Geburtstag, am 10. März, sozusagen als Geburtstagsgeschenk.

Das war nicht so leicht. Ich hatte noch eine Rivalin, der zwar nicht sehr viel an ihm lag, die aber nicht mich siegen lassen wollte. Bernd schien das gemerkt zu haben u. sagte es ihr ins Gesicht, worauf sie beleidigt abzog u. mir die Siegestrophäe überließ.

22. 7. 90
Und nun ist er weg. Ausgewandert. Am 21. 07. 1990.
    Wir hatten eine herrliche Zeit miteinander. Es war traumhaft schön. Wir wußten beide, daß es nicht sehr lange dauern wird mit unserer Freundschaft, u. so haben wir jeden Augenblick genützt, um zusammen zu sein.
    Ich habe diese Zeit nicht in meinem Tagebuch festgehalten. Absichtlich. Ich möchte die Erinnerung daran auslöschen. Vielleicht wird mir dies mal leid tun, aber im Moment ist mir das egal. Völlig egal. Ich habe vor diesem Tag wahnsinnig große Angst gehabt. Nun ist es vorüber.
    Aber daß ich mich halb 2 Uhr nachts hinsetze, um Tagebuch zu schreiben, hätt ich mir nicht träumen lassen. Es ist eigentlich glatter abgelaufen als ich dachte. Der Zug fuhr nur aus Mediasch ab. Bis hin hat er für die ganze Clique Autos bestellt, u. wir sind alle mitgefahren. Obwohl Platzmangel war, saßen wir zu zweit hinten im Auto. Vorne saß sein Freund, der sich diskret auf den Straßenverkehr konzentrierte. Aber es lief nicht so ab, wie alle es von uns erwarteten. Wir sahen und rührten uns die ganze Zeit nicht an, redeten auch kein Wort, nur um den Abschied nicht schwerer zu machen, als er immerhin schon sein wird. Am Bahnhof in Mediasch sind wir uns aus dem Weg gegangen. Alle dachten, wir hätten uns gestritten, jetzt in den letzten Augenblicken, die wir noch zusammen sind.
    Dann kam er u. bat mich um einen kleinen Spaziergang auf den Bahnsteigen. Ich ging mit ihm weit weg von den anderen, die sich zufrieden abwendeten.
    Er überreichte mir ein kleines Abschiedsgeschenk. Daran hatte ich nun wirklich nicht gedacht, u. ich hängte ihm trotz großen Protestes meine goldene Halskette mit einem Herzchen um, an der er so oft gespielt hat.
    Dann kam auch schon der Zug, er gab mir noch einen flüchtigen Kuß u. stieg ein.
    Dann fuhr der Zug ab und nahm ihn mit. Und mein Herz (nicht nur symbolisch). Jetzt sitz ich hier u. denk darüber nach. Es scheint alles keinen Sinn mehr zu haben. Warum u. wofür noch leben?
    Klingt wie in Kitschromanen. Lassen wir es.

10. September 1990

Den Bahnhof in Mediasch seh ich immer öfter. Jedesmal, wenn ein Kränzchenmitglied auswandert, bestellt es sich wie B. ein paar Autos, die uns dann hin u. zurückbringen.

Die Bahnhofshalle hat so eine deprimierende Ausstrahlung, alles düster u. grau.

Einmal haben wir uns, um nicht melancholisch zu werden, den Kassettenrecorder mitgenommen. Batterien hat der Wegfahrende verschafft, u. wir hörten zuerst Musik, aber dann war uns die Meinung anderer egal, u. wir fingen an zu tanzen.

Die Stimmung heiterte sich bald auf, u. man kaufte von Zigeunerinnen kleine Bällchen an einem Gummifaden, u. diese wurden dann im Saal herumgeschleudert, einer erschreckt den anderen damit. Als dann Ballons auftauchten, wurde gekracht, u. so verging uns die Zeit bis zur Abreise schneller.

Als dann auch meine besten Freundinnen aus St-burg, Mechthild u. Elsa, wegfuhren, hab ich täglich geheult.

Manchmal, wenn ich ein gutes Buch gelesen hatte u. begeistert davon war, sprang ich auf u. dachte, »das muß unbedingt auch Mechthild lesen ...«

Die Erkenntnis kam dann wie ein Schlag. Einmal bin ich zu ihrem Haus gegangen. Es war gegen Abend, u. in Mechthilds Zimmer brannte Licht. Da bin ich wie früher auf den Zaun gestiegen u. hab durchs Fenster geschaut.

Was ich sah, war ein völlig anderes Zimmer. Nicht halb so geschmackvoll eingerichtet.

Auch die Gesichter waren fremd. Keine Sachsen. Wahrscheinlich ärmere Rumänen. Der Hof war nicht mehr so gepflegt wie früher, u. die einst so exakt geschnittenen Hecken hatten sich in alle Richtungen ausgebreitet.

Ich hätte heulen können.

Nun bleiben mir noch Hilde u. Astrid. Aber beide fahren am Ende dieses Schuljahres auch nach Deutschland, u. dann bin ich ganz allein.

Ich zerfließe momentan in Selbstmitleid: Unser Sachsenvolk geht unter ...

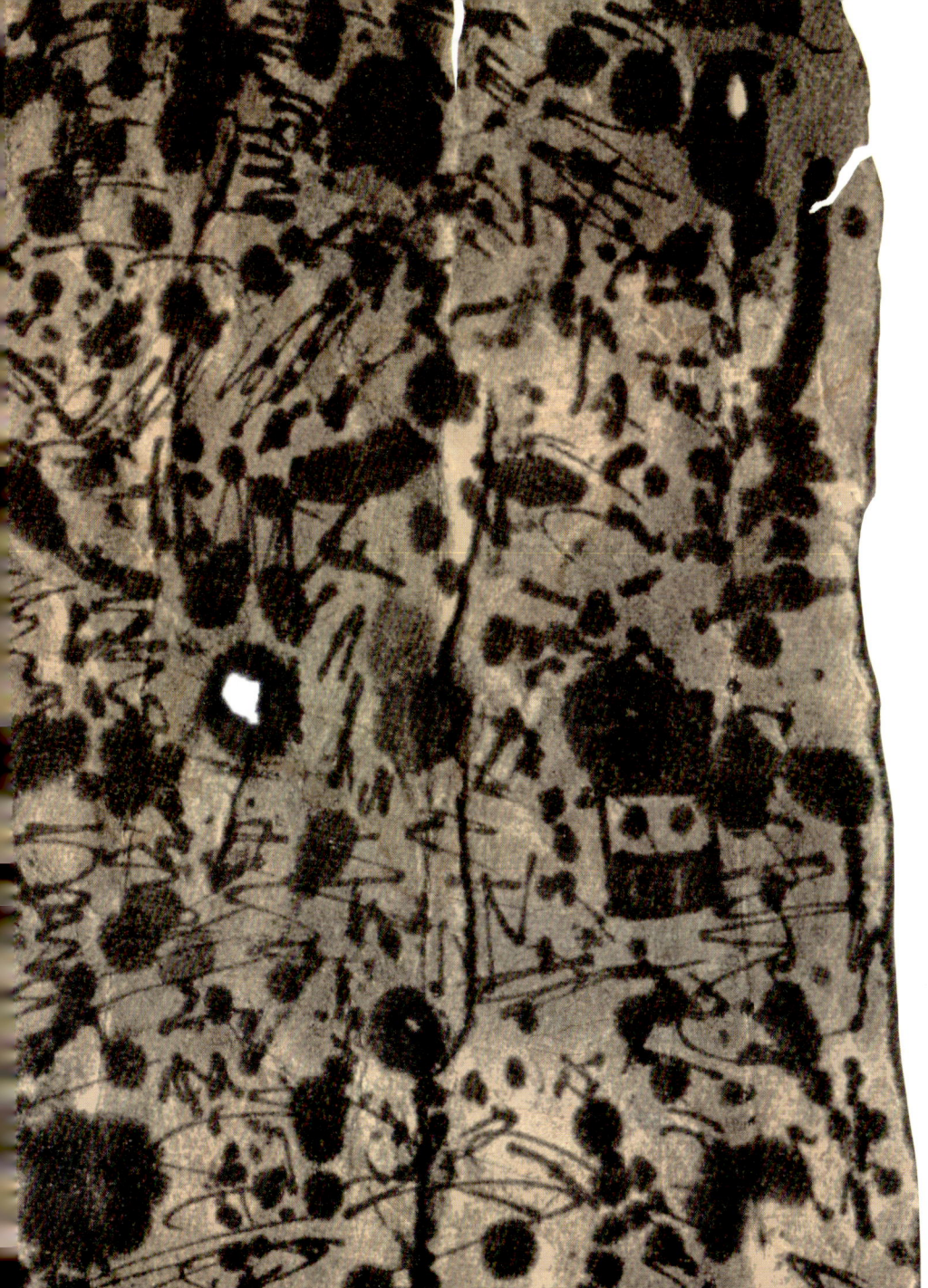

Hilde

11. Dezember – 1989 – Montag
Heute, am 11. Dezember 1989, beginne ich dieses Tagebuch.

Ich habe vor, nur an den Tagen Tagebuch zu führen, an denen ich es wirklich nötig habe (meinen Kummer aufzuschreiben oder meine Schreiblust zu befriedigen), also Tage, an denen etwas Besonderes oder Bemerkenswertes geschieht.

Es gibt ja dann auch Sachen, die man für sich selbst behalten will, die man auch der besten Freundin nicht anvertrauen kann ...

Heute war nichts Besonderes los, aber ich habe nichts Besseres zu tun im Moment, als »Tagebuch zu führen«. Das Wetter ist scheußlich. So kalt, und dann ist auch weit und breit kein Schnee zu sehen.

Als wir aus der Schule kamen, gingen wir durchs Zentrum (mit Senta) und genossen die »Aussicht«. (Oh weh!) Wir sind vom Bahnhof mit dem Stolzenburger Bus bis zu mir ins Theresianum gefahren, und als wir dann ausstiegen, zog der arme Bernd so ein langes Gesicht. Da hab ich gleich an die Sache mit den Eifersuchtsszenen aus Stolzenburg nach dem Ball gedacht. Ideen hat der Mensch! Ei, da bleibt mir ja die Spucke weg! Tja, eine ältere Geschichte, werd ich vielleicht mal mit Gelegenheit aufschreiben. Aber das ist vielleicht gar nicht nötig, denn das vergeß ich doch nie.

Ja, und wie gesagt, wir waren bei mir, und morgen werde ich bei Senta in der Wohnung übernachten. Diese gescheiten Leute von zu Hause hab ich kaum dazu überreden können. Die haben so eine verschmutzte Phantasie. Die denken wohl, bei der Senta wäre das größte Freudenhaus, nur weil die Wohnung aus Hermannstadt bloß von ihr und ihrer Schwester bewohnt wird.

Tja, ce sa-i face?

12. Dezember – Dienstag
Heute ging ich nach der Schule direkt zur Senta. Dort haben wir uns köstlich amüsiert. Haha, schon jetzt fang ich an zu (wei) lachen, hoppla, da ist mir ja ein Fehler unterlaufen.

Von halb sechs sind wir ins Kino gegangen, da hab ich mich kaputtgelacht. Dies verrückte Ding, das sich meine Freundin nennt, hat in ihrer Antiquitäten-Wohnung eine alte grellblonde Perücke gefunden. So stramm, mit langem Haar, aber ziemlich zerfranst. Der Film war nicht sehr stramm, aber ich hab mich krummgelacht. Sie hat sich die Perücke aufgelegt, so, daß die schönen blonden Locken ihr Gesicht umrahmten, aber sie reichten nicht auch zum Hinterkopf, und deshalb hat sie sich so eine komische Skikappe aufgesetzt, die gar nicht zu dem Outfit paßte. Die Perücke und viele andere Sachen haben wir in der uralten Rumpelkammer aus dem Haus ihrer Urgroßmutter zusammengekramt. Sie hat so komisch mit den falschen blonden Locken, die ihr dunkles Haar ersetzten, ausgesehn.

Na, wie gesagt, wir gingen ins Kino, ich weiß, ehrlich gesagt, nicht einmal, wie der Film hieß. Wir haben nur noch Stehplätze erwischt, und deshalb waren wir ein wenig enttäuscht. Die Füße taten uns weh, und damit es nicht auffällt, ließen wir uns mit dem Rücken an der Wand so schön langsam runtergleiten, so daß wir dann auf dem Boden saßen. Ich machte eine krumme Bewegung, daß ich Sentas Skikappe von ihrem Kopf zog. Ich hab's nicht mal gemerkt, bloß als sie mich mit dem Ellenbogen anstieß, merkte ich, was los war.

Die Kappe saß ganz schief am Kopf, und die blonden Locken hatten sich selbständig gemacht, sie hingen ihr übers Gesicht (ich glaub, sie sah nichts mehr), und dazwischen guckten auch ihre schwarz-dunklen Strähnchen heraus. Es war urkomisch, und ich hab mich kaputtgelacht. Ich setzte ihr schnell die Kappe richtig auf, und nun sah sie aus wie eine alte vergrämte Frau, die sich die Haare grellblond färben läßt, der sie oben nun am Kopf hinunterhängen, als ob sie sie seit einem Monat nicht mehr gewaschen und gekämmt hat. Nun erst lachten wir richtig los, und die Leute empörten sich, weil im Film gerade ein Mann querschnittgelähmt blieb. Das sei eine ernste Angelegenheit, und außerdem sei es schamlos, wie wir dasäßen ... Ich hab mich köstlich amüsiert.

Als der Film aus war, gingen wir mit der Menschenmenge raus in die erleuchtete Halle, und da sah ich erst, wie verrückt sie aussah. Sie senkte den Kopf, damit man die Katastrophe nicht sehe, aber die Menschen wurden dennoch aufmerksam auf uns.

Auf dem Heimweg gab es noch eine gewaltige Lachorgie, und zwei Jungens machten uns an. Es war dunkel, aber ich konnte doch erkennen, daß es Typen waren, die wertlos für mich (u. S.) sind, und demnach sausten sie ab.

Bei Senta haben wir Kartoffeln gemacht und allerhand gute Sachen. Es ist ein gemütlicher Abend geworden.

15. Dezember – Freitag
Es wird langweilig in der Schule. Die Welt nervt mich. Senta und die Astrid erst recht. Tut das Ding immer so gescheit mit seinen blöden Fragen. Klugscheißer. Ich hab 'ne Scheißuntergangslaune.

Morgen will mein Bruderherz mich auf den Chef zum Henry begleiten (oder ich ihn als Anstandswauwau). Ich weiß nicht, was noch draus wird. Dort sind bloß ältere Leute, aber die sind alle schon verdorben und vergeilt. Mit denen kann ich nichts anfangen, ich brauch 'n ernsten Menschen, mit dem ich reden kann.

Heute hat man uns in der Schule abgeschlossen, und meine Mittelnote ist 8, 30. So schlecht war ich noch nie. Aber das wird sich ändern. Ich muß mich verbessern.

Es ist jetzt 10 Uhr abends, und ich könnte ewig weiterschreiben. Ich hab gute Musik aufgelegt. Das »Tiamo« vom Jürgen Drews. »Tiamo heißt, ich liebe Dich«. Stramm. Prima singt der Jürgen Drews.

Was soll ich bloß in diesen langen Ferien anstellen? Was?????

Oh je, hoffentlich kriegt die Mama dies Tagebuch nie zwischen die Finger. Das wäre schrecklich, egal was drin steht. Das ist etwas ganz Intimes.

Der Tata, der würde nie da lesen, auch nicht, wenn ich ihm die Erlaubnis dafür geben würde. Aber wie immer sind die Frauen neugieriger, da kann auch die Emanzipation nichts mehr machen. Ich habe mir jetzt die schlechte Laune vom Herzen geschrieben und bin nun wieder ganz optimistisch und allen wohlgesinnt!

HURRA!

21. Dezember – Donnerstag
Den heutigen Tag werde ich nie vergessen, auch wenn ich das Ganze noch nicht so recht begreife.

Im Zentrum gab's Krach, die Leute haben sich zu einer Revolution erhoben. Ich hab's nicht geglaubt, und auch jetzt kann ich's kaum fassen. Das hat 'ne große Portion Mut benötigt. Und sonst hatte auch keiner was gesagt, alle lebten in Angst und duckten sich vor den eventuellen Hieben. Und nun ist das Eis gebrochen. Unglaublich.

Am Samstag ist es in Temeswar losgegangen, und ich hab es nicht allzu ernst genommen. Sie haben die Bilder vom Ceausescu aus den Bibliotheken genommen. Auch die Buchhandlungen haben sie aufgebrochen und all die vielen Bücher, die unter C.'s Namen ediert wurden, die er aber nie geschrieben hat und deren Inhalt er wahrscheinlich absolut nicht verstand, verbrannt.

Es soll in Temeswar Tausende von Toten geben. Das ist ungeheuer, und es kommt mir nicht zu glauben.

Es wäre ja auch Zeit, daß sie mit dieser Schweinerei aufhören. Wir leben unter gräßlichen Umständen. Kälte, Dunkelheit und ein Essen, das die Leute aus dem Westen den Hunden vorwerfen würden.

Ich kann es mir eigentlich gar nicht vorstellen. Heute ging's bei uns in H-stadt los. Es ging nicht so weit wie in Temeswar, aber es sollen auch einige Tote sein. Es fing heute in der Früh um 9 Uhr an, und alle Leute sprechen nur noch davon. Inzwischen ist es 8 Uhr, und ich weiß nicht, wie's im Zentrum aussieht.

Wahrscheinlich wird's noch mehrere Tote geben. Am Nachmittag hab ich »Freies Europa« gehört. Es ist einfach schrecklich, was der Ceausescu sich da geleistet hat. Wenn man dem freie Hand läßt (so weit kann er nun auch nicht gehn), dann würde er in Hitlers Fußstapfen treten. Und das soll etwas heißen. Hoffentlich wird dem bald ein Ende gemacht.

Im Fernsehen gibt's nur Scheiße, denn sie heucheln nur wieder, daß sie an seiner Seite stehn, aber die grimmigen Gesichter der Arbeiter zeugen des Gegenteils. In der Früh soll ein Milizauto verbrannt worden sein, die Milizmänner verdroschen. Sie schießen in die Demonstranten, diese Schweine. Die schrecken auch vor nichts, um ihr hohes Imperium, das sie sich zusammengerafft haben, zu beschützen.

Im Radio hörte ich, wie einer mitten im Chaos von Temeswar schrie: »Schießt nicht, ihr seid doch auch Rumänen, ihr seid doch auf demselben Boden geboren ...« Und dann erstarben die Worte unter dem Rattern eines Maschinengewehrs.

In Temeswar gingen die Panzer über Frauen und Kinder!! Wie kann man denn so herzlos sein? Wer kann denn so etwas tun???

Das Schlimmste ist, daß Menschen gezwungen werden, sich gegen die Revolution zu stellen, auch wenn sie dafür sind. Jetzt zeigen sie einen Dokumentarstreifen, bei dem mir schlecht wird, denn sie sprechen weiterhin über Patriotismus und derartige Sachen. Wie kann man nur so heucheln? Was wird die Zukunft noch bringen???

Was ist morgen?
Was ist übermorgen?
Was ist, wenn dieser Arsch von Ceaus. siegt???

Das ganze Land ist in Aufruhr. Es ist schrecklich, dazustehn und nichts zu tun. Wenn ich ein Junge wäre (und etwas älter), dann würde ich mich auch dagegenstemmen, auch wenn es mir an die Gurgel ginge, auch wenn ich kein Rumäne bin.

Ich würd's auch nicht aus Vaterlandsliebe tun (Rum. ist nicht mein Vaterland und nicht mein Mutterland), sondern allein, um bei der Vernichtung dieses Teufels beizutragen.

Ich fühle mich in Hermannstadt zu Hause, aber irgendwie doch nicht am richtigen Fleck. Manchmal kommt es mir vor, als ob ich unter lauter Fremden wäre.

22. Dezember – Freitag

Heute war die ganze Stadt in Aufruhr, und ich glaub, dreiviertel Hermannstadt war im Zentrum bei der Demonstration. Mein liebes Brüderlein, der Fredi, war auch dort. Tata auch. Es müssen unheimlich viele gewesen sein. Ich habe das Foto in der Zeitung gesehn. Um ein Uhr sind die »Patrioten« Jon Carannitzu, Sergin Nicolaiescu und viele andere bekannte Leute aufgetreten, die ohne Gewalt nie durch die Zensur und die Garde des Fernsehens gekommen wären. Sie waren total aufgeregt wie alle anderen auch. Endlich ein freies Fernsehen. Es wurde angesagt, daß Ceausescu mit seiner Frau auf der Flucht sei. Er wird jetzt aber verfolgt. Kurz nachdem sie dies in dem jetzt »Freien Rumänischen Fernsehen« angesagt haben, hörte man aus dem Zentrum Schüsse und Rattern der Maschinengewehre. Es stellte sich heraus, daß das keine Freudensignale seien, sondern bittere Realität. Die Sekurität, die »Leibwache« der hohen Leute, schossen auf und in die Demonstranten, wo diese doch ganz unbewaffnet waren.

Es gibt sehr viele Tote, das Land könnte frei sein, wenn die Sekurität, die Geheimpolizei, nicht noch diesen letzten Versuch, der wahrscheinlich aus lauter Verzweiflung gemacht wird, tun würde. Es ist echter Wahnsinn. Der Ceausescu, der will wohl noch so viel Unheil anrichten, wie er kann, und dabei auch gleich seine Haut noch retten.

Und das Fernsehen wird auch angegriffen.

Es ist unheimlich, was sie da durchgeben. Es wurde alles angesagt, was neu und wichtig ist, wie man sich verhalten solle usw. Jeder darf jetzt vor die Kamera und seine Meinung frei aussprechen.

Sie schießen aber in einem fort in der Stadt. Fredi ist erst am späten Nachmittag nach Hause gekommen, wir dachten, es sei ihm etwas zugestoßen.

Was er erzählt, ist unglaublich. Wahrer Krieg, Tote über Toten, Verletzte über Verletzten.

Am Abend hat man überall ferngesehen. Der Nico Ceausescu ist gefangengenommen worden. Er war dort, wo man ihn zeigte, nur noch ein Häufchen Angst, und ich hab fast Mitleid mit ihm gekriegt.

23. Dezember – Samstag

Heute bin ich von dem Knattern der Maschinengewehre wach geworden. Es klingt schrecklich, und außerdem surren immer Hubschrauber über unseren Häusern.

Es brennt ein Haus im Zentrum und auch sonst noch.

Man schießt noch immer.

Heute haben sie auch angesagt, daß man den Ceausescu und viele andere aus seiner Clique festgenommen hat.

Man zeigt jetzt auch manchmal, in welchem Luxus der Ceau gelebt hat. Er hatte unzählige Häuser im ganzen Land und viele andere Dinge auch.

25. Dezember – Montag

Heute hab ich im Fernsehen eine Videokass. aus H-stadt gesehen. Alles ist zerschossen, überall Trümmerhaufen und zerschlagene Fenster, Rauch und Schmutz. Unsere schöne Stadt!!!

Heute wurde der Ceausescu umgebracht. Er hat nichts zugeben wollen, aber man hat ihm alles aufs »Konto« geschrieben, was er getan hat, und nachher hat man ihn gemeinsam mit seiner Frau erschossen. Er hat es auch nicht anders verdient, der Arsch. Aber man hat nicht alles gezeigt, nur ein paar Bilder. Echt grausig.

Was wird jetzt noch werden?????

31. Dezember – Sonntag

Heut hab ich mich genervt. Mit Irma gab's Zank und auch mit Fredi. Er ist wahnsinnig nervend. Blöd, einfach ätzend.

Er will mich nicht auf den Silvesterchef mitnehmen, weil dort nur Freunde von ihm seien. O. K., dann geh ich zum Emil. Soll der nur denken, daß ich zu Hause hock.

Tja, allein hab ich nicht recht gehen, aber ich werd's ja noch sehen.

Ich hab zu Haus vor dem Fernseher gehockt. Um 12 Uhr bin ich dann doch gegangen, aber das hat mich 'ne Menge Selbstüberwindung gekostet.

1. Januar – 1990

Ich kam an beim Henny, wo der Chef war, hab ihn dort draußen gesehen und ihn gebeten, den Emil zu rufen. Der kam dann und begrüßte mich stürmisch.

Dann kam auch Günter, großes Hallo, es schien mir so, als ob sich alle so freuen würden, weil sie mich sehen. Jeder drückte ein Küßchen auf Mund und Wange. Als man dann mit Champagner anstieß, wiederholte sich das alles noch mal. Es wurde mir dann zu bunt, und ich ging rein, der Emil kam auch, und wir tanzten. Dann kamen alle rein. Es waren allerhand Leute da, was ich gar nicht erwartete. (Auch Erika und Klaus.) Sie haben ein neues Chefzimmer gemacht, u. es ist ganz stramm.

Der Emil tanzte eine halbe Stunde mit mir, bis mich dann der Heiner erlöste. Ja, der Emil ist ein feiner Kerl, aber ich mag nicht mit ihm gehen, denn obwohl er gut aussieht, hat er auch seine Fehler! (Wenn es bloß nicht so allgemein wäre, denn unserer Freundschaft würde das gewisse Etwas fehlen. Deshalb soll sie nicht da ankommen, wo er will.) Dann tanzte ich sehr lange mit dem Heiner, bis auch dieser anfing, Komplimente zu machen, und dann die alte Geschichte, daß ich alles an mir habe, was ein strammes Mädchen braucht, daß ich stramm tanzen kann und daß ich älter als 14 1/2 aussehe. Ach Scheiße, daß man mit denen auch nicht reden kann. Immer wenn ich denke, daß ich nur Typen zum Reden gefunden hab, dann fängt es mit einer blöden Anmache an. Und außerdem ist der Heiner nicht mein Typ. Der ist doch nur 1, 72 wie ich. Ich mag lieber Typen, zu denen ich emporschaue.

Ach was. Dann bin ich dem Heiner irgendwie entkommen, und dann kam der Emil schon wieder. Er sagte mir, daß die Typin (ein neues Gesicht, das ich nicht kenne), die mir aufgefallen war, auf mich böse sei, weil sie am Vorabend auf dem Chef mit dem Emil zusammen war. Ich verstand nicht so recht! Und dann kam das Beste. Er sagte mir, er habe die Typin sitzenlassen, damit er mit mir zusammen sei, und nun würde ich ihm einen Korb geben. Ich dachte, er macht Theater, aber dann sah ich, daß die Typin tatsächlich giftig war und nachher auch so spitze und blöde Bemerkungen mir gegenüber machte, als man draußen tratschte. Und sie redete mich auch immer an (sie kannte meinen Namen) u. sagte einmal: »Na geh doch rein, der Emil stirbt ja ohne Dich.« Quatsch, daß immer das weibliche Geschlecht diesen Blödsinn macht. Ich würde meine Gefühle nie so öffentlich zeigen! Unter keinen Umständen. Eifersucht ist das Blödeste. Ich habe dem Emil gesagt, er kann mit ruhigem Gewissen zu seiner Tussi gehen und mich in Ruhe lassen.

Er hat mich dann in Ruhe gelassen, ist aber nicht zu ihr gegangen. Und ich finde es komisch, denn sie ist viel strammer als ich (wenn ich das von mir behaupten kann), bloß ein klein wenig mollig. Dafür hat sie langes schwarzes Haar. Und meines ist kurz geschnitten und blond. Haha, welch ein Unterschied. Na ja, auf jeden Fall. Ich hab mich nachher mit dem Günter, seinem Bruder und allen anderen Leuten stramm amüsiert. Ich hab es so angestellt, daß ich mit allen tanzte und ein wenig flirtete, aber keinen zu nahe kommen ließ. Und nachher hat der Günter mich doch rumgekriegt. Ich fand ihn auch total süß, und das ging dann sehr schnell. Ich hab mich ein wenig in ihn verknallt. Na ja, ich hab auch an den A. gedacht. Und er hat wahrscheinlich auch an mich gedacht. Ich hab ihm unrecht getan, aber ich konnte nicht anders. Es tut mir nicht leid, daß ich ihm damals den Laufpaß gab, aber ich konnte nicht anders.

Na ja, und dann ging ich mit dem Günter raus, und wir schmusten im Hof. Er hat mir echt gefallen. Das ging dann 10 Minuten so, und dann ging er mir unter die Bluse. Ich hab es einige Zeit über mich ergehen lassen, aber dann wurde es mir kalt. Ich entschloß mich gerade reinzugehen, als er sagte: »Willst Du's mit mir machen, bitte???« Seine Stimme war so heiser und er wahrscheinlich high. Pah, der bildet sich was ein. Ich würde mit einem Typ nicht schlafen, selbst wenn ich seit 5 Monaten mit ihm gehe, und dann tu ich's mit dem Schwein. Er sieht ja gut aus, aber mit mir kann er sich das nicht erlauben. Ich hab ihm dann erklärt, daß ich bei einem Flirt nie so weit gehe und daß er sowieso die Grenze überschritten hat. Er war total zu; keucht mir dann ins Ohr: Bitte, bitte ...

Blödmann. Und als ich ihm dann klar NEIN! sagte, wollte er wissen, weshalb?? Blöde Frage! Weil ich erstens noch zu jung dafür bin, und was noch wichtiger ist, weil ich kein Bedürfnis dafür spüre. Auch nicht das kleinste, und außerdem werfe ich meine Unschuld nicht so einfach weg. Und so hab ich ihm dann klipp und klar gesagt: »Weil Du mich nicht im geringsten erregst.« Das saß dann, ich ging auch fort. Ich ging dann rein, wo der Emil mich grimmig ansah und der Heiner auch. Ich wollte meine Jacke nehmen und abhauen, aber der Götz hielt mich davon ab. Und nachher hat's mir sogar noch Spaß gemacht auf dem Chef, und ich blieb noch bis 10 Uhr morgens. Der Günter hat mich noch nach Hause begleitet, und ich hab ihm einen Kuß auf den Mund gedrückt und ihm gesagt: »Nimm's lieber auf die leichte Schulter.« So bin ich eine Erfahrung reicher geworden, es wäre mir aber lieber, ich hätte ihn gar nicht kennengelernt. Pfui!

5. Januar – Freitag

Heute war der Schatz meines Bruders aus Deutschland gekomken. Die Lisa. Sie sind jetzt immer zusammen. Und der Fredi wird jetzt nach Deutschland auswandern und bei ihr wohnen. Dabei ist er doch erst 19, mein »Großer«, und sie erst 17. Na ja, da kann ich mich nicht einmischen. Mir tut's bloß leid, daß er nicht mehr mein Freund, mein Vertrauter ist, seit er sie kennt, nur einfach »mein Großer«. Früher konnte ich ihm alles erzählen und vertrauen, jetzt geht das nicht mehr. Wir waren ein Herz und eine Seele, der Fredi und ich. Wir waren es, die Stimmung machten auf dem Chef und verrückt tanzten. Alle hielten uns für ein Paar (Traumpaar hihi), und so hielt er mir auch manchen Blödian vom Hals (u. ich ihm manche Tussi).

Ja, und er hatte nie eine feste Freundin, bloß jetzt, da er sie hat (endlich), ist er nichts mehr wert. Er ist immer brummig vor Sehnsucht, redet nicht mal mit mir, geht auf keine Unterhaltungen mehr. Bloß wenn sie da ist, dann ist die Welt in Ordnung für ihn, dann ist er aber nur mit ihr zusammen. Und das geht jetzt schon seit 7 Monaten so mit ihm. Hoffentlich kommen aber auch für uns beide noch gute Tage. Ich hab ja nichts gegen sie, aber ihr gefällt es nur, wenn er ständig um sie herumschleicht. Tja, da kann ich nichts machen. Es ist aber so schade um unsere gute Beziehung. Er war es, der mich aufgeklärt hat in allem. Er hat immer auf mich gesorgt, und ich hab ihn echt lieb. Ich bin sicher, eines Tages wird er wieder zu sich kommen ...

6. Januar – Samstag

Heute abend hat der Fredi hier einen Chef in unserem gemeinsamen Zimmer veranstaltet. Es sind da viele Leute zusammengekommen.

Das sollte so ein Chef zum Abschiednehmen von der Lisa sein. Er hat dann natürlich nur mit der Lisa herumgeschmust, und ich sollte mich dann um seine Gäste kümmern. Es waren u. a. der Dieter + Inge, Eva, Knut, Heinrich, Martin, Tebo, Anke da. Tja, und das Zimmer war gerammelt voll. Nachher kam auch der Henry aus Neppendorf, der Günter, Emil, Bernd u. noch ein Typ. Die blieben aber nicht lange. Der Knut, mein lieber Exfreund, spielte wie auf jedem Chef (seit damals im Sommer Schluß war) den Traurigen und versuchte mich wieder mal rumzukriegen.

Er sagte, er verstehe es nicht, weshalb wir nicht mehr zusammen seien. Ja, warum wohl. Es gab Zeiten, da himmelte ich ihn an wie andere Mädchen auch, und ich war froh, daß ich die Auserlesene war. Aber die große Liebe verblaßte nach 2 Wochen. Er ist ein Typ, mit dem man nicht über seelische Sachen sprechen kann. Er will nur seinen Spaß und fertig. Da nützt ihm aber sein gutes Aussehen gar nichts. Und er ist nicht nur oberflächlich, sondern auch ziemlich durstig. Auf jedem Chef besäuft er sich. Nein danke, durch ihn ist mir richtig bewußt geworden, daß äußere Schönheit so gut wie fast nichts in einer Beziehung wert ist, wenn man nicht auch innerlich »schön« ist. Na ja, ich schweife ab. Ich hab mich echt einsam gefühlt zwischen all den Menschen. Keine gute Freundin, kein guter Freund, alle wollen nur schmusen und Sex. Der Knut hat mich dann wider meinen Willen geküßt, und ich war versucht mitzumachen, aber da fielen mir all die Szenen aus den »alten Zeiten« wieder ein, und ich bin schlafen gegangen. Ich hab's so satt. Ich brauche jemanden, der mich lieb hat, nicht jemanden, der nur meinen Körper lieb hat. Das ist wohl immer so.

Es hatte mich jemand lieb, aber denjenigen wollte ich nicht, und nun ist er nicht mehr in meiner Reichweite ...

19. Januar – Freitag

Heute war der zweite Schultag. Es hat sich einiges verändert. Wir haben Poster in der Klasse angemacht und müssen die dämliche Uniform nicht mehr anziehen.

Mit der Senta ist alles o. k., wir sind wieder beste Freundinnen.

Der Nedler und der Ropi haben uns auch allerhand von der Revolution erzählt. Es war echt spannend und interessant in dieser Schule, und es tut mir echt nicht leid um die viele Mühe, die ich mir gemacht, um es zu schaffen, ans Päda zu kommen. Es lohnt sich ... (vielleicht, weil wir bloß drei Jungen in der Klasse haben).

Alles wird mit Phantasie gemacht, und man geht mit einer Menge Allgemeinbildung vom Päda auf den Weg ins Leben.

Haha, es steht uns jetzt frei, über die Lehrer zu spotten. Der Arnold hat mich heute mit Zettelchen bombardiert. Ideen hat der Typ. Ganz komisch.

21. Januar – Sonntag

Ich denke daran, daß sich das Leben mir eigentlich bis jetzt mehr von der Sonnenseite gezeigt hat. Ich finde, es gibt viele, die weniger glücklich sind als ich. Das fällt mir immer auf.

Ich fühle mich auch so wohl in der Schule, es ist nie langweilig, ich merke gar nicht, wie die Zeit vergeht.

Ich denke auch an den Fredi: Er bereitet sich jetzt auf seine Abreise vor. Kleider kaufen, Paß kriegen usw. Ich weiß nicht, wie es sein wird ohne ihn. Manchmal nervt er mich so sehr, daß ich ihn totschlagen könnte. Aber ich denke daran, daß, wenn er abfährt, Ruhe ins Haus kommen will. Aber ich mag Ruhe nur für eine Weile, denn der Jubel gefällt mir viel mehr. (Obwohl ich mich trotzdem nicht mit ihm verstehen würde.) Es würde mir besser gefallen, wenn er hier bliebe.

Wenn alle wegziehen aus unserer Clique, möchte ich auch weg, aber ich kann mir nicht vorstellen, wie das sein wird.

Es ist gut, daß ich keinen Freund habe, denn bis jetzt habe ich fast nur Klammeraffen begegnet, u. auf die verzichte ich lieber.

Ich warte lieber auf ihn (den Richtigen).

26. Januar – Freitag

Heute war dem Clan sein Geburtstag. Alle Leute haben gefürchtet, daß die Terroristen wieder zuschlagen. Deshalb kamen auch nur ein paar Leute in die Schule. Deshalb hatten wir dann auch frei. Wir wollten mit Barbara und Senta ins Kino gehen.

Wir haben uns aber dann die zertrümmerte Stadt mal angesehn. Auf dem Sefan-Cel-Mao sieht es chaotisch aus. Häuser, total ausgebrannt, durchlöchert.

Dann sind wir zu dem Haus gegangen, in dem der Nico Ceausescu gewohnt hat.

Wir haben uns den Luxus dort angesehn. Stramm. Der Soldat, der draußen vor der Tür stand, wollte 'n bißchen flirten, da war er total auf dem Holzweg. Haha!

Danach haben wir auf dem Großen Ring Kerzen angezündet. Wir wollten nach Talmesch zu Astrid fahren, haben es dann aber fallenlassen. Dann sind wir mit dem Bus nach Stolzenburg gefahren und haben die alte Burg auf dem Berg bei der Senta besucht. Dort haben wir dann »versehentlich« die Glocke gezogen. Es war 'ne Menge Spaß da.

Dann haben wir beschlossen, einen Chef am nächsten Samstag zu veranstalten.

Als wir zurückfuhren, haben wir mit dem Fred geredet, und er hat versprochen, uns zu helfen.

27. Januar – Samstag

Heute war ich in Stolzenburg, und da kamen der Albert u. der Sigurd, um sich über den Chef zu »informieren«. Wir waren dann am Abend auf dem Chef bei ihnen. Es war schon stramm. Wir haben getanzt wie verrückt.

Der Bernd ist ein Schwein. Er weiß genau, wie die Senta zu ihm »steht« u. daß sie meine beste Freundin ist, und macht so eine blöde Anmache. Blödian! Und dann hat er zwei Stunden lang nicht Ruhe gegeben. Da wurde er mir zu bunt. Ich sagte ihm ganz süß (er saß neben mir): »Komm, ich geb Dir 'n Kuß«. Und da war er ganz entzückt, als ich mich zu ihm beugte. Er öffnete seinen Mund so »verheißungsvoll« und schloß die Augen, haha ... Dann hat er aber etwas anderes bekommen, ich hab ihn mit ganzer Kraft in die Nase gebissen. Haha ... Sie ist ihm nachher dick angeschwollen. Dem ist der lüsterne Ausdruck in seinem Gesicht verschwunden ...

Als ich zu Hause war, hat die Mama Krach gemacht ...

3. Februar – Samstag

Also heute waren wir auf dem Chef. Auf dem Weg gab es schon viel Spaß.

Wir gingen in St-burg dann gleich zur Senta, u. dort gab es zuerst große Garderobe. Die Mehrheit war schlicht im Minirock ... Dann kamen Susi und Nelly, das waren auch die beiden Strammsten von allen. Dann kam der Albert. Die Jungen haben nicht sehr mit den anderen Mädchen getanzt, denn sie kannten ja nur uns. Ich hab draußen viel mit Susi gelacht und bin dann zum Bus gegangen, aber der Fredi war nicht dort.

Dann kam er aber trotzdem und brachte auch den Hermann noch mit und den Gerd: Sie haben sich, besonders Fredi, gleich mit den anderen angefreundet. Der Ruth hat mein lieber Bruder gefallen, und sie hat auch oft mit ihm getanzt.

Ich hab mich auch mit Henry begegnet, der vom Schlittenfahren vom 3. Dezember. Er hat mir ja den Hof gemacht, aber da läuft nichts. Der Bernd war geärgert auf mich und hat mit keiner (auch mit S. nicht) geredet.

Ich hab sehr viel getanzt, und als mir die Beine weh taten, hab ich mir Hausschuhe angezogen. Dann ist der besoffene Hugo gekommen u. hat mich immer aufgeregt. Dann hab ich ihm eine runtergehauen, u. er hat sich beleidigt.

Na ja, es ist noch allerhand geschehen. Es war aber sehr stramm.

7. Februar – Mittwoch
Heute war ich auf dem Sachsentreffen. Wir sind mit der Lisa hingegangen, u. da hab ich alles bekannte Leute gesehen. Auch der M. aus Großau war da. Es waren schon Leute dort, aber es hat mir net gefallen. Dann sagte die Lisa plötzlich: Der A. kommt.

Tja, ich war ein wenig neugierig auf ihn. Er kam dann an meinem Platz vorbei und sah mich gar nicht an. Da hab ich ihm 'nen Fuß hingehalten, und er ist drüber gestolpert. Dann hat er sich so freudig über mich hinuntergebeugt und mich gefragt, was ich noch so mache. Tja, ich sagte, es ginge mir ziemlich schlecht, und da hat er eine komische Bemerkung gemacht: »Na ja, wenn Du mich nicht mehr liebst, ist's ja gar kein Wunder, daß es Dir schlecht geht ...«

Na ja, mich hat seine Antwort geärgert, und ich hab »zurückgeschlagen«: »Als wir zusammen waren, da ging es mir noch viel schlimmer ...« Dann ist er einfach weggegangen. Nachher hat es mir leid getan, aber zu spät. Nachher heißt ein paar Stunden später. Er ist zu den Typinnen aus der XII. Klasse von uns vom Päda gegangen und hat sich mit denen prima amüsiert. Es hat mich nicht besonders bemüht, weil ich doch die war, die ihm den Korb gegeben hat. Ich will bloß nicht, daß er um mich weint, um ein Mädchen wie mich. Wahrscheinlich passiert mir das genauso, wenn ich mal verliebt (in love) bin. Und das hat er mir auch vorausgesagt: »Du wirst einmal genausoviele Tränen um jemanden weinen wie ich um Dich, weil Du nicht so hart bist, wie Du Dich gibst ...«

Als ich in die Raucherhalle ging, kam der Typ aus Neppendorf und hat mich bis zum A. »geführt«. Er war dort, und bei ihm waren noch die Heidi, die Jutta u. wie die alle heißen. Na ja, und er war da so ziemlich im Mittelpunkt. Und da hat er mir gesagt, daß der Walter am Samstag einen Chef machen will, aber nur, wenn ich auch hingeh. Das war von vornherein ausgeschlossen, denn meine Mutter kennt ihn ja nicht, und so kann ich nicht hingehn. Und umsonst holt er mich mit dem Auto ab und überredet meinen Vater, denn das geht net, und ich will es net. Na ja, ich war so zwiespältig. Warum, weiß ich auch nicht.

Na ja, ich hab sehr barsch und unfreundlich mit ihm geredet, ich wollte es gar nicht so. Na ja, und auf den Chef darf ich sowieso nicht.

Nachher hab ich ihn noch einmal angeschnarcht und bin abgehaun. Er ist auch verschwunden nach einiger Zeit. Wahrscheinlich hat er sich eines der Päda-Mädchen ins Bett gezogen. Wenn er es kann ... Soll er doch nur (oder nicht?). Ich glaub, er schneidet zu viel auf. Ich glaub nicht, daß er es gar so ernst meint. Aber hätte er dann so viel Umstand gemacht und mir auch so viel nachgelaufen.

Nachher haben die Index ein Spitzenlied gesungen, das mich weichgekriegt hat. Es war echt unglaublich. Das kam so ungefähr: »Wenn ich jetzt gehe, dann wünsch ich Dir schlaflose Nächte ... Sag, wo bleibt Dein Gefühl für das Echte? Du sollst nie wieder jemand lieben können usw. Ich wünsche Dir, daß Du trotz allem glücklich wirst ...«

Ja, das hat mich sehr beeindruckt, und außerdem ist es auch ein strammes Lied. Ich weiß bloß, daß der IBO es singt.

Tja, ich bin halt sentimental, und ich habe das ziemlich spät gemerkt. Das bedeutet nicht, daß ich ihn jetzt plötzlich liebe, aber es tut mir leid, daß ich mich so garstig mit ihm benommen habe, denn es ginge doch auch anders.

Sentimental möchte ich aber net sein, denn das bringt nur Nachteile mit sich. Ein starker Mensch, der mit beiden Beinen fest im Leben steht, bringt es weiter ...

Nun war es aber schon zu spät für alle Reue, denn der A. war schon weg ... Ich hab mich an den letzten Grashalm geklammert (er sagte ja, er würde in zwei Wochen wegfahren) und bin zum Kalle gelatscht (der Name A-loch würde viel besser zu ihm passen). Ich fragte ihn, ob er mit dem A. Verbindung aufnehmen könne, denn die beiden sind ja offensichtlich Freunde. Woher sollte ich auch wissen, daß die beiden verzankt sind?

Na ja, der Kalle ist auch so ein Kapitel für sich. Ich bin bloß 2 Wochen mit ihm gegangen, aber es hat mir auch völlig gereicht. Der ist ja größenwahnsinnig, schweinig, durch und durch verdorben und nichts wert. Na ja, ich hab wenigstens eine Erfahrung gemacht. Ist auch gut, daß es mit uns in die Brüche gegangen ist, denn ich bin verschont geblieben. Daß er dann aber nicht kapiert hat, daß ich mit dem A. geh (ging), hab ich auch nicht verstanden.

Er war wahrscheinlich in seiner Eitelkeit gekränkt. Aber man denkt echt, er hätte ein Herz. Und einen Stuß redet er immer zusammen. Ein hoffnungsloser Fall.

Na, aus ihm hab ich jedenfalls nichts herausbekommen, und der andere hat auch nur gelacht. Blödmänner. Und fluchen können die ...

Und als ich ihm dann sagte: »Na besser bist Du auch nicht mehr geworden«, sagte er so haßerfüllt: »Na für wen? Für Dich etwa? Haha.« Bäh, vor zwei Monaten hätte mir dies noch weh getan, aber jetzt, da ich ihn besser kenne, berührt mich so etwas gar nicht mehr.

Die Reue um den A. ist geblieben, aber es ist eh zu spät, und dann würde ich es auf die Dauer auch mit ihm gar nicht aushalten.

Wenn dieses Tagebuch bloß nicht in falsche Hände gerät.

10. Februar – Samstag

Heut nacht hab ich von ihm geträumt. Ich fuhr immer mit ihm spazieren, und wir hatten kein Ziel. Komisch.

In der Schule ging's wild zu. Aber ich habe keine Lust, jetzt alles aufzuschreiben.

17. Februar – Samstag

Diesen Tag werd ich nie im Leben vergessen. Ich war trotz allem auf dem Ball. Der Hermann, mein guter, alter Freund, hat mich abgeholt, und dann kamen auch Heiner, Volker und was weiß ich noch wer, um mich abzuholen. Wir gingen die 3 km zu Fuß nach Neppendorf und haben viel gespaßt. Dann kamen wir in den Saal, und ich hab mich ein wenig komisch gefühlt, denn alle anderen Typinnen gingen mit der Freundin auf den Ball, und ich kreuzte mit 6 Jungen dort auf.

Es war auch Fasching, aber nur zwei Gruppen waren verkleidet. Wenn ich denke, daß man vor zwei Jahren auf dem Ball kaum Platz hatte und nur Verkleidete u. Gruppen u. Kränzchen dort waren, dann würde ich auch am liebsten gleich auswandern. Wenn diese Sache bloß nie angefangen hätte ...

Ich hab das »Schlaflose Nächte« auch gehört, und da war es um mich wieder geschehen. Und die Index haben diesmal einen »Abschiedsball« veranstaltet, denn sie lösen sich auf. Tja, alles zieht nach Westen!

Es hat mich so eine Sehnsucht nach dem A. gepackt, und das hat auch meine gute Laune kaputtgemacht, denn ich bin nur auf den Ball gegangen, damit ich ihn sehe. Und dann war er nicht dort ... Der Hermann hat sich auch über meine Laune gewundert. Ich hab immer nach ihm gesucht und Ausschau gehalten, aber keine Chance. Andauernd habe ich jemand mit ihm verwechselt. Umsonst.

Der Frank aus Großau war auch dort und hat mich auch großartig genervt.

Und dann ist er doch noch gekommen. Ich dachte, ich trau meinen Augen nicht. Es war 12 Uhr nachts, und ich saß genau vor der Tür. Als er hereinkam, hab ich ihn gleich gesehn und er mich auch! Die Knie wurden mir weich, und er hat mir so mit dem Kopf zugenickt, ein wenig flüchtig, glaube ich. Das hat mir weh getan. Und dann sah ich, daß der Kalle, Gerd mit ihm waren. Oh weh. Schreckliche Bande.

Und er ist zu den zwei Typ. vom Päda gegangen. Der Hermann tanzte mit mir und wollte flirten ... Da sah ich die beiden (Kalle u. A.) sich angeregt unterhalten und zu uns hinüberdeuten. Kann mir ganz genau denken, worüber sie sprachen. (Nachher erfuhr ich, daß sie den Hermann verdreschen wollten, weil sie meinten, er sei mein neuer Freund. Wohin Eifersucht führt. Und Mensch, ein paar altmodische Ansichten haben die ...)

Na ja, und einmal (da lief das: »Du entschuldige ...«) kam er ja zu mir, und wir tanzten. Ich weiß nicht, was los war. Er fing an, mich zu beleidigen und ich ihn. Es war wie in einem Hexenkessel. Wir fanden einfach nicht zueinander und tarnten uns so auf blöde Weise! Na ja (och, daß ich dieses »Na ja« immer wiederholen muß), am Ende, als der Tanz aus war, sagte er: »Was willst Du jetzt eigentlich?« – Da hab ich schlicht und einfach gesagt: »Dich ärgern.« Und nachher hat er seinen berühmten melancholischen Blick aufgesetzt, so daß es mir leid tat.

In der Pause sind Heiner und alle anderen, außer Hermann, zu was weiß ich wem gegangen (essen) und wollten mich mitnehmen. Ich bin natürlich dageblieben, erstens, weil ich wußte, daß A. auch dableibt, und dann war ich dem Hermann ja auch noch so viel schuldig. In der Pause gab's Krawall mit einem Zigeuner ... Dann kam der Kalle zu uns, ich dachte, ich sterbe, und fragt mich, ob ich nicht mit hinausgehe, der A. habe mir etwas zu sagen. Ich hab ihn gefragt, warum und ob nicht er zu mir kommen kann, und da hat er nur blöde gelächelt. Ich ging nach langem Herumplänkeln doch hinaus, und der Kalle hat mit dem Hermann noch was diskutiert. (Bestimmt nichts Gutes.)

Ich ging also raus, und da hat er mich einfach in die Arme genommen, unauffällig, aber sicher und lieb (auch fest). Ich hab mich selten so gut gefühlt.

Keiner sprach ein Wort.

Er führte mich zu seinem Auto und hielt mir die Tür offen. Dann fuhr er so blöd herum, und ich fragte ihn, nach langer Zeit, wohin er mich »entführe«. Na, zuletzt hat er die anderen auch noch vom Ball geholt und mich auf den Chef nach Neudorf gefahren. Es war der Abschiedschef vom Konrad.

Und da hat er mich als seine Freundin vorgestellt, was mich genervt hat. Selbstsicher ist er ...

Wenn er nicht versprochen hätte, mich pünktlich zurückzubringen, wäre ich wohl auch kaum mitgefahren. Dort waren auch Dani und die liebe D. aus Kastenholz, mit der ich mich ja sooooo gut verstehe. Ziege! Ich hab die ganze Zeit über nur mit dem A. gequatscht. Ich hab mich an den Ball erinnert, wie die D. sich so wegen der Birgit aufgeregt hat. Die kann es nicht leiden, wenn ihr einer die Show stiehlt.

Der Kalle hat mal mit mir getanzt, und er hat plötzlich so respektvoll mit mir gesprochen. Am Ende hat er dann so eine blöde, geile Pose auf den Knien gemacht, und ich hab ihn angeschubst, so daß er gefallen ist. Wenn ich nicht den A. an meiner Seite gehabt hätte, hätte er mich wohl verprügelt, wie er es mit anderen Mädchen, die es mit ihm aufgenommen haben, getan hat. Widerlich, der Kerl.

Um 6 sind wir dann aufgebrochen. Ich bin auf dem Eis von der blöden Holztreppe ausgerutscht und bin hinuntergerattert. Natürlich hat er mir aufgeholfen. Dann hat er mich nach Hause gebracht, und wir sind 30 km durch Nebel und auf Eis gefahren. Es gab einen prima Abschiedskuß, und dann bin ich abgehaun.

19. Februar – Montag

Jetzt wissen sie es.

Ich hatte es eigentlich gar nicht vorgehabt. Ich war gestern mit ihm in Hasagen, und wir haben dort herumgealbert. Es ist spät geworden. Als er mich zurückbrachte, kam die Mutti gerade von der Nachbarin, und da gab es Rabatz und Krach. Da gab's auch kein Ausreden mehr. Scheiße auch!

Dann wollte sie auch alles von ihm wissen. Ich glaub, es war ein Fehler, daß ich ihr von ihm erzählt hab, denn jetzt benimmt sie sich so komisch und hat immer Nerven. Ce sa-i face!

Tata und Fredi wissen es auch. Es hat wie 'ne Bombe ins Haus eingeschlagen: »Die Hilde hat 'n Freund.« Der Fredi hätte mich kaum verraten. Aber sie müssen sich jetzt endlich daran gewöhnen, daß ich nicht mehr das kleine, brave Mädchen bin. Eigentlich versteh ich sie ja! Aber ich hätte es ihnen schonender beibringen müssen.

Und dann hat sie ja auch gleich ihr Thema mit dem Kinderkriegen angeschnitten, und ich hab ihr wieder mal versichern müssen, daß ich noch Jungfrau bin und auf mich sorgen kann. Na, wer wird denn jetzt auch gleich ins Bett springen!

Unsere Beziehung (mit A.) ist prima. Ich hätte nie gedacht, daß ich ihm solche Gefühle entgegenbringen kann. Ich sehne mich jede Minute nur noch nach ihm und denke nur an ihn. Und jetzt bin ich noch mehr davon überzeugt, daß es Liebe auf den ersten Blick gar nicht gibt.

24. Februar – Samstag

Ich war auf dem Ball mit ihm, in Talmesch, und es war sehr stramm. Es war Fasching da, und wir haben uns prima amüsiert. Er hat mir auch wieder mal bewiesen, daß er es ehrlich meint und alles für mich tut. Und sein »Wegfahren« hat er hinausgezögert. Es ist ein prima Gefühl, ich weiß zwar nicht, wo es hinführt, aber ich will es bis zur Neige auskosten.

Heute ist der Fredi weggefahren und hat nicht mal Abschied von mir genommen. Ich schlief. Wie schlecht es schon mit uns beiden steht ...

Nicht einmal Abschied nehmen ... Das hat mich sehr traurig gemacht.

28. Februar – Freitag

Heute waren wir mit ihm in Stolzenburg. Die S. hat mir ein paar Bücher gegeben.

Dann haben wir unseren Schmuseplatz beim Bindersee aufgesucht. Er hat mir da wahnsinnig viel erzählt. Von seinen vorherigen Freundinnen und daß er nur wegen mir noch nicht weggefahren ist. Er hätte schon 2 Gelegenheiten dazu gehabt.

Und er fragte mich, wie es weitergehen solle, wenn er wegfährt. Wir werden wohl noch nicht so bald wegfahren. Na ja, das wird sich wohl schon noch einrenken.

Und was ich ganz besonders an ihm mag: er bedrängt mich nicht und sagt, er könne auch 2 oder 3 Jahre warten, bis ich dazu bereit wäre. Sein Glück, denn ich hätt es ja doch nicht mit ihm getan, auch wenn er es gewollt hätte. Die Astrid kommt jetzt wahrscheinlich mit dem Gerd zusammen. Sollen sie nur. Meinen Segen haben sie, und dann ist ja auch stramm, wenn zwei Freundinnen mit zwei Freunden zusammen sind. Er hat mir die Fotos gegeben (also dem Kalle abgekauft), wo der Kalle mich küßt. Bäh! Jetzt kann der mich wenigstens nicht mehr damit ärgern.

1. März – Donnerstag

Heut waren wir im Praktikum. Wir haben sehr viel Lärm gemacht, und man hat uns auch darauf aufmerksam gemacht.

Hab viel mit dem Arnold in der Schule gelacht. Ein verrückter Kerl, auch der.

Um 1 Uhr waren wir im Café auf der Mihai-Viteozul-Straße, und es ging da sehr lustig zu. Es war die lange Pause, und wir konnten es uns leisten zu handeln. Als ich dann zurückkam, wünschte ich mir so, daß der A. da sei, und er war tatsächlich da. Es kam mir kaum zu glauben. Aus dem Auto klang das »Like a player«. Es war prima. Wir haben uns aber nach schwerfälligem Abschied in die Stunde verspätet. Nach der Stunde war er wieder da, und wir haben die letzte Stunde geschwänzt.

Die Astrid gefällt dem Gerd und er ihr anscheinend auch, aber er kommt mit ihr nicht weit, wenn er so auf Sex besessen ist.

Ich hab dem A. gesagt, daß es mal wieder Zoff zu Hause gab wegen ihm, und da sagte er, ich solle wenigstens das Lernen nicht vernachlässigen, weil das uns noch schlechter tun würde.

Als er mich nach Hause brachte, da haben wie gewöhnlich alle unsere Nachbarn geglotzt. Sollen sie doch nur. Ich vermisse den Fredi noch gar nicht. Es ist eigentlich ruhiger ohne ihn.

4. März – Sonntag

Heute waren wir mit A., Astrid und Gerd in der »Cahana Oltulu« gewesen. Es war sehr stramm. Wir haben Kaffee getrunken und noch dort herumgeflirtet. Ich weiß nicht, wie die Sache mit der Astrid und dem Gerd jetzt weitergeht. Na, auf jeden Fall, ich misch mich da nicht ein.

Dann kamen wir nach Hermannstadt und wollten im Römischen Eis essen. War leider keines mehr. Dann wollten wir Pizza essen. Auch keine mehr. Und dann haben wir diese Gescheiten aus Neppendorf, Manfred, Franz, Reini, begegnet.

Die Astrid ging händchenhaltend mit dem Gerd durchs Zentrum. Hoffentlich bleibt's nicht dabei.

11. März – Sonntag

Heute hat mich die Mama den ganzen Tag über geärgert. Dann ist mein lieber A. gekommen, immerhin – mit einer halben Stunde Verspätung. Die Mama hat ihn hereingerufen. Er hat sich ganz natürlich benommen, so als ob er sie schon seit Ewigkeiten kennen würde. Es war mir so im allgemeinen ein wenig peinlich. Na ja, wenn sie es nicht gewollt hätten, dann hätte ich ihn ihnen auch gar nicht vorgestellt ...

Nachher haben wir uns noch prima bei der »Cahana Oltulu« amüsiert. Jetzt hab ich die Reifeprüfung hinter mir.

28. März – Mittwoch

Heute bin ich im Praktikum. Der A. hat mich aus der Schule abgeholt, und wir waren im Kino. Natürlich haben wir nicht auf die Leinwand gestarrt. Dann sind wir in den Tierpark gegangen. Na ja, war nichts Besonderes los dort. Wir sind noch in den Wald hinaufgeschlendert und haben nachher auch noch einen langen Spaziergang durch die Stadt unternommen.

Wir haben auch ein ganz ausführliches Gespräch gehabt. Und er hat gesagt, er versteht mich auch völlig mit meinen »Vorenthaltungen« und akzeptiert, daß ich's nicht mit ihm mache.

26. April – Donnerstag

Nun bin ich allein. Der A. ist am Dienstag weggefahren. Ich hab ständig diese Untergangsstimmung und nach nichts Lust. Scheißlaune. Und es ist schrecklicher, als ich es mir vorgestellt hab, ohne ihn.

In der Schule geht's auch nicht gerade gut, aber was soll's halt. Ich denke immer an ihn, und es tut echt weh, hoffentlich wird das kein Dauerzustand. Und dann träume ich auch immer von ihm. Ich seh ihn immer im Geiste vor mir stehen und höre seine Stimme. Hoffentlich schreibt er bald.

17. Mai – Donnerstag

Heute hab ich den langersehnten Brief von A. bekommen, hab mich aber nicht zu sonderlich über ihn gefreut, weil er so spät gekommen ist. Leider. Ich hab inzwischen auch meinen Geburtstag hinter mir. Ich hab am vergangenen Samstag 'ne Geburtstagsparty veranstaltet. Da waren auch allerhand Leute da.

Meine lieben Klassenfreundinnen hab ich gerufen, den Gerd, den Heinrich, den lieben Knut. Dann ist auch der Günter mit ein paar Typen gekommen. Es waren viele Leute da, auch meine Nachbarn waren da.

Und der Volker mit Inge und Anke waren sogar auch da. Der Volker war aus Zufall da auf Besuch und ist dann halt auch hier gewesen. Und ich hab viel mit ihm gesprochen, auch über den Fredi und auch über andere Sachen. Sonst hab ich mich aber nicht sonderlich amüsiert. Na ja, das gewisse Etwas fehlte.

Aber was soll's, was nicht ist, kann noch werden. Oder?

Montag – 28. Mai

Heute um 6 hat der A. mich angerufen. Ich weiß nicht, was ich noch sagen soll.

Na ja, er läßt so selten von sich hören. Ich möchte ihn so gern sehen, aber ich weiß nicht, was noch mit uns wird. Also, eine Beziehung über eine so große Distanz aufrechtzuerhalten ist schon nicht leicht. Und überhaupt nicht, wenn er so schreibfaul ist. Na ja, kommt Zeit, kommt Rat. Wir werden ja schon sehen, was noch auf uns zukommt. Ich bin auf jeden Fall unsicher geworden, und ich glaube auch nicht, daß er noch an mich denkt. Ach Scheiße! Auf jeden Fall muß ich das durchstehen. Wie schwer es jetzt auch sei: Ich habe auch immer den Eindruck, daß die Mama mein Tagebuch regelmäßig durchliest. Schon der Gedanke daran ist schrecklich. Ich brauche diese versteckte Ecke meines Ichs, wo ich denken und schreiben kann, was ich will. Und gut ist es auch, daß ich das da aufschreiben kann, so wie ich es will und wie mein ♥ es mir diktiert. Aber, daß jemand so indiskret ist und alles lesen kann und womöglich noch darüber lacht, das würde mich echt kränken.

Aber schließlich und endlich kann mir keiner etwas entgegensetzen oder so, denn ich hab auch über keinen (?) was Schlechtes geschrieben.

22. Juli – Sonntag (Anfang)

Heute sind wir ans Meer gefahren.
Wir sind voller Tatendrang gewesen.
Ja, und im Zug haben wir mit den 80 Jugendlichen schon Bekanntschaft gemacht.

Die Stimmung war prima, bloß gab es ein wenig Krach, weil wir den Herrn »Reiseleiter« mit unserer lauten Musik gestört hatten ... Na ja, er hatte ja auch recht, aber wie gesagt, man ist halt noch jung. Wir haben mit allen dort herumgealbert, ich weiß gar nicht mehr, wie sie alle hießen: Fritz, Christian, Robert gab es 2 oder 3 (einer davon der Sohn vom Spaßonkel). Es war vom ersten Augenblick an stramm. Na ja, ich will's nicht mehr ausdehnen. Mir hat von Anfang an der Thomas gefallen und der Astrid der Jürgen. Das sind nun mal die hochgepriesenen Cousins der Senta. Ob sie jetzt auch so prima sind, wie sie sie uns geschildert hat, na ich weiß nicht. Der Jürgen, der scheint eher verschlossen zu sein, sein lieber Bruder scheint schüchtern zu sein. Na, Traumtypen. – Aber wenn sie nicht so diese lauten Typen sind, dann kann man doch sagen, daß sie beide gut aussehn. Der Thomas beeindruckt mit seinem trainierten Body und der Jürgen mit seinem verträumten Gesicht.

Aber anscheinend scheinen sie sich nichts aus Mädchen zu machen. Na was soll's. Eine Enttäuschung werd ich ja wohl noch überleben.

Der Komfort im Hotel ist prima. Das ist aber so eine Sache, denn ich werd den Lutz aus Mediasch nicht los. Ist echt nervend. Wir sind den ganzen Tag über am Strand und faulenzen in der Sonne oder im Wasser auf der Matte. Es ist stramm auch so.

Na ja, ich will's jetzt mal kurz fassen.

Die Astrid hat sich am 3. Tag an den Jürgen rangeschmissen und er an sie! Tja, ihr Glück. Nun stehen wir (die anderen) solo da. Aber grad so schlecht ist's ja jetzt auch nicht. Bloß im Urlaub fällt so was auf.

Aber wie gesagt, es ist trotzdem stramm hier. Dieses Meer ist wunderbar. Es gibt ständig Wasserschlachten und so ... Es ist ein turbulentes und gleichzeitig erholsames, ruhiges Leben da.

26. Juli – Donnerstag

Heute war nicht sehr strammes Wetter, aber wir tollten unten am Swimmingpool herum. Es war einfach herrlich. Ich bin wahnsinnig viel geschwommen, hab auch viel Wasser geschluckt beim Tauchen.

Es war aber sehr stramm, diese waren auch alle da, und wir haben den ganzen Pool in Beschlag genommen, aber es wollte ja eh niemand baden.

27. Juli – Freitag

Nun sind wir also doch noch zusammengekommen. Ich hätt's nie für möglich gehalten ...

Es geschah ganz plötzlich, in der Disco, er kam, und da war gerade ein Blues. Wir tanzten, und da war's schon geschehen! Nun werde ich dem A. einen Abschiedsbrief schreiben. Auch wenn das mit dem Thomas nur ein Urlaubsflirt war. Das hat er nicht verdient, der A. Ich will mich zu meiner »Tat« bekennen, und es geht auch eh nicht weiter, mit keinem von den beiden. Das geht nicht so ...

Schluß, zu Ende, aus, vorbei ...

4. August – Samstag

Heute waren haushohe Wellen am Meer. Es war herrlich – aber leider hat alles mal ein Ende, und das Ende kommt ja meistens dann, wenn es am schönsten ist.

Am Abend sind wir dann mit dem Zug losgefahren. Die Fahrt war anstrengend, aber ich hatte ja jemanden, mit dem ich die Langeweile bekämpfen konnte. Als wir ankamen, hab ich gar net Abschied genommen, denn wir werden uns wohl doch noch wiedersehn, er bleibt ja noch zwei Wochen hier. Auf jeden Fall, auf dem Bahnhof wartete mein lieber Bruder auf mich, er war gerade auf Besuch da. Die Begrüßung fiel etwas freudlos aus. Ich war sehr enttäuscht. Und er wahrscheinlich auch.

23. November

Nun hab ich meinen Schatz wieder. Wir sind endlich wieder zusammen. Das hat zwar lange gedauert, und es hat viele Hindernisse gegeben für unser neues Zusammensein. Es war aber auch höchste Zeit.

Als er zum erstenmal da war, da hat's mich geärgert, daß er mich nicht aufgesucht hat, obwohl ich es doch war, die geschrieben hat: »Vergiß mich und meine Adresse.« Na ja, und jetzt, wo er zum zweitenmal da ist, haben wir endlich wieder zueinandergefunden. Jetzt spüre ich es auch ganz sicher, daß all das vorher überflüssig war und daß unsere Wege, was immer auch kommen mag, immer wieder zueinanderführen werden. Und ich weiß auch, daß wir trotz allem nicht voneinanderkommen können.

Und was noch besser und schöner ist. Es ist jetzt noch besser und schöner geworden, anstatt böse Spuren zu hinterlassen. Jetzt herrscht immer so eine gute Atmosphäre, jeder versteht jeden. Und Streit oder Plänkeleien gibt es gar nicht mehr. Es ist prima. Er macht mir nicht den leisesten Vorwurf, und ich weiß, daß kein anderer das so einfach akzeptiert hätte.

Jetzt hängt es nur noch an uns, wie es weitergehn wird.

Und ich bin sicher, daß es schon gut gehn wird. Im Sommer spätestens fahren wir auch nach Deutschland, und Bodelshausen (oder so?) ist nicht weit von ihm entfernt. Wir werden uns an den Wochenenden bestimmt sehen ...

8. 10. 1991
Bodelshausen

Liebe Frau N.!

Ich habe den Brief und das Manuskript erhalten. Ich hatte das alles eigentlich schon lange vergessen u. dachte, daß aus dem Buch nichts mehr wird ...

Ich habe mir den Text jetzt noch mal in Ruhe durchgelesen und ... na ja, ich hab da so das Gefühl gehabt, daß ich das gar nicht bin. Da hat mich wirklich so vieles befremdet. Ich weiß nicht genau, ob es daran liegt, daß ich mich in der Zwischenzeit ziemlich verändert habe oder daß ich damals ziemlich gehetzt war. Wie dem auch sei, ich weiß mit großer Genauigkeit, daß ich vieles anders hätte schreiben müssen. Ich finde das meiste, was meine Hand da aufgeschrieben hat, total kitschig, oberflächlich und allgemein. Und ich meine auch, daß das kaum jemanden anspricht.

Meine innere Wandlung hängt weniger mit meiner Ausreise aus Rumänien nach Deutschland zusammen als mit meiner neuen Lebenseinstellung. Darüber und über meine »neue Heimat« möchte ich Ihnen gern etwas berichten.

Ich lebe nun schon einige Monate in Deutschland, und in dieser kurzen Zeit ist sehr viel geschehen. Die ersten Tage in der Bundesrepublik waren nicht leicht. Ich war total eingeschüchtert, weil alles total fremd war. Dann kam auch dazu, daß man in Baden-Württemberg in der schwäbischen Mundart spricht. Die war mir total fremd, und so etwas trägt noch dazu bei, die Unsicherheit zu verstärken. Ich hatte auch Bammel davor, allein in einen Laden zu gehen und Leute einfach so anzusprechen. Inzwischen hat sich das alles gelegt, und ich hab mich relativ gut eingelebt, und inzwischen fragt mich auch keiner mehr: »Sag mal, wie schwätzt Du eigentlich?«

Zur Zeit mache ich ein Vorpraktikum in einem Kindergarten, das für den Besuch der zweijährigen »Fachschule für Sozialpädagogik« erforderlich ist. Demnach habe ich mich für den Erzieherberuf entschieden.

Ich bin im Kindergarten mit Herz und Seele dabei und bin eigentlich ganz sicher, daß das »der« Beruf ist. Bloß ist das so, daß die Bedingungen im Kdg. nicht den Bedürfnissen entsprechend sind. Ich finde es schlimm, daß die Erzieherinnen so lange dafür kämpfen müssen, damit sie einen Mehrzweckraum erhalten oder erforderliches Material für den Kindergartenbedarf. Außerdem sind die Kindergärtnerinnen unterbezahlt, und das bei einer Tätigkeit, die sehr viel Energie, Bewegung, Kreativität, Phantasie, Persönlichkeit,

Toleranz u. Geduld erfordert. Ich bin aber trotzdem entschlossen weiterzugehen, weil mir die Arbeit mit Kindern Spaß macht und weil ich weiß, daß meine Leistung auch Früchte bringt bzw. bringen wird. Es ist wirklich schön zu sehen, wie natürlich und unbefangen diese kleinen Wesen noch sind!

Und das ist die eigentliche Konsequenz, die ich nach meiner Ausreise in den Westen ziehen muß. Ich möchte wirklich keinen beleidigen, aber ich finde, daß die Leute hier allgemein oberflächlich sind, auf sich selber fixiert sind.

Ich meine, das ist natürlich nicht überall so. Die Leute vom Arbeitsplatz, die Eltern der Kinder, die Leute aus der Schule usw. sind o. k., aber ich hab bei manchen Menschen wirklich den Eindruck, daß ihnen ihr Besitz, ihr Geld an erster Stelle steht und daß sie eigentlich an ihrem Leben vorbeileben.

Ich habe auch an mir selber arbeiten müssen, um diesem Geldrausch nicht auch zu verfallen, und ich sehe wirklich nicht ein, wieso sich manche Menschen mit dem Materialismus u. der *äußerlichen* Wohlhabenheit, Zufriedenheit u. Wohlstand zufriedengeben. Wieso merke ich mit meinen 16 Jahren, daß das alles nur eine schillernde Verkleidung der Hohlheit u. der Leere ist, und die Erwachsenen tun so, als ob alles o. k. wäre ... Na, egal!

Das ist keine Sache, an der ich zerbreche oder die mich unglücklich macht, aber es beschäftigt mich halt!

Mit meinem Freund bin ich noch immer zusammen. Wir sind ein gutes Stück zusammengewachsen, obwohl die 100 km, die zwischen uns liegen, es zulassen, daß wir uns nur an den Wochenenden sehen. Es ist nun keine Schwärmerei mehr, sondern totaler Ernst. Zudem kann ich nur sagen, daß ich keinen Schwaben kenne, der annähernd so sein könnte wie er. Er würde sein Leben für mich geben und würde sogar selber auf alles verzichten, bloß damit es mir gut geht. Sein Gefühl für mich ist so groß, daß ich es gar nicht schätzen kann und daß er sogar akzeptiert, daß vorehelicher Sex *tabu* für mich ist.

Das ist nicht so, daß ich eine altertümliche Nonne bin ..., ich will mir bloß nichts vorwegnehmen und gebe auch zu, daß ich seelisch nicht reif dazu bin.

Meine alten Freunde haben den Kontakt zu mir wieder aufgenommen, wir sehen uns meistens an den Wochenenden und unternehmen auch viel, viele von ihnen haben sich in D. positiv und nur manchmal negativ verändert. Mit meinen Freunden aus Rumänien pflege ich noch Brieffreundschaft, und ich freue mich auch immer riesig, wenn Post aus RO kommt.

Außerdem muß ich auch sagen, daß ich noch nie Heimweh hatte, nur manches, was es hier in D. keineswegs gibt, habe ich betrauert. Ich möchte ganz sicher nicht nach Rumänien zurück.

Ich habe Ihnen am Anfang des Briefes mitgeteilt, daß ich mich inzwischen verändert habe. Ich finde, das ist das Wichtigste u. Schönste (für mich jedenfalls) in diesem Brief, und ich habe das Thema absichtlich bis zuletzt gelassen.

Es ist so, daß ich 2 Monate, bevor ich ausgewandert bin, zum Glauben an das Evangelium gekommen bin. Das ist nicht zufälligerweise geschehen, weil ich lange Zeit davor »überzeugte« Atheistin war! Ich hab lange nach dem eigentlichen Sinn meines Lebens geforscht, und kein Mensch hat mir die damalige Sinnlosigkeit der Welt erklären können.

Jetzt ist das Puzzle in meinem Gehirn vollkommen. Ich weiß, wo ich hingehöre, ich weiß, wieso ich lebe, und ich kann nur sagen, daß die Menschen, die sagen, »Wie kann Gott dies und jenes zulassen?«, »Wo war Gott, da ich in Not war?«, dumm und kurzschlüssig reden. Das ist so, daß der Mensch sich von Gott losgelöst hat, in der Meinung, er könne es alleine »schaffen«, und daß dann kam, was kommen mußte, ... all die Katastrophen.

Ich bin ganz sicher, daß wir all das Unheil dieser Welt nur uns zuschreiben können ... Und dann gibt's wirklich die Leute, die sich berechtigt fühlen, Gott anzuklagen. »Wie kann Gott das zulassen? Warum tut er nichts dagegen?« Ich finde, wir sind die eigentlichen *Angeklagten*!

Die einzige Rettung aus diesem Unheil ist Jesus (!), und ich habe ihn in mein Leben reingelassen. Dieses Thema habe ich jetzt nur kurz »besprochen«, und ich finde, daß man da wirklich nie genug davon berichten kann. Zu Einwänden oder Widersprüchen in bezug auf dieses Thema stelle ich mich jederzeit und jedermann.

Es ist traurig, daß der Glaube heute verschmutzt, zertrampelt und mißverstanden wird. Glauben heißt nicht, daß man nichts »Schlimmes« tut und »fromm« sein muß. Und dumm ist es, wenn manche dieses als dumm oder altmodisch bezeichnen. Das sind wirklich Leute, die keinen Bezug zu dem Thema haben und die sich keinerlei ernsthafte Gedanken über ihr Leben machen.

Mein Leben als Christin ist auch gar nicht langweilig. Ich gehe aus wie alle Leute und mache sonst auch fast überall mit, aber auf jeden Fall gehe ich mit meinem Freund alle Sonntage in die Kirche und kann dazu nur sagen, daß ich mich danach total gut, erfrischt, super fühle!

Der Glaube steht bei mir an *erster Stelle*! Dadurch bin ich mit den Unzufriedenheiten meines Lebens fertig geworden und dadurch kann ich meinen Frust abbauen.

Er verkörpert das wirklich Gute und gibt mir Zuversicht!

So, jetzt habe ich wohl das Wichtigste aufgeschrieben. Vielleicht verstehen Sie jetzt, daß mich die Eintragungen aus meinem »alten« Tagebuch nicht mehr ansprechen. Ich möchte Sie deshalb von ganzem Herzen bitten, diesen Brief dem »Manuskript« anschließend auch zu veröffentlichen.

Ich habe wirklich den Eindruck, daß meine Eintragungen ein völlig falsches Bild abgeben würden ohne diese letzte »Eintragung«.

Ihre Hilde Wadt!

Lea

21. März 1989

Mein Hund Alida war seit Tagen krank, er hatte Lähmungserscheinungen an den hinteren Beinen. Der Arzt sagte, die Hoffnung sei klein und er hätte letzte Nacht so Schmerzen gehabt, man könne es sich gar nicht vorstellen. Er gab ihm acht Morphiumspritzen, die die Schmerzen stillten. Er sah so schlimm aus: Die Lefzen hingen herunter und die Augenbrauen auch. Nach ein paar Tagen schien es ihm besser zu gehen. Er tollte wieder herum. Und am 21. März kam meine Mami ohne Hund vom Arzt zurück, sie hatte ganz verweinte Augen. Und ich wußte, der Hund war tot. Sie sagte, sie sei bis zum Schluß bei ihm geblieben und er sei friedlich eingeschlafen. Am 20. März hab ich von meiner Alida das letzte Foto geschossen.

Die letzten Tage vor den Ferien ging ich mit Henri Wulsch. Wir, Henri, Lea, Tina, Greg und Urs, gingen ins Kino. Auf einmal nahm Henri meine Finger in die Hände und streichelte sie. Ich war geschockt, aber ich konnte ihm meine Finger nicht entziehen. Es war, als ob ein Magnet mich anziehen würde. Von ihm ging eine unheimliche Kraft aus. Er hat auch meine Hand gehalten, als wir zu McDonald's gingen. Ich war wie gefesselt und aufgestachelt.

Ich habe Schluß gemacht ...

Er ist muff mit mir!

Bei der Oma in Raron: Abgefahren sind wir genau an dem Tag, als mein Hund eingeschläfert wurde. Endlich Ferien! Und ich habe mein Einrad mitgenommen, das ich auf die Weihnachten bekommen habe.

6. 2. 90

Ich fange neu an, weil ich fast nie ins Tagebuch geschrieben habe. Heute habe ich Teo telefoniert, ich mag ihn immer noch so gut. Er ist einfach ein drolliger Kerl. Vorgestern hatten wir noch Skiferien. Jetzt fängt wieder der langweilige Trott der Schule an. In genau vier Wochen gehen wir ins Skilager, unbedingt wenn Fastnacht bei uns ist.

Ist ja jetzt auch egal. Ich gehe mit Werner F. Ich liebe ihn sehr. Genau 7 Karten habe ich von Freunden aus den Skiferien bekommen. Jetzt muß ich fertig machen, es ist jetzt 10 Minuten ab 9 Uhr.

12. 2. 90

Hallo! Heute war es ein scheußlicher Tag, ich mußte zum erstenmal zum Physiotherapeuten, er versetzte mir Stromschläge in die Knie, es stach wie Nägel. Gestern ist unsere Clique Schlittschuhlaufen gegangen. Ich merkte zu meinem Entsetzen, daß Greg rauchte! Es war schrecklich für mich!

19. 2. 90

Super! Super Tage sind vergangen. Am Freitag + Mittwoch sind wir das Ufer vom Trompeterschlößli bis auf Gottlieben putzen gegangen. Was da alles herumgelegen ist: Socken, Dosen, Binden, Blech, Arzneifläschchen, Pfannen, Papiere, Sonnencreme, Glasscherben usw. Am Schluß hatten wir einen Riesenhaufen Abfall.

Am Mittwoch war sehr schlimmes Wetter, es regnete in Strömen, wir waren am Schluß dreckig, unbeschreiblich! Es gab anschließend Lasagne im Trompeterschlößli, gespendet von Herrn Berg. Am Freitag dann wieder putzen, nachher Brötchen + Kuchen. Die Widmer und Herr Berg spendierten unserer Klasse einen Scheck für 700 Franken. Super, Spitze!

Heute am Nachmittag hatten wir Handarbeit, wir durften auf der Wiese draußen stricken. In der 5-Min.-Pause spritzten uns die 3 Sek. mit einem Blumentränker an. Es war sehr lustig. Jetzt um halb 9 hab ich noch Klavier mit Dämpfer gespielt. Zuerst läutete Hanni, dann Frau Wanner, ich machte nicht auf! Logisch, oder?

2. 3. 90

Juhe ... Übermorgen gehen wir ins Skilager, 1 Sek. + 1 Rel. Mit Werner mach ich Schluß. Ich liebe ihn nicht mehr. Am letzten Freitag gingen wir mit Herrn Schrader auf Kaiser August so Römer-Zeug anschauen. Im Zug 10 Min. vor Zürich sahen wir 3 geile Boys. Mit denen machten wir Bekanntschaft: Charles, Bob, John aus Denver und Chicago. Sie waren alle hübsch, am besten gefiel mir Bob aus Denver. Ciao!

1. 5. 90

Ich muß noch von der Sache mit Tina erzählen, Tina war seit 2 Jahren meine beste Freundin, seit 1/2 Jahr nicht mehr. So fing es an: Ich fuhr in die Ferien, es war eine Disco in Trägervillen, und ich sagte Tina, sie solle doch mit Ricarda gehen, weil ich mit ihr auch gut auskam. Sie sagte: Ja. Als ich aus den Ferien zurückkam, war Tina so komisch. Sie war nur noch mit Ricarda und ihrem neuen Freund Antonio zusammen. Antonio war der Freund von David. Also waren sie immer zusammen. Ich sagte zu Tina: dieser Scheißitaliener ... Sie war verletzt und meinte, ich wolle nicht mit ihr zusammen sein. Dabei sagte ich das nur so, ich war halt eifersüchtig.

Ich war so gut, super mit Tina ausgekommen: Wir haben uns geliebt wie Schwestern, wir sagten uns alles. Wir halfen uns gegenseitig, und jetzt ist nichts mehr. Ich dichtete Gedichte für Tina.

Du hast mich
belogen, betrogen + verletzt.
Ich schreie, schreie – wie ich noch nie
geschrien hab.
Mir ballen sich die Fäuste, ich
möchte Dich verschlagen so wie Du
mich geschlagen hast!
Aber ich kann es nicht –
... ich liebe Dich!

An Tina   1. 6. 90
Ich renne, renne weit weg über Wiesen, Hügel, Felder, Straßen dem Licht entgegen. Das Licht, das mir Hoffnung gibt. Auf eine neue Freundschaft.

Tränen rollen über meine Wangen – vergessene Zeiten kommen in mir hoch. Alles ist verschwommen. Aber ich sehe, daß wir lachend, Hand in Hand näher dem großen Ziel gekommen sind.

An Tina   1. 8. 90
Mein Teddybär hilft mir über diese Zeit hinweg, und ich kann sicher sein, daß er mich nie sitzenläßt. Vielleicht kommt bei Dir auch mal eine Zeit, in der Du Deinen alten, verstaubten Teddy aus dem Estrich holst.

Ich schreibe wieder einmal ins Tagebuch, weil ich sehr traurig bin. Seither ist viel Zeit vergangen ... Nach dem Skilager, Frühling + Sommer, jetzt ist der 21. 8. 90, morgen ist der Sporttag, wenn schönes Wetter ist. Aber bis jetzt sieht es nicht so aus.

Ich möchte noch von den Sommerferien schreiben, wir waren in Frankreich, wir haben dort ein Riesenboot gemietet, auf dem wir eine Woche auf dem Canal de Nivernais herumfuhren. Es war eine unglaublich schöne, unberührte Gegend, viel Blumen, Land, Bauernhöfe, Wälder und Tiere.

Schleusen, Morgenessen, fahren, fahren, etwas Kleines zu Mittag, manchmal auch Spaghetti, Würstchen, weiterfahren, bis ein Dorf auftaucht, Dorf anschauen, weiterfahren bis an eine große Stadt, z' Nacht im Restaurant, schlafen auf dem Boot usw. Auf der Rückfahrt kamen wir wieder an Châtillon-en-Bazois, Katharina und ich wollten dort ins Schwimmbad, Mami und Papi blieben auf dem Boot. Wir waren 1/2 h dort, nichts geschah, alle schauten einen blöd, aber gleich freundlich an. Ein paar Jungs redeten mich an, und auf einmal waren die ganzen Kinder um mich rum. Sie fragten mich, von wo ich komme, sie fragten mich auch, wie alt ich bin ... Ich sagte 13 Jahre, sie waren sehr erstaunt, sie rechneten mit 17. Also am Abend machte ich mit Jungs und 2 Mädchen ab. Die Mädchen kamen nicht, nur Jungs, und sie waren so lieb!!! Ich mußte dann mit jedem einzeln Tennis spielen. Uff, war das ein Streß. Nachher gingen wir zum Zirkus, der dort war. Es fuhren 2 Clowns mit Einrädern rum. Ich fragte sie, ob ich einmal fahren dürfe. Sie sagten: Ja! Ich fuhr mit diesen Kleppern, den Jungs fielen fast die Augen raus.

Um halb 1 mußte ich heim, sie sagten, sie kommen mit den Velos morgen und fahren unserem Boot nach. Aber am Morgen kam nur Jean. Er durfte auf unser Boot. Es war sehr lustig. Um 12 Uhr ging er wieder runter. Ich versprach, daß ich am Nachmittag nochmals ins Schwimmbad komme. Wir kamen dann also in Baye wieder an, wo wir gestartet sind. Mein Vater fuhr mich mit dem Auto nach Châtillon. Ich badete dort, es war sehr lustig. Wir machten Fangis, natürlich alle auf mich! Sie tauchten einen, später sah ich Franzi mit Jean knutschen, ich wurde so traurig ... Aber dann verliebte ich mich in Yves. Er ist so süß. Am Abend spielte ich noch mit Yves Tennis. Um 8 gingen wir mit dem Auto wieder zurück. Beim Abschied mit Yves mußte ich die Tränen zurückhalten, aber im Auto weinte ich so, wie ich noch nie geweint hab (außer bei Tina). In Baye feierten wir noch den Feiertag der Franzosen mit Schweizern. Ich weinte, weinte bis ich in Tränen zerfloß. Um 1 Uhr ging ich schlafen auf dem Boot. Morgens zusammenräumen + Ciao Francais!

Ich lieb euch alle so ... Ich schreib euch, das ist sicher.

2. 9. 90

An Tina
Jetzt habe ich niemanden mehr, mit dem ich sprechen kann, der meinen Kummer anhört. Der meine Sorgen versteht. Was soll ich machen?

Ich brauche Dich, verstehst Du das denn nicht?
Tagesnote: unter Null.

5. 9. 90

Was soll ich bloß machen, meine Eltern streiten sich dauernd, wenn das so weitergeht, haue ich ab. Jeden Abend, wenn mein Vater nach Hause kommt, streiten sie sich wegen irgendwas, bis jetzt habe ich darüber noch nie etwas ins Tagebuch geschrieben, ich dachte, ich solle nur die schönen Seiten sehen. Doch allmählich habe ich mehr traurige Sachen hineingeschrieben. Mein Vater hat meine Mutter auch schon ein paarmal geschlagen, an die Wand gedrückt, ich fing dann immer so laut an zu schreien, bis er zu mir kam und mich auch schlug, aber wenigstens ließ er meine Mutter in Ruhe.

6. 9. 90

Meine Mutter hat gesagt, sie wolle sich scheiden lassen. Ich weine nur noch, wie soll das nur weitergehen. Meinen Vater haß ich so sehr, daß es mir fast übel wird.

An Tina   10. 11. 90
Du hast Dich verändert,
ich habe mich verändert.
Die Zeiten haben sich geändert.
Warum? Warum nur –
mußte sich unsere
Freundschaft
verändern?

Keine Antwort kommt
mir dazu in den Sinn.

11. 11. 90

An Tina
Ich liebe Dich, so wie Du warst. Ich schaute in den Spiegel und merkte, daß ich Dir ähnlich war. Du hast gelernt, mich zu verstehen. Doch ich werde nie lernen zu verstehen, wie gemein Du zu mir warst.

Meine Eltern haben sich wieder versöhnt, doch der Streit geht weiter, wenn mein Vater nur nicht immer so laut brüllen würde! Ich schäme mich, das hört in unserem Block jeder Mensch!

12. 11. 90

Ich habe ein Riesenproblem, ich lutsche immer noch an meinem Daumen, meine Mutter hat gesagt, sie würde ihn dann eines Tages mit einer Riesenschere abschneiden. Jetzt bin ich 14 Jahre alt, ich schäme mich, doch ich bin wie süchtig auf meinen Daumen. Noch so ein Problem: Ich kann nie einschlafen, dann habe ich eines Abends, als ich etwa 6 Jahre alt war, herausgefunden, wenn ich meinen Kopf schnell auf eine und auf die andere Seite werfe, daß ich dann einschlafen kann. Jetzt bin ich auch süchtig nach diesem Gewiege und kann nicht aufhören. Meine Mutter lacht mich deswegen immer aus.

13. 11. 90

Bald siehst Du!

Bald siehst Du,
die warme Sonne scheint.
Bald riechst Du
den kräftigen Duft,
der dem frischen Heu entfällt.
Bald hörst Du
Grillengezirpe aus dem hohen
Gras ertönen.
Bald merkst Du,
wie wunderschön der Sommer ist,
und wie gern Du da bist.
Bald erkennst Du,
daß es ja gar nicht mehr Sommer ist,
sondern der kalte, neblige
Herbst angebrochen ist.

2. 12. 90

Heute möchte ich etwas über die Schule erzählen. Ich hasse die Schule, wir haben einfach doofe Lehrer. Lernen, lernen ist zur Zeit wieder angesagt, wie

soll das weitergehen, für wen lerne ich eigentlich, für die Noten oder daß Schule Spaß macht?
Kotz, Brech, Würg

3. 12. 90
Bald ist Weihnachten, ich freue mich schon sehr darauf, ich wünsche mir einen neuen Skianzug und eine Stereoanlage und Frieden, kein Streit. Meine Eltern streiten sich immer noch so oft.

7. 12. 90
Voller Angst
Ich möchte Dir, liebes Tagebuch, einmal erzählen, wie es ist, wenn mein Vater nach Hause kommt und sie sich streiten.

Ich sitze in meinem Bett und höre, wie die Haustüre aufgeht und mein Vater heimkommt. Ich höre nie richtig, wegen was sie streiten, nur einmal habe ich mitbekommen, daß meine Mutter mehr Haushaltsgeld bekommen will. Es gab wieder ein Geschrei, ich drückte meinen Kopf tief ins Kissen, wollte nichts mehr hören, und trotzdem mußte ich alles anhören. Oh, wie ich meinen Vater hasse.

24. 12. 90
Weihnachten
Jetzt habe ich schon eine Weile nichts mehr hineingeschrieben, ach was soll's, ich hatte keine Zeit, Prüfungen an Prüfungen, und das vor Weihnachten, janu was sött's! Diese Lehrer!

Heute ist Weihnachtstag, geschäftiges Treiben in unserer Wohnung, meine Mutter stellt die Krippe und den Weihnachtsbaum auf. Am Abend ist es wunderschön, Kerzen brennen im Angesicht meiner Schwester. Ich habe dann auch meinen Skianzug & eine Stereoanlage bekommen. »Jesus kam auf die Erde nackt & bloß« haben wir gesungen.
Tagesnote: 6

Selbst gedichtet   1. 1. 91

Die Welt ist in manchem Schein eine graue Mauer.
Ohne Farbe – kein Leben!
Pflanzt Blumen!

Gedichtet für meine Schwester Katharina

Hoffentlich stehst Du nicht einmal so da,
wie dieses Mädchen mit dem blonden Haar.
Am Ende der Gefühle, der Sehnsüchte,
allein gelassen mit ungesunden Früchten.
Mit kalten Füßen, einem leeren Koffer
und hoffnungslos dunklen Tränen in den kalten
Augenwinkeln.
Das Gesicht abgewandt, ohne Angst, Liebe, Hunger
und Zuwendungen.
Der Himmel ist düster verdunkelt,
nicht einmal der abgestorbene Wald munkelt
in den leeren Hügeln der Menschheit.

Es ist etwas Schreckliches passiert, sammle
die lebenden Samen ein, die alles überstanden haben.
Gib ihnen Wasser, Liebe und Wärme,
so werden sie wachsen und wieder neu entstehen.

alles Liebe – Lea

5. 1. 91

Die Welt ist grau.
Doch wie wäre es, einen blühenden Garten daraus zu machen.
Das heißt, jeden Menschen so zu akzeptieren, wie er ist.

7. 1. 91

Ich habe schreckliche Angst vor den Neo-Nazis, vor Aids, Drogen, meinem Vater, vor den Prüfungen in der Schule, vor einem Krieg, vor Atombomben, Vergewaltigungen, vor allem, ich halte es nicht mehr aus, wie wird das alles nur ausgehen?

4. 2. 91

Gedanken
Ich stand alleine da und wartete, ohne Erfolg, die Minuten wurden immer länger, doch der Zug kam nicht. Langsam fing es an zu tropfen, es wurde

heftiger, ohne Unterbruch. Dieses Tropfen verfolgte mich, es war ein Hämmern, bis mein Kopf weh tat, und doch stand ich immer noch da und wartete ohne Erfolg. Die Minuten wurden immer länger. Plötzlich, wie ein Blitz am Himmel, kam der Zug, ich stieg hastig ein, doch jetzt war ich schon naß. Doch die Hoffnung hab ich nicht mißbraucht, sie kommt und geht, wie's ihr paßt. Viele Menschen stehen manchmal alleine da und warten, ohne Erfolg, die Minuten werden länger, doch der Zug kommt nicht.

Es heißt, die Hoffnung sollte immer bleiben, auch wenn man am Ende der Zeit ist.

15. Sep. 91

Jetzt habe ich schon wieder so lange nicht ins Tagebuch geschrieben. Ich schäme mich.

Gestern war der Kanti-Ball, ich habe mich, glaub ich, das erste Mal richtig verliebt, er ist nicht der Schönste, aber sehr, sehr lieb und lustig. Aber seine Augen, wau! Sie sind schön blau mit ganz langen, dichten Augenwimpern. Oh, Tom: I love you! Ich gehe mit ihm, doch jetzt in einer Woche geht er in die Schulabschlußferien nach Budapest. Danach geht er nach Kalifornien mit Kollegen, einfach so zum Herumreisen. Er wird mir sicher sehr fehlen.

P. s.: Er ist ein Skatefreak, Surffreak, Snowboardfreak.

In dieser Woche, die wir noch hatten, waren wir fast jeden Tag zusammen. Einmal holte er mich von der Fotomodellagentur ab. Mit seiner Vespa, wir fuhren auf einen Hügel, unter uns sah man den ganzen Bodensee mit Lichtern, o das war schön. Über uns stand der Mond (Vollmond), es war voll romantisch, und er hat mich geküßt ... Seit ich mit Tom zusammen bin, geht es mir wieder besser. Meine Selbstmordgedanken, die ich hatte, sind wie weggeblasen, wenn ich an ihn denke.

Leider geht alles zu Ende, aber jetzt schon, warum, warum nur? Jetzt waren wir 5 Monate zusammen. Unsere Wege liefen auseinander. Er hat die Maturaprüfung in ein paar Tagen, hoffentlich schafft er sie: Ich liebe ihn immer noch so sehr. Diese Schmerzen!

3. Februar 92

Es hat mich wieder einmal angegurkt, ins Tagebuch zu schreiben. Jetzt ist wieder eine lange Zeit vergangen. Ich möchte nur sagen, Tina ist wieder meine Freundin. Ich liebe sie. Oder ist das lesbisch, pervers? Nein, ich glaube nicht.

Doch Tom habe ich noch nicht vergessen. Ich habe selbstgedichtete Texte geschrieben und nur geheult dabei.

4. Februar 92

An Tom
1. Ich sitze wieder einmal da, in der Straße meiner einsamen Träume,
eingesunken unter den lächerlichen Lasten meiner kindlichen Probleme.
2. Ich möchte schreien, Dich blutig schlagen,
aber ich kann es nicht. Ich hätte Angst,
nicht zu überleben oder etwas zu verlieren,
wenn ich meinen Gefühlen nachgeben würde.
3. Ich möchte fliegen wie ein Vogel über die
flüsternden Berge, über das schweigende Meer,
über die strahlende Sonne, über die erzählenden
Bäume, aber wie sollte ich das können,
wenn ich nicht einmal stehen kann.
4. In meinen Augen bilden sich endlose Tränen.
Warum ist es so leicht, das alles aufzuschreiben,
und so schwer, es einfach zu sagen.
Warum nur?
5. Es braucht Zeit, das alles zu verstehen und
es nicht zu verdrängen. Es braucht Zeit,
um zu schreien lernen, wenn es einem weh tut.
Es braucht Zeit zu atmen, wenn man
keine Luft bekommt. Es braucht Zeit,
um zu lieben, wenn es so weit ist.

Ohne zu sehen

– Ohne zu sehen, trat ich auf seine Füße.
– Ohne zu sehen, gelang es mir, ihn zu erniedrigen.
– Ohne zu sehen, tat ich ihm weh.
– Ohne zu sehen, ging alles verloren.
Es tat weh, das war mein Gedanke,
doch es war: bestimmt mein Ziel!

Ich stand schon ein paarmal da,   5. Feb. 92
wollte nicht mehr leben,
wollte nicht mehr fühlen,
wollte nicht mehr sehen,
wollte nicht mehr gehen,
wollte nicht mehr lieben,
wollte nicht mehr hören,
wollte nicht mehr atmen,
ich wollte alles zu Ende machen.
Ich habe Angst!

In diesem Fleisch sitzt so viel Macht, so viel Kraft, und trotzdem ist es ein armes Würstchen.

Heute habe ich wieder einmal Probleme, die mich fertig machen, die mich auslachen und meine Person verachten.

Warum ist die Menschheit nur so blöd? Nicht erklären zu können, was sie auf dieser Welt macht!

Seit ich mit Tom zusammen war, habe ich seine Leute kennengelernt, jetzt bin ich meistens mit dieser Clique zusammen. Tina auch. Wir sind schon ein paarmal am Sonntag Snowboardfahren gegangen. Es war immer voll geil! Diese Clique hört SKA, sie sind INDEPENDENT-LEUTE, ich fühle mich gut unter ihnen, weil ich selbst auf besonderer Musik, Leuten, Kleidern stehe, schon immer!

                                                                                               6. Feb. 92
Große, unschuldige Kinderaugen schauen mich an,
einmal vorwurfsvoll und fragend – was habt Ihr mit mir gemacht?
einmal traurig und fragend –
was hab ich Euch gebracht?
einmal trotzig und fragend –
was gibt's, worüber Ihr lacht?
einmal lustlos und fragend –
was wollt Ihr mit Macht?

7. Feb. 92

Ich möchte jetzt einmal einen Steckbrief von mir machen.
Name: Voigt
Vorname: Lea
Straße: Waldstr. 2
Ort: Gottlieben (CH)
Geburtstag: 4. 8. 76, Löwe
Augenfarbe: Katzengrün
Haarfarbe: Hellrot (dunkelrot gefärbt)
Größe: 1m 71cm
Gewicht: 57kg
Liebste Musik: Züri West, NIRVANA, SKA, Stephan Eicher, R. E. M., THE CURE, STING usw.
Liebste Kleider: 60er-Jahre-Jeans & T-Shirt
Liebstes Essen: Italienisch
Hobbys: Einradfahren, Leichtathletik (3x pro Woche), Snowboardfahren, Klavier spielen, Musik hören usw., träumen usw., Gedichte schreiben usw., malen usw., singen, Theater spielen usw.
Liebste Fächer in der Schule: Singen, Turnen, Geographie, Pause, Aufsatz schreiben
Was mich an mir stört: Fast alles
Was ich liebe an mir: Meine Augen (im geheimen meine Sommersprossen auf der Nase)
Liebste Schuhe: 60er-Jahre-Schuhe oder alte Convers-Treter
Meine Frisur: Kurz, alle ins Gesicht, Koteletten und hinten raufrasiert.
Ich glaube an Gott.
C' est tout!

2. März 92

Wir lassen Menschen sterben, weil wir Angst haben, sie zu retten. Hört Ihr nicht das Schreien dieser entwürdigten Seelen, ihr Krächzen nach Hunger, das tönt wie halbverhungerte Wölfe, die sich um einen kleinen Vogel streiten.

Hört Ihr nicht den lautlosen Gang ihrer nackten Füße auf dem kalten grauen Gestein. Hört Ihr nicht ihr Flehen nach Wärme, ihr Flehen nach »nur schwarzer Liebe«, ihr Betteln nach offener Gleichberechtigung.

Seht Ihr nicht ihr unaufhaltsames Schreien in den verlassenen, ausgezerrten Winkeln der Augen.
Wir wollen es nicht sehen und nicht hören. Wir haben Angst zu helfen, es könnte ja weh tun. Sie werden von uns eingeklemmt, unterdrückt, ertränkt, erhängt, erwürgt, gepeinigt, bis tief ins Innere, wie sollten sie da je wieder rauskommen. Sie sind getötet worden von unserer großen Angst, von unserer schrecklichen Gleichgültigkeit, von unserem erstickenden Ehrgeiz, von unserer egozentrischen Sicht, von unserer Selbstherrschaft. Einfach so, einfach so getötet, ohne daß wir es sehen und hören wollen.
Gestoßen in den Abgrund der bellenden Hunde, wir erkennen sie als Verneinung der Zugehörigkeit zu unserer Gesellschaft, sie siechen einfach so dahin, und das auf unserer »blühenden« Welt.
Wer sagt da: Wir haben nichts gesehen und gehört!

Natálie

Ich bin in Schmerz und Enttäuschung geboren. Allein. Nur ich und die Mondscheinsonate. Weit weg von den Menschen, die oberflächlich sind und nichts fühlen.
 Schade, daß Jana sich von mir entfernt hat, eine Reihe Freunde sind mit der Zeit weggeschwommen, Helenka ist nur noch eine gute Bekannte, und Olga, meine Mitschülerin, sie ist ein sehr intelligentes Mädchen. Wir führen gemeinsame philosophische Gespräche in einer zivilen Rede und voller Tollheiten. Sie möchte unter die Menschen kommen, weil sie noch nicht begriffen hat ... Aber begreife ich das? Nein, das kann man nicht begreifen, das kann man nur fühlen ...
 Menschen, mit denen ich zusammen war, haben mich nie enttäuscht. Eigentlich hatte ich im Leben gar keinen Mißerfolg, besser hätte es vielleicht gar nicht gehen können (z. B. die Schule). Was kann ich mir mehr wünschen? Ich habe gute Eltern, bin nicht auf der Straße, ich bin eigentlich jetzt recht gut gestellt. Es ist wahrscheinlich, daß ich zu Ende studieren werde, eine Familie gründen kann, und das wird dann wohl alles in meinem Leben sein, was sich ereignet. Grau und nackt. Nackt ist so ein Wort, was mir einfällt. Relativ glücklich, zufrieden und ein im Leben erfolgreicher Mensch. Ich will, aber ... Ich wollte, aber ich habe gesehen, daß es soviel Schmutz und Hinterhältigkeit gibt, daß sich mir der Magen umkehrte.

D a s werde ich wollen, daß der Mensch, solange er lebt, etwas zu seinem Vergnügen tun kann. Jetzt muß ich für mich selbst einstehen. Ich glaube nicht, daß ich böse sein könnte, obwohl ich auch das fertigbrächte, vielleicht deshalb, weil ich hysterisch bin. Äußerlich wirke ich ausgeglichen, ruhig und beruhigend. Ich weiß nicht, aber gestreßte, geplagte, kranke Menschen sprechen zu mir über ihre Sorgen, auf der Straße halten mich völlig Fremde an und erzählen, ich schweige nur und schaue auf sie, und sie sagen mir das, was ich denke. Sie sagen mir, daß ich hypnotische Augen habe.
 Niemand von meinen Bekannten will mir das glauben, und deshalb erzähle ich das auch niemand. Manchmal geschieht es, daß alles mich auf einmal überkommt, ich höre auf, ich selber zu sein, und ich werde Ablage für allen Kummer der Welt. Olga hat auch solcher Qualen genug. Meiner Mutter scheint es, daß unsere Sorgen nicht der Rede wert sind. Wenn ich mich ihr

anvertraue, hat sie zwar Freude an meinem Vertrauen, aber meistens sagt sie mir, daß sich das nicht lösen läßt oder daß es eine Dummheit ist. Ich muß eure Sorgen begreifen, die Sorgen der Erwachsenen, meiner Mitschüler, kleiner Kinder, der Brüder. Ich bin in diesem dümmsten Alter, wo man mir nichts mehr als Kind nachsieht, aber mich auch noch nicht zu den Erwachsenen zählt. Genug. Ich will nicht auf Liebe machen, wenn da noch nichts ist, will kein Fabeldichter sein, wenn ich kleine Verse schreibe. Die Zeit ist um 1800 stehengeblieben, die Zeit der Träume hat sich nicht erfüllt, es beginnt die Wirklichkeit – Ende des Spiels/Ende des Lügens/Ende des Rechnens. Tausendfach streiche ich diese Saite, es läßt sich nach allen Richtungen denken, man muß nur wissen, wie man durchhält. Die Fünfzehnjährigen spielen die großen Tragödien der Liebe durch, ich durchlebe nichts Ähnliches. Der Vater ist eifersüchtig, ihr Leben ist eine große Lagerstätte mit Schmutz und verstaubten Betten. Tausende Male durchlebe ich die Zerstörung der zivilisierten Welt und ihrer Fesseln. Ich kann nicht auf die Straße gehen und singen, ich kann nicht lachen, ich gehe nicht tanzen. Zeitweilig scheint es mir, daß ich wie eine alte Hure jammere. Nein, nein, du mußt kämpfen. Wie der ewige Kämpfer Beethoven. Ich will meine etwas perversen Überlegungen lassen, die so nackt und alltäglich sind wie ich selbst. Nackt und nichtssagend, in den leeren Augen entstehen Tränen.

Ich gehe weit weg. Allein. Nur ich. Mein Schatten und tausend nicht geordnete Gedanken fliegen in die Weite, sie geben allen Wärme und das Gefühl der Geborgenheit. Aber sie bringen auch Winter, Hunger und ewigen Schrecken. Ich möchte nicht das Nichts, was ich habe, verlieren, weil auch nichts haben etwas bedeutet.

Die Akkorde haben mich verschlungen, ich kehre zurück zum Papier, und es bleibt nur mein Licht, welches mir einen guten Tag bereitet. Wie bedaure ich es jetzt, daß ich ein Mädchen bin, viel zuviel habe ich mich daran gewöhnt, daß ich ein ganz gewöhnlicher Mensch bin.

Schreiben. Ich denke, daß ich das begriffen habe. Ich mache das, was in mir vorgeht, und ich werde geschleudert wie ein Autobus auf unseren zerlöcherten Straßen. Alle haben wir unsere Höhepunkte. Mancher gelangt nicht in die zehnte Etage, andere wiederum überwinden Berge, die dreimal höher sind als der Mount Everest. Kraft – Sprödigkeit. Das Gesicht rötet sich mir vor Erregung, und der Druck steigt. Niemand hat Dich überwunden, Du bist froh, Du bist stolz, fühlst Du kein Ersticken?

Es fehlt uns an Wahrhaftigkeit, die Realität ohne Sonne, rauh und roh, schlechter als man es im Video sieht. Die Mehrheit streunt und fährt auf Motorrädern. Sie schläft, ißt und ergeht sich. Nicht vielleicht aus Mangel.
So ist unsere Welt, immer ungerecht und deprimierend wie durch die Jahrhunderte, wie vor einem Jahr oder vor zwanzig, wie gestern. Nichts hat sich im Wesen verändert, nur wir haben es um so schwerer, denn überall sind Menschen, und nirgendwohin kann man entfliehen. Es flüchten nur Feiglinge oder Verräter, sie flüchten vor nicht entschiedener Situation und vor Freunden, die bisher nicht begriffen haben, daß sie in diesem Moment an der Reihe sind. Lange genug habe ich mich entschieden.

Das Leben. Als ich geboren wurde, wo und unter welchen Umständen, das ist überhaupt nicht wesentlich, aber im übrigen kann es ja auch jeder Lesekundige in der Geburtsurkunde erfahren oder im Paß, wenn er ihm in die Hand fallen würde.
Das Leben. Als Kleinkindchen habe ich angeblich völlig engelhaft und unschuldig ausgesehen – aber Vorsicht! Das war nur ein Schutzmantel. Hinter den blauen Augen und den goldenen Haaren (jetzt bin ich eher braun) verbarg sich ein Schreihals, der seine Mutter zur Verzweiflung und bis zum Wahnsinn trieb, indem er Wachsblumen an die Wand malte und Verse über irgendwelche Käfer auf der Aue rezitierte. Alle diese Fakten wurden meiner Meinung nach völlig unberechtigt gewertet, um mich als schönes Mägdelein, kindlich und lieb, darzustellen. Freilich, bis vor kurzem, heute wird dieses Übriggebliebene aus der Kindheit, was ich tolerierte, als Ausdruck von Hysterie, Verwöhntheit oder was weiß ich sonst noch bezeichnet.
Insgesamt habe ich zwei Schulen besucht, die zweite, nachdem wir umgezogen sind, war selbstverständlich besser. Dort fand ich auch meine langjährige Freundin Helenka. Sie ist ein Jahr jünger als ich, aber irgendwie haben wir uns vortrefflich verstanden, insbesondere dann, wenn wir in Trainingsanzügen und feinen Schleiern tanzten. Heute ist davon nur noch der platte Klatsch über Mitschüler und Gymnasium übriggeblieben. Das war eine einwandfreie Schule mit einwandfreien Lehrerinnen, was dann auffälliger Grund für die Auflösung eines so gut eingespielten Kollektivs wurde.
In der zweiten Klasse packte mich das Lesen. Meine ersten Bücher waren die »Maiverse« und Märchen. Ich las alles, und niemand konnte mich von den Büchern losreißen, ich habe sie direkt »gefressen«, was mir auch verblieben ist.

Meine größten Erlebnisse waren die Ferienlager in der zauberhaften Umgebung von Benesov. Dort lernte ich Vera kennen. Sie konnte leider nichts anderes als Volleyball spielen, was mir leid tat. Fast habe ich schon alles geschrieben, auch daß ich weglief, dickköpfig war, verzogen, daß meine Sehnsucht ist ...

Ich bewundere das graziöse Aussehen des Himmelskörpers Andromeda im Buch und mehr noch am Himmelsgewölbe. Das erste, was ich aber heute am schwarzen Sternenhimmel in der kühlen Sommernacht suche, ist Kassiopeia, ein Sternbild, das mich hinreißt. Dann suche ich ein Rasenstück, laufe darüber hinweg, fühle, wie die Erde bebt. Ich höre. Heute kann ich nicht schlafen. Im Kopf geht mir Menkon herum, und der Stern fällt auf den blauen Schatten des Waldes, es erscheint mir alles unwirklich, imaginär.

Böhmen ist ein schönes Land, vielleicht ein wenig zu gebirgig, die Menschen erscheinen mir abgehärmt, kalt, aber nein, das ist nur ein Schein, sie sind brav, wenn sich Wege finden, ist der Gast etwas Heiliges. Ja, das denke ich in diesem Moment. Denken – dies ist nicht der richtige Ausdruck, ich fühle es so.

Schon einmal habe ich mich auf diesen Weg begeben, doch niemand weiß es. Die Mitschüler sind so ganz nebenbei schon ehemalige Mitschüler geworden, sie erinnern sich sicherlich schon längst nicht mehr an die erregenden Erlebnisse, sie können es nicht, weil sie dort nicht waren. Ich bin diese Stellen abgelaufen, habe mich mit allen getroffen, mit jenen Leuten gesprochen und dann ... Sie hörten, erinnerten sich und gingen. Nein, es war nicht das einzige, was ich je durchlebt habe, es gibt mehr, allerdings völlig Unwesentliches. Der Grund war der, daß ich blind lief. Jetzt bin ich sicher, zu wissen, wohin ... Ich gehe mit einer Batterie, einem Messer, einem Taschentuch, einem Stück Toilettenpapier und einer Zahnbürste. Ich gehe weit, aber diesmal nicht allein, wie beim ersten Mal. So eine Dummheit mache ich nicht. Stille faßt mich bei der Hand, und etwas habe ich Angst.

Ich glaube, es ist schon zu spät, noch ein weiteres Kapitel meines Tagebuchs zu schreiben. Ja, ich bin aus Schmerz und Enttäuschung geboren, ich fühle ein eigenartiges Jucken im Magen bei dem Gedanken an Lieben und Dichten. Nach längerer Zeit greife ich wieder zu Papier. Ich glaube, daß ich das übertrieben habe. Nein, ich werde mich nicht bemitleiden, jeder Mensch ist doch ein wenig Egoist, und von Zeit zu Zeit hat er seelischen Durchfall, er

muß das aus sich herausbringen, damit ihm etwas leichter wird. Mir ist es gut gegangen, ich meine den November. Natürlich wird es noch lange dauern, bis ich wieder in den normalen Zustand gelange.
Ich weiß, ich bin temperamentvoll, etwas in der Art anderer Völker, aber das hindert jetzt nicht, ich werde schreiben.

Ich habe immer einen Grimm in mir, wenn ich in der Depression bin oder mit der Mama mich nicht verständigen kann, was eng miteinander zusammenhängt. Der Vater sagt dazu Stadtkoller. Es ist so, draußen passiert das niemals. So oft schon habe ich mir gesagt, wie jetzt, wenn ich schreibe, daß die Großplattenbauten fallen mögen und mit ihnen aller Haß der Siedlungsbewohner zum heimatlichen Nest und daß etwas entstehen möchte, was man Haus nennt. Ich habe auch einen Tisch direkt gegenüber dem Fenster, so daß ich auf diese Herrlichkeit unablässig schauen muß. Von Zeit zu Zeit ist mir so, daß ich aus dem Nichts heraus zu lachen beginne, und ich bekomme einen so bösen Geschmack, daß ich einen großen Teller nehmen und ihn an diesem grauen Ungeheuer zerschmettern möchte. Jetzt auch wieder. Aber lieber würde ich mir eine konkrete Sache auswählen als die abstrakte bis schizophrene Vorstellung unserer Gesellschaft (sprich Siedlung).
 Es begann ein neues Schuljahr nach den Wahlen. Ich fühle mich etwas eng, weil dieses Deliriumsgefühl und dieser Zwang im Magen wieder auftauchen. Es verdrießt mich, wenn ich mir vorstelle, daß meine Eltern arbeitslos werden könnten. Es klingt dies wie eine Schamanenbeschwörung. Als ich so einfach aus Spaß bemerkte, daß unter der Karlsbrücke Platz genug ist und wir vielleicht auch Geld für einen Leierkasten haben werden, sagte der Vater, ich möchte das niemals wieder sagen, meine Energie anders anlegen, z. B. wenn wir keine Elektrizität mehr bezahlen können, die Möbel zerhacken und zum Heizen bündeln.

Im Parlament sieht das eigenartig aus. Besser ist es, sich darum nicht viel zu kümmern. Als ich zu einer Zeit viel zuviel die Politik verfolgt habe, hatte ich fast einen vorinfarktähnlichen Zustand. Die Politik ist nicht für gewöhnliche Leute mit gewöhnlichen Sorgen, weil der normale Sterbliche nicht Zeit und Laune hat, monatelang Protokolle zu verfassen und zu verhandeln, um dann am Ende festzustellen, daß sich leider keine Schlüsse ziehen lassen. Was sich auch so auslegen läßt, daß sich immer das wieder tut, was sich tat.

In einer Weile wird es ein Jahr danach sein. Die Leidenschaften sind verstummt. (Unsere Klasse war übrigens niemals sehr politisch.) Es gibt hier nur Leidenschaften, die uns gehören und die verständlicherweise keine lange Dauer haben.

Die Tanzabende sind schrecklich langweilig, meine Mutter und die Mitschüler begreifen das nicht. Gegenstand ihrer Gespräche sind nur die Tanzstunden und wieviel Jungen sich an mir festgebissen haben. Ich glaube, daß nach dem, was ich gehört habe, dies eine wunderbare Reklame für Zahnpasta sein könnte. Übrigens schlief meine Mutter an den Tanzstundenabenden nur deshalb nicht ein, weil sie Krimis las. Als ich sie um eine Krone für Juice bat, sagte sie: »Warte, ich weiß noch nicht, wer der Mörder ist.« Sie ist in der letzten Zeit schrecklich müde, lacht wenig, um die Wahrheit zu sagen, ich wundere mich über sie auch nicht sehr. Wir reagieren darauf auf unsere Art, vielleicht nicht immer richtig. Ich fühle, daß ich den Boden unter den Füßen verliere, so als hätte ich temperamentvoll Csardas getanzt und es hätten sich mir die Beine entfernt, zweitens habe ich ein Gefühl, daß ich in Apathie versinke. Ich ergebe mich. Ich fühle dies auch in der Klasse. Überall. Jeder ergibt sich. Ich sehe keine Zukunft, die man sehen sollte. Einige tun sich ausreichend frech hervor, wie wir uns als Mädchen lieber nicht aufdrängen sollten. Es laufen Gerüchte, daß alles arg teuer wird. Angeblich schon im Dezember oder Januar. Ich weiß nicht. Eigentlich weiß niemand etwas.

Heute ist Feiertag, und in drei Tagen ist Heiliger Abend. Zu Beginn des Dezembers wurde mir mitgeteilt, daß ich keinerlei Geschenk bekomme. Nur Jirka, denn der ist noch klein. Michal und ich, wir haben es ohne Bemerkungen zur Kenntnis genommen. Aber vor zwei Tagen habe ich gehört, daß die Eltern Geschenke verstecken. Ich habe begriffen, sie haben auch für uns etwas. Das Bestreben, mir eine Freude zu machen, hat mich berührt. Ich und der Bruder, wir wissen recht gut, daß Jirka eine Menge Geschenke bekommt, wir dagegen Sachen, die wir schon längst nötig gehabt hätten, etwa neue Strümpfe, zwei, drei Bücher, die dann die ganze Familie liest. Wir haben auch unsere Geschenke für sie. Den ganzen Nachmittag basteln wir, zeichnen, kombinieren und denken uns etwas aus.

Es ist eigenartig, jeder tut so, als ahne er nichts, aber dabei kann er doch ohne mathematische Kenntnisse zu 99,5% ausrechnen, was er erhält.

Und trotzdem ist es gut, daß es so ist.

Wir haben eine Teuerung. Es kommt mir so vor, als habe ich mich weitaus früher als die Eltern daran gewöhnt, die es erst jetzt tun. Ich weiß schon, daß mein großer studentischer Hunger, den ich regelmäßig nach dem Unterricht bekomme, und zwar vor der Deutsch-Konversation und dem Sprachunterricht, wenn ich zum Mittag nicht nach Hause komme und das Kaffeetrinken nirgendwo reichlich ist, nicht durch Würstchen mit Hörnchen, Pizza oder Hamburger zu stillen ist. Auf dem Wenzelsplatz kann man Häuflein von Menschen mit Rucksäcken auf dem Rücken sehen, welche die Naturkundler vielleicht eher in die Kategorie der Wiederkäuer einordnen würden, und dies vielleicht nur dank dem Bestreben, trockenes Gebäck zu sich zu nehmen, wobei für eine entsprechende Flüssigkeit das Familienbudget nicht reichen würde.

Bald wird Halbjahresabschluß sein. Ich versuch, eine Ferienarbeit zu finden. Wir werden sehen.

Zum Zeugnis kann ich mir gratulieren, obwohl ich der Meinung bin, daß über mir ein Schutzengel schwebt. (Über unserer Schule freilich wachte er nicht am Tage vor der Zeugnisausgabe, nicht einmal der Teufel, als um 8.15 Uhr sich am Telefon irgendeine Stimme meldete, eine namenlose, die verkündete, daß in nicht näher bestimmter Umgebung der Schule eine Bombe liegt, aber eine Bombe gab es nicht, und sie explodierte nicht, nichtsdestoweniger haben wir die Schule geräumt, und unsere Taschen wurden kontrolliert. Mit diesem irgendwie Voraprilscherz verbrachten wie den Sonnabend. In Jacken. In der Schule heizt man bald nicht mehr. Nicht mehr mit Kohle. Wie man bei uns zu Hause so sagt, unsere jungen Leute soll doch die Liebe wärmen, aber Kohle ist eben Kohle.)

Mit dem Ferieneinsatz sieht es schlecht aus. Studenten will man eben nicht mehr, die Arbeitslosen haben den Vorrang. Bedingungen zu stellen, den Mut habe ich nicht. Ich hätte nicht die Frechheit, mich als Nichtqualifizierte für einen unverschämten Preis zu verkaufen, wie das so üblich ist.

Heute habe ich kräftig gelacht. Es kam Jirka zu mir und teilte mir mit, daß ich zu meinem Geburtstag in zwei Wochen rosafarbene Hosenträger bekomme, mit Streifen. Er ist deshalb rot geworden, und ich habe mich nicht beherrscht und einen Lachanfall bekommen. Er war in Cowboykleidung und markierte deshalb den starken Mann. Ich habe ihm eine Lektion erteilt und gesagt, daß dies auch ganz Starke nicht machen. Jirka ist überhaupt prima, wenn er nur nicht lispeln würde. Er unterschreibt, liest das ABC und rechnet bis 150. Er spielt erträglich Dame, ja durch Fernsehkurse hat er sogar eine Sprache gelernt, womit er sich überall dummstolz brüstet: »Seht, ich kann das amerikanische Deutsch, Guten Morgen, eins, zwei, drei, vier, fünf, hallo!«

Und ich glaube, daß er sich mit einem Deutschen, Engländer, Chinesen oder Neandertaler verständigen könnte. Er hat auch die glücklichen Züge des Vaters. Wenn zu uns eine Marsdelegation käme und man einen Dolmetscher suchen würde, würde der Vater antreten, einen gelehrten Ausdruck sagen und beginnen, souverän tschechisch zu sprechen, soweit wie möglich in Infinitiven mit einem Marsakzent. Die Marsbewohner würden sich nur wundern, wie die Erdenbewohner lernfähig sind und wo dieser Mensch so perfekt die Marssprache gelernt hat. Vielleicht hat er ein Stipendium erhalten? Einen Studienaufenthalt? Der Vater vertritt auch die radikale Meinung, daß das Tschechische eine Weltsprache ist. Wie ein Wunder gelingt ihm dies auch immer. Jirka ist überhaupt dem Vater sehr ähnlich. Ein wenig auch mir, er tanzt gern. Daß ich gern tanze, schließt nicht meine Abneigung zum Tanzabend aus. Die Kreationen, die ich dort vorführe, kann man nicht Tanz nennen, es ist mehr zum Erschrecken der kleinen Kinder geeignet.

Jirka wollte heute Tennis spielen, man hat ihm das ausgeredet, weil es dafür etwas zu kalt ist. Ich habe ihm dafür vom Altertum erzählt. Solche Geschichten gefallen ihm schrecklich. Im vergangenen Jahr, als wir die Geschichte der Antike behandelt haben, hat er lange noch Kreuzzüge von Alexander dem Großen gespielt.

Ich habe einen schweren Kopf und Hände und Füße aus Eis. Sicher ist das so, weil man nachts bei uns nicht heizt.

Jetzt war ich lange krank. Grippeepidemie. Grippe habe ich jedes Jahr, und ich kann mich nicht davor schützen.

Im vorigen Jahr begann etwa um diese Zeit die Wahlkampagne. Ich war sehr verwirrt. Vielleicht ist es besser, zu vergessen, was sich tat oder tut, nach der Tschernobylvorstellung ist es für junge Leute das Beste.

In der Schule werde ich aufholen müssen. Aber in der Luft fühle ich schon den Frühling. Vielleicht wird es doch nicht so schlimm. Auf die Sommerferien warte ich wie auf eine Rettung oder Gottesgabe. In diesem Jahr bin ich nur noch müde, ausgelaugt, und ich schleppe mich dahin. Manchmal möchte ich mich ohrfeigen.

Schade. Die Pflichten rufen. Noch habe ich mein Herz nicht ausgeschüttet.

Immer stärker fühle ich, was ein Buch alles kann, was ein einziges Buch bewirken kann. Es macht aus mir einen völlig anderen Menschen.
   Es scheint mir, daß, wenn ich mich quäle, die Schule absolviere, wenn ich die Kleider trage (obwohl das nur Anwandlungen sind, ansonsten habe ich zu Modewellen ein eher laxes Verhältnis), wenn wir Zinsen zahlen, ich mir einfach nicht sicher bin, ob das dumm ist, kindisch oder vor allem egoistisch. Für nichts mußte ich kämpfen, fühle ich eine Niederlage, will ich zurückweichen. Das geht nicht, und dann habe ich das Dilemma, habe ein schlechtes Gewissen mir gegenüber und meiner Umgebung. Verspiele ich vieles, weil ich nicht aushalte?
   Ein Buch ist eigentlich alles, was ich habe. Vielleicht ist es wie eine Droge, wer sie probiert, kommt nicht mehr weg. Nur beim Lesen kann ich nachdenken. Begreiflicherweise nicht in der Schule. Das Denken über Bücher ist überhaupt tabu. Vielleicht deshalb, weil jeder nur sein Denken beachtet und nicht das andere zulassen will.
   Wegen der Bücher trage ich eine Brille. Ich las und las. Unter der Decke mit Taschenlampe bis spät in die Nacht.

Wieviel Lieben werde ich haben? Vielleicht diese wöchentlichen Kameradschaftsverhältnisse, die im Moment der Entscheidung, ob ja oder nein, verdrängt werden. Haben sie vielleicht etwas mit Liebe gemeinsam? Viel sicher nicht. Ich möchte Kinder haben. Viele Kinder. (Manche Mitschülerin will kinderlos bleiben, und das ist besser, als wenn sie ein Kind hätte.) Aber was weiter ...

Diese Aufzeichnungen entstanden zwischen 1989 und 1991.

Boris

3. 04. 89
Datsche
Einer von Tschechows Helden sagte ungefähr so: »Du, zum Beispiel, bist du ein guter Mensch ...? Trotzdem bist du hier überflüssig ... Alle sind wir hier überflüssig ...«

5. 04. 89
Datsche
Interessant ist, daß das, was die Roten zur Zeit tun, objektiv zweifellos nützlich ist. Das verstehe ich. Aber meine Seele *will es nicht annehmen*, sie sträubt sich. Warum? Na weil sie das alles subjektiv nur mit dem Ziel tun, eben dieses *barbarische*, grausame und unmenschliche System zu *festigen*, das auf Gesetzen erbaut ist und die Moral ausschließt. Womit das für sie mal enden wird, wer die Oberhand behalten wird, ist nicht bekannt. Aber daß es so ist, wird aus jeder beliebigen Zeitung klar. Darum ist es so widerlich. Ich erinnere mich an einen Gedanken von früher (von vor ungefähr drei Jahren): den Menschen nützlich sein – ja! Der Gesellschaft (dieser) – niemals! Strenge Teilung. (Übrigens, damals habe ich auch geschrieben: »Waren es nicht immer verschiedene Dinge?« Ich weiß es bis heute nicht.)

4. 05. 89
Wir alle führen an der Universität ein ziemlich merkwürdiges Leben – unsere Mißerfolge und Unannehmlichkeiten, unser Unglück empfinden wir wesentlich stärker – extra stärker – als die Freude. Die Personifizierung dessen, ein Beispiel, war und ist N. Eine Art Kult des eigenen Versagens, des Unglücks. Unsere Beziehungen ziehen auch mich in diesen sich ständig wiederholenden Orgasmus des Pechhabens. Etwas Ähnliches habe ich schon einmal vor etwa zwei Jahren erlebt. Übrigens ergoß sich das in einer kurzen, widerlichen Romanze mit L. Bis heute konnte ich mich nicht entschließen, wieder zu ihnen zu gehen ... Ich kann mich gut daran erinnern, daß man eines schönen Augenblicks, wenn man so lebt, in die andere Welt übergehen kann, ohne es richtig zu merken. Die Grenze zwischen Leben und Tod verblaßt zusammen mit einem bedeutenden Stück deines eigenen »Ich« ...

9. 6. 89
Worüber ich geschrieben habe – es ist noch zu früh dafür. Die Stimmung ist hundeelend. Absolute Unklarheit in allem Persönlichen und Gesellschaftlichen. Heute ist dieser verdammte Parteitag zu Ende gegangen. War auf dem Meeting in Luschniki. Wesentlich besser organisiert als auf dem Puschka, aber auch die Leute waren anders. Sie waren wegen der *Information* gekommen und nicht, um sich zu amüsieren. Außer der Überraschung mit Sacharow scheint es mit »Wsglad« aus zu sein. Mist. Auf dem Meeting herrschte bei vielen eindeutig Anti-Gorbatschow-Stimmung. Man verlieh ihm den Titel »Künstler des Volkes« für seine ausgezeichnete Regie auf dem Parteitag. Schön, daß die Götzen fallen, aber es riecht stark nach Bürgerkrieg. Jede beliebige plötzliche Wendung – zum Beispiel ein Austritt Litauens –, und alles beginnt sich zu drehen und fliegt zum Teufel. Es wird Panzer geben und Spaten, auch Gas, vielleicht auch Schlimmeres. Gott behüte!

»Mit der Aktivität des Terrors/ die Passivität der Mörder decken« (M. A. Woloschin) – heißt im Blut ertrinken und dann plötzlich hundert Jahre zurückgehen. Leichen und Blut reichen noch nicht – das führt zu nichts.

8. 8. 89
Es gäbe viel zu schreiben, aber es ist noch zu früh. Ich finde mich noch nicht zurecht.

6. 09. 89
Moschaisk

In eine merkwürdige Situation bin ich geraten. Wohin ich gehen, was ich tun soll – ich weiß es nicht. Mit dem einen steht es schlecht, mit dem anderen unklar ... Hab eine Masse Freunde verloren – sind einfach auseinandergegangen oder andere Menschen geworden, wie mit C. ... Ist etwa Einsamkeit – global gesprochen – das, was der Mensch verdient? Das wäre sehr ärgerlich. Aber vielleicht muß das so sein? Ich weiß es nicht. Bis bald ...

17. 09. 89
Elektritschka
Moschaisk – Moskau

Ich sitze in der Elektritschka nach Moskau und schreibe meine Eindrücke vom Kolchos auf. Tolle Menschen – unsere Leute, die in Afghanistan waren. So paradox es auch ist, aber Afghanistan formiert bei potentiell intelligenten Menschen, einfach bei anständigen Menschen, eine grenzenlose Achtung gegenüber der menschlichen Persönlichkeit. Der fremden und der eigenen. M. und N. scheinen keine Ausnahme zu sein, sondern die Regel. Mit ihnen zu verkehren ist leicht, herzlich – mit ihnen zu leben – einfach herrlich. Habe C. kennengelernt. Ein prima Kerl, spielt hervorragend Gitarre und singt. Es wäre gut, auch in Moskau weiter mit ihm in Kontakt zu bleiben. Zu seinem Niveau – Schulphrase – sollte man streben.

Und noch ein sehr wichtiger »Eindruck«. Ich habe zusammen mit den Jungs von der Dzerschinski-Division Kartoffeln verladen. Ich versuche, das zu beschreiben. Der Leutnant war groß, schlank und einigermaßen durchtrainiert. Offensichtlich nicht dumm. Seine Stationen: Baku – Jerewan – Leninakan – Tbilissi – Kokand. Mit seiner Arbeit ist er zufrieden, obwohl er sich scherzhaft darüber beschwert, daß er lange nicht nach Hause kommen konnte. Seine Frau hat er, als er zurückkam, sofort in die Klinik gebracht. (Ein Junge!) Erzählt hat hauptsächlich er. Hier sein kurzer Bericht.

Wir säuberten einen Platz in Baku. (Da waren Zelte, es bestand die Möglichkeit von Pest- und Ruhrepidemien etc.) War das nötig? Ja! Na klar, wir haben 'n bißchen mit den Knüppeln rumgemacht, aber das ist normal, nicht schlimm. *Genauer – nichts Besonderes.* Verhaftung des Komitees »Karabach«, das für den Austritt aus der UdSSR und für den Anschluß an die NATO ist etc. Als Antwort auf meine zaghaften Einwände, daß während des Erdbebens (und die Verhaftung erfolgte fast gleich danach, S. war Zeuge) das Komitee viel getan habe – ein ständiges »aber sie sind doch gegen die Sowjetmacht«. Gespräch über Tbilissi: Angeblich ist kein Nervengas angewendet worden. Nur »Faulbeere«. Die Menschenmenge hat ja gegen die Armee »Dichlophos« benutzt (seiner Meinung nach zweifellos schlimmer als Tränengas). Zuerst versuchte er, sich vor der Frage, wofür und wie die Leute auseinandergejagt wurden, zu drücken. Aber dann erzählte er vom 4. Regiment – Größe: 1,90m und mehr, so ein Schlag mit dem Gummiknüppel ist stärker als ein normaler (gewöhnlich hat ein mittlerer Schlag 70kg, ein starker 120kg; bei denen – noch mehr). Allmählicher Wechsel von »wir konnten sie nur mit den Schilden wegdrängen, und da standen schon die Busse mit leeren Reifen, Loren mit Steinen, Schläger mit 'Dichlophos' (!) und 'blanken Waffen'« zum »na, wir haben bißchen mit den Knüppeln rumgemacht«. Die, denen die Knüppel *abgenommen* wurden, griffen zu Spaten (»na und, bums übern Dez und – peng!«, das war der Sergeant, aber über ihn später.) Gleich nach Tbilissi wurden sie, so hab ich verstanden, nach Kokand verlegt. Der erste Eindruck – unter dem Flugzeug brennt alles. »Die Soldaten flippten aus – so was hatten sie noch nie gesehen«. Die Taktik der »Extremisten« ist Mobilität und das Unvermutete, daher die ständige Verlegung auf dem Territorium der Republik. Zusammenstoß in Komsomolsk (ein Chauffeur wäre beinahe zur Geisel geworden). Die Taktik der »Dzerschinskis« und anderer Armeeinheiten (Artilleristen, Pioniere, Panzersoldaten, Fallschirmjäger etc.) ist: eine Salve in die Luft, eine Salve auf die Beine, eine Salve in die Luft. Und die Nerven spielen nicht verrückt? Sie spielen natürlich verrückt, danach kannst du nicht mal 'ne Zigarette anzünden – die Hände zittern (das – *mit Stolz!*). Das letzte, was er sagte: Eine der Gruppen haben wir in ein Haus gejagt, wo diese erst vor kurzem Türken niedergemetzelt hatten, und durchlöcherten mit den Salven jeden Quadratzentimeter.

Jetzt der Sergeant. Ein struppiger Kerl, dem die Haare unter dem Käppi in alle Richtungen stehen. Ganz das Gesicht eines 14jährigen Rowdys, so ein überalterter Spitzbube. Aber die Augen sind *weißlich* und drücken nichts aus als viehische Dummheit. Lustig wie ein Teufel. Ständig unterbrach er den Leutnant, vergaß sogar ein bißchen die Rangordnung – *im Eifer des Gefechts.* Über Tbilissi:

– Hätte nie gedacht, daß ich so *tierisch* sein könnte. Sie bewarfen uns mit Steinen, dann sind die Weiber losgerannt. Als sie um die Ecke waren, haben wir sie aber ... Weißt du, ich hab auf ein weißes Hemd geknallt – das Blut kam raus und – gleich sooo ein Streifen ...

Der Leutnant mischt sich ein, schwächt ab, genauer, versucht es zu tun:

– Die Hälfte hat die Menge erdrückt. Dann hatten sie schon alles bereit, Steine auf den Lastwagen ...

Der Sergeant:

– Meine Huren, ich hab nie gedacht, daß ich so tierisch werden kann. Einem hab ich so eingepfiffen ...

Der Leutnant (unterbricht):

– Aber die Hälfte ...

Dann wird er auch angesteckt und redet vom vierten Regiment. Als sie, sagt er, an uns vorbei nach vorne gerannt sind – war's aus. Asche! Alle stoßen mit ihm in das gleiche Horn: Ja, ja, so war's.

Ich frage nach den Spaten. Sie rechtfertigen sich damit, daß einigen die Knüppel einfach abgenommen worden sind.

Da habt ihr's.

Ich frage den Sergeanten – ganz vorsichtig –, was sie, diese Leute, ihm getan hätten. Die Antwort haut mich um. Vor Tbilissi war er in einem Gefechtsvorposten in Baku (Baku, Tbilissi, Jerewan – für ihn sind sie alle eins: Holzklötze). *Drei – vier Tage* ohne Essen (etwa nicht mit Absicht?). Nur »Tee mit Keks bringen sie dir«. Und diese Holzklötze stellen sich vor dich hin und »lecken schön ihr Eis«, »machen sich über dich lustig« (natürlich darf man auf Posten nichts essen). Da habt ihr die Motivation.

Tiefer bin ich nicht gegangen. Hab nur erzählt, wie man M. in Leninakan beinahe erschossen hätte. Die Antwort ist psychologisch: Die Jungs wollen auch leben. Und ein Bericht darüber, wieviele Soldaten umgekommen sind (durch Steine, Schüsse aus dem Hinterhalt, durch Feuerhaken (!) etc.).

Noch etwas Charakteristisches: Sprüche wie »Lieber Gefechtsvorposten in Kokand als hier die Kartoffeln ficken«.

Jetzt einige Schlußfolgerungen. Ich habe (extra aus diesem Anlaß) mit demobilisierten Soldaten gesprochen. Alle einstimmig: In der Armee wirst du zum Tier. D.: Uns haben sie gleich gesagt, Kinder, aus euch werden Mörder gemacht. (Er hat bei den Grenzern gedient, gehörte nach Kampfbefehl zur Reserve des Bezirks; sie sollten während des Parteitages ins Baltikum verlegt werden).

Aber ich bin vom Thema abgekommen. Ist die Armee wirklich eine – Schule der Entmenschlichung? Derselbe D.: Wenn du mal so richtig auf die Zielscheibe losballerst – das ist wenigstens 'ne Entspannung. Hab mit V. gesprochen (Afghane). Seine Antwort (wörtlich): Wenn die Jungs in Afghanien den Duschmanen die Finger gebrochen haben, weil die ihre Leute töteten – das kann ich verstehen. Aber hier – das ist *kleinarschige Angeberei.*

Mit der Definition hat er 100 %ig recht. Der Sergeant, ja und der Leutnant, obwohl der zurückhaltender war, gaben damit an, daß sie Menschen getötet und verkrüppelt haben. Sie haben sie nicht einfach nach Befehl verkrüppelt, sondern verkrüppelten sie mit Vergnügen. Sie haben eine schwierige Wohltat zum Nutzen des Vaterlandes vollbracht, des einheitlichen, unzerstörbaren. Zweifellos glaubt nicht ein einziger von ihnen an diese Unteilbarkeit. Sie wissen eins: Unsere »Brüder« haben uns Russen verraten, und dafür müssen sie bestraft werden. Eine erschütternde Mischung aus großrussischem Chauvinismus und marxistischem Internationalismus, die letzten Endes in Folgendem zusammenläuft: »Was müssen diese Ärsche auch aufmucken?!«

Man sagt, die Armee habe in sich alle Fehler des Staatssystems aufgesammelt. Mit anderen Worten, was in der Armee ist, ist nicht vom Himmel gefallen. Der großrussische »Internationalismus«, die bis zum Stumpfsinn führende Vertierung – das ist die Heilige aller Heiligen unseres Staates.

29. X. 89

... Was sagst du? Wie's mir geht? Nicht besonders gut, auch nicht besonders schlecht.
    Das ist nicht schlimm!
    Was ist nicht schlimm?
    Es wird keine Neuigkeiten geben fernhin.
    Auch keine schlechten mehr?
    Auch nicht die.
    Überhaupt keine. Nie.
        (B. Sluzkij.)

9. 11. 89
Kjanda. Am Ufer

Ich sitze bei Tante Tanja in der Hütte. Hab ein bißchen abgeschaltet. Ob für lange, weiß ich allerdings nicht. Keine Fische. Auch keine Jagd. Brauchten drei Tage bis hier. Durch Bonga, Nowokemskij. Sind völlig fertig. Aber – ich hab abgeschaltet!

12. 11. 89
Moskau

Zu Hause. Es gibt was aufzuschreiben. Der Eindruck von der Fahrt ist furchtbar. Furchtbare Straße – Dreck, Busse fahren nicht. Haben 24 Stunden in Bonga gesessen, wohin uns irgendein Junge mitgenommen hat (Kolja, der Kooperator aus Tscherepowez). Die Kupplung von seinem Auto hatte versagt. Wir mußten, nachdem er einverstanden war, uns mitzunehmen, ihn anschieben, dann während der Fahrt in die Karosse springen, und er sprang dann auch während der Fahrt schnell raus und machte die Türen zu. Eine halbe Stunde sangen wir irgendein Lied, und als er dann anhielt und sich herausstellte, daß wir ganz und gar nicht dort waren, wohin wir mußten, bot er uns an, bei ihm in Bonga (25km von unserem Weg ab) zu übernachten. Abzusagen wäre dumm gewesen – um 1.00 nachts und mit 30kg schweren Rucksäcken kommst du zu Fuß auf fremder Straße nicht weit.

Wir haben uns mit unseren Wirtsleuten unterhalten. Der Mann – ein prächtiger Alter von etwa 60 - 70 Jahren. Groß und früher gut aussehend. Hat uns Machorka gegeben. Die Gespräche alle über Kaspirowski, ob er wirklich heilt oder nicht.

Nach Nowokemskij hat uns irgendein Mann mit dem Moskwitsch gebracht. Wir hatten zu diesem Zeitpunkt schon ganz schön was intus – an dem Tag hat es gerade Wodka *gegeben*. Übernachtet haben wir in Tante Olgas Hütte. G. (der Hausherr) hat die ganze Nacht mit irgendeinem Koch aus Leningrad durchgemacht ... und immer geschrien, daß »Kumpels aus Moskau gekommen sind«. Die Hütte war einige Wochen nicht geheizt worden, und als nun der Ofen angebrannt war, füllte sie sich mit furchtbarem Kohlengas. Darum habe ich nur bedingt geschlafen. Während P. schlief, ihm war das gleich, bin ich durchs Dorf spaziert. Morgens sind P. und ich dann mit G.'s Motorrad nach Kjanda gefahren. Wir waren schrecklich froh. Oma Natascha hat auf die Bitte, uns einzulassen, mit all ihren Beschwerden über das Leben und mit einer phantastischen Geschichte darüber, wie ihr die Seife geklaut worden war, reagiert. Darum sind wir bei Katja A. geblieben. Ein bezauberndes Lächeln, gütige Augen, Gastfreundschaft.

– Bekannte, na, wie soll ich euch da nicht einlassen?

Es ging uns bei ihr gut. Wir haben Stint gegessen, Tee getrunken, mit einem Wort: Sie hat sich um uns gekümmert.

Sind ein bißchen mit Vater Iwan zusammengekommen. Kurz über ihn. Ein kräftiger Mann von 55 - 57 Jahren (bis zur Rente hat er es noch nicht geschafft) mit riesigem grauem Bart, der sein irgendwie selbständiges Gesicht vorteilhaft einrahmte. Ende der 40er/Anfang der 50er hatte er gesessen, ich weiß nicht, wofür. Er ist Restaurateur, ein Schüler Grabars. Wohnte in Moskau, fuhr 11 Jahre lang für den Sommer und einen Teil des Herbstes nach Kjanda zur Erholung. Vor 'n paar Jahren hat er angefangen, hier ein riesiges Haus zu bauen, und ist fast fertig, nur innen muß noch einiges gemacht werden.

Er selbst kam zu uns zu Besuch. Zuerst hat er ein bißchen drumherumgeredet: Tja, ich weiß ja nicht, wie es bei *euch* in Moskau ist, aber uns hier in Kjanda geht es nicht schlecht. Nicht schlecht hin, nicht schlecht her, aber man sieht, daß ihm ziemlich fad ist. Und dann gibt er es auch zu. Ein paar Tage kam er zu Besuch, um sich zu unterhalten, wir hatten schon den ganzen Wodka ausgetrunken. Er hielt mir eine lange Vorlesung darüber, warum er gerade jetzt und hier das Haus bauen mußte. Es war quälend. Aber das

Wichtigste – »Hetze« über die Sowjetmacht und Klärung des ewigen »wann und wie« sie, die Geliebte, endlich zerbricht. Wir einigten uns auch zur Frage »wo« – wo es besser sein wird, wenn *es* passiert – ohne Zweifel dort. Am letzten Tag überredete er uns, ein Gläschen Prima-Sprit auf Zitrone zu trinken. Wir waren selbst gekommen, um uns zu verabschieden. Seine Gläschen faßten 250g. P. und ich tranken zwei solcher Gläschen (Vater Iwan selbst hielt sich zurück – das Herz), und nach dem dritten legten wir richtig los. Immer zum selben Thema. Kurz, dies sind seine Ansichten: Rußland hat sich selbst so erniedrigt, ist so tief gesunken (er beschimpft der Reihe nach alle), daß es eine andere Macht, außer einer Juden-Diktatur, nicht verdient. Es ist sinnlos, mit ihm zu streiten. Beweisen kann man nur, wenn man mit konkreten Fakten operiert, und die haben weder er noch ich. Er beruft sich ständig auf diese verteufelten Protokolle der Weisen von Zion, obwohl er nicht verheimlicht, daß er sie nicht gelesen hat. Überhaupt scheint er nicht besonders viel gelesen zu haben. Lebhaft reagierte er auf die Bemerkung von P., daß man alles auch mit Intuition verstehen könne. Ich versuchte, Grossmans »Alles fließt« nachzuerzählen, Tschaadajew etc., aber obwohl er interessiert schien, konnte man trotzdem nicht merken, ob er in irgend etwas zustimmte oder nicht. Sehr wahrscheinlich, daß er diese Gespräche, überhaupt lebendigen Kontakt, so vermißt hatte, daß er mir nur darum zuhörte. Ich weiß es nicht. P. hat mich verwundert und erschüttert. Vielleicht vom Suff, vielleicht aber auch nicht, gab er irgendwelchen furchtbaren antisemitischen Quatsch von sich. Ich schämte mich für ihn und hatte Angst. Ich widersprach so aktiv wie sinnlos. Nachher tat es P. leid, daß es mit ihm durchgegangen war. Sagte, daß er *von Berufs wegen* nicht immer das ausspricht, was er denkt, und sagte etwas von offiziell üblicher Sicht der Dinge. Wenn das wahr ist – um so schlimmer. Ich fragte Vater Iwan später, ob P. seiner Meinung nach recht habe. Er sagte, nein.

Vater Iwan, es ist paradox, leidet nicht an Antisemitismus. Für ihn sind nicht so sehr die Juden schuld, daß sie die Russen in die Tasche gesteckt haben, sondern die Russen alle Dreck, weil sie sich beherrschen lassen. Sagte etwas über den Wologodsker Konvoi und verplapperte sich hier auch, daß er fünf Jahre gesessen hatte (1949 - 53). Weswegen, oder was in Rußland zutreffender ist, wie es dazu kam, wollte ich nicht fragen. Seine Variante der weiteren Entwicklung der Ereignisse ist eine jüdische Diktatur. Seine Haltung zu dieser Idee ist positiv, da er keinen anderen Ausweg sieht.

Er hat uns auch zum Abschied begleitet. Und da fühlte ich wahrscheinlich wirklich diesen Zwiespalt in ihm: Ein bäuerlicher Intellektueller? Nein. Ein Stadtmensch? Nein. Ein Stadtmensch im Dorf? Auch nicht, dazu kennt er dieses Dorf zu gut. Alles in allem, er versucht, in sich selbst die Krankheit zu überwinden, an der unsere ganze Gesellschaft leidet. Er versucht es auf seine Weise, ungeschickt wahrscheinlich, aber zweifellos versucht er es. Seine Frau schien mir ziemlich dumm zu sein. Sie hatte kein einziges Wort gesagt, aber bei dem Wort »Jude« begann sie jedesmal zu kichern und benahm sich überhaupt merkwürdig. Ein ungewöhnlicher Mensch ist Iwan, interessant, aber mit ihm sollte man vorsichtig sein.

Oma Katja. Sie verkörpert alle guten Züge des russischen Volkes, wie sie in Büchern dargestellt werden: Güte, Gastfreundschaft, Bereitschaft, dem letzten zu helfen. Und hat absolut keine Bedürfnisse. (Die Rente ist in 20 Jahen von 15 auf 70 Rubel gestiegen.)

– Jetzt zahlen sie mir doch schon zwei Monate 70 Rubel, ja. Jetzt noch ein bißchen leben! Aber es ist zu spät. Die Jährchen sind um. Bin schon im siebenundsiebzigsten Jährchen, tja, tja, Väterchen.

Diese Geduld und Belastbarkeit sind erschütternd. Mit ein paar Groschen, sie hatte im Kolchos für »Kreuzchen« gearbeitet, hat sie zwei Kinder großgezogen. Der eine, Mischa, ist jetzt in Tscherepowez, der andere – weiß ich nicht. Sie soll in die Stadt kommen, aber sie will nicht weg. Hat Angst, sich selbst zu verlieren. Diese Ganzheit wünschte ich Vater Iwan und uns. Übrigens drückt sich diese Ganzheit im Traditionsgebundenen und in einer gewissen Trägheit aus: »Ewig haben wir hier gelebt, wie können wir weg?« Daß sie im rein materiellen Sinne ein Hundeleben führt, ist nicht wichtig, sie hat keinen Vergleich. Wo ist denn nun die Grenze zwischen echtem Traditionalismus und Trägheit, zwischen ererbtem Heimatgefühl und stumpfer Gebundenheit an den fertigen Futtertrog?

Iwan G. ist überzeugt, daß alle Männer sich wenigstens ein bißchen »regen« müssen. Dann werden sie – »wie die Made im Speck leben«. Von Fisch könnten sie wohl wirklich leben, wenn sie sich entschließen würden, in der Saison wenigstens zehn Tage im Jahr ordentlich zu rackern, und sich den Kopf wegen des Absatzes ein bißchen zerbrächen. Aber laut seinen Worten *wollen* sie nicht. (So ist es auch in der Tat.) Junge Burschen tun gar nichts, trinken sich zugrunde. Und das nach einer irgendwie »extensiven« Methode. Sie verdienen kein Geld für Wodka, brennen nicht einmal selbst, sondern »suchen«; trinken Eau de Cologne, Parfüm etc. Hat man mir in Bonga auch angeboten. Zum Teufel, wo ist denn nun diese Grenze, die die Hinwendungen zu den Wurzeln, dem »Boden«, von dem Hang zu »stumpfer Idiotie des bäuerlichen Lebens« abteilt. Der Grund für die Haltlosigkeit des Dorfes ist gerade darin zu suchen, daß das Wachsen der Ansprüche gestoppt ist.

– Brot, Kartoffeln, Fisch, das haben wir ja – und das reicht. Und Wodka haben sie schon lange keinen mehr gebracht, ich habe noch nicht mal den für letzten Monat gekauft.

Es ist furchtbar zu sagen: Oma Katja ist verdorben. Sie, die ihr ganzes Leben gearbeitet hat? Die es geschafft hat, in den Hungerjahren nach dem Krieg zwei Kinder aufzuziehen? Die jeden aufnimmt, anzieht, wärmt, beköstigt, immer hilft, ohne etwas zu nehmen? ... Mit ihr beginnt gerade dieses Asiatentum, diese russische Sklaverei, bei der sich der Sklave mehr als Mensch fühlt denn sein Herr. Uralte russische Tradition. Gott sei Dank, nicht die einzige.

G. ist von der Reederei gegangen. Schlägt sich mit Schwarzarbeit für die Kooperative durch, verdient ein Vielfaches von vorher. Perestroika im Leben. Das ist natürlich gut, ein Mann kann alles. Aber in Wirklichkeit sieht es so aus, daß ein Kapitän mit mindestens 15 Dienstjahren jetzt als Holzfäller arbeitet. Übrigens ist diese Dummheit nichts Neues, sondern ist längst in den Rang der Staatspolitik erhoben worden.

Darüber braucht man nicht zu diskutieren.

Die Rückfahrt dauerte zwei Tage. Der Wologodsker Bus hatte 'ne Panne. Wir übernachteten im »Lipin Bor«. Acht Stunden haben wir im Hotel gewartet, bis sie uns einquartierten. Gut, daß ich einen Band von Boratynskij gekauft hatte, sonst wäre es zu langweilig geworden.

In Wologda haben wir uns, während wir auf den Zug warteten, zwei amerikanische Filme angesehen. Habe mit P. den Reiz des amerikanischen happy end diskutiert. Das ist nicht deus ex machina. Es ist eine allgemein übliche optimistische Einstellung. Eine allgemein übliche optimistische Lebensanschauung. Nicht Naivität, sondern eher eine gewisse Wahrhaftigkeit. Die Wahrhaftigkeit eines versorgten, zufriedenen, wenn auch nicht immer glücklichen Menschen. Als Kontrast zu unserer Reise – eine gewisse Erleichterung. Wie bei Blok: »Rußland, armseliges Rußland ...« An diese Romanze mußten P. und ich oft denken. Unser Leben ist in letzter Zeit – Warten auf das Ende, qualvolle Folter, die sich wer weiß wie lange ausdehnt. Von Oma Katjas Optimismus bin ich weit entfernt.

– Was, ist es schlecht?

– Ach, Leute, es war schlecht, aber jetzt haben sie doch die Kolchosrente erhöht, und es ist besser geworden. Ach, noch ein bißchen leben ...
Und im Fernsehen – Kaschpirowski – der neue Grischka Rasputin. Die Gespräche – nur über ihn: hilft er, hilft er nicht. Undurchdringliches Dunkel.

21. 1. 90
Moskau

Zwei Monate sind vergangen. Ich schreibe immer noch in dem Zustand, in dem ich war. *Nichts* hat sich geändert. Kein Elan, zu nichts. Nicht mal zum Schreiben. Langsam führt das bis zur Asthenie im wahrsten Sinne des Wortes. Heute hab ich einen Film von Fellini gesehen und ganz unerwartet Tränen in meinen Augen bemerkt – vom Überdruß werde ich anscheinend sentimental ... Mein einziger Wunsch – Trinken, aber lange kann das so nicht gehen.

Ich gewinne immer mehr mir ehrlich gewogene Leute und ... verliere immer mehr Freunde, d. h. Menschen, die mich wirklich verstehen könnten und denen ich etwas erzählen würde. Mit G. hab ich mich anscheinend verzankt. Ich hätte mich zurückhalten sollen, schon viel früher. Aber etwas an ihm begann mich aufzuregen. Ich verstehe nicht, was. Vielleicht die Mißgunst des Kranken dem Gesunden gegenüber (wenigstens dem Leidenden so zu erscheinen).

M. ist verschwunden, ruft nicht an, läßt sich nicht sehen. Hoffentlich erweist sich das alles als Blödsinn, aber ich habe ganz schlechte Vorahnungen. Gut, wenn er einfach eine Reise aufs Geratewohl machte. Ich gäbe viel dafür, wenn es so wäre.

Die Truppe aus der Schule ist auseinandergeflogen und auch uninteressant geworden. Die aus der Hochschule ist auseinander, bevor sie zusammenkommen konnte. Ich brauch auch keinen von denen, mit Ausnahme von 4 - 5 Leuten. Verstanden hat mich S., der selbst etwa in so einer Lage war. Der hat mich auch ohne viel Worte verstanden, wenn ich nur mal etwas vor mich hin gebrabbelt habe. Er hat mich nach Rusa eingeladen. Was auch immer ich von dieser Reise erwarte, ob sie überhaupt stattfindet, ich weiß nicht, aber wenn es sein muß, fahre ich unbedingt. Schließlich ist er der einzige Mensch, der ohne viel Worte fühlt, was ist. Bloß nicht ihn noch bedrängen, ihn mit meinen Problemen belasten. Nein, nein, nein! Ich selbst, wenn ich selbst da nicht rauskomme, ist es wirklich das Ende.

Ich brauche Urlaub. In die Uni kann ich nicht mehr. Lieber zum Teufel, aber nicht dorthin. Immer mal vorbeischauen, die Freude über dein Erscheinen bei den Leuten sehen, ihnen zulächeln, auch die eigene Eitelkeit befriedigen, aber bloß nicht mehr. Auch wissenschaftlich arbeiten kann ich jetzt nicht, das ist für mich am wenigsten wichtig.

Kurz, es naht das stille Ende. Außer einer optimistischen gibt es zwei Perspektiven – aufhören, man selbst zu sein (eigentlich trage ich schon lange eine Maske, die Maske der Ruhe), oder sich in der Klapsmühle wiederzufinden. Das ist das Wahrscheinlichste. Mit irgendeiner Nervenkrankheit. Zum Beispiel Kniezittern nach der Nachrichtensendung.

Ein paar Gedankenzitate aus »Freud«.

Die Identifikation des Über-Ich des Kindes mit dem Über-Ich der Eltern – Objekten der sexuellen Gerichtetheit der Libido als Grundlage der Erziehung. Klar, daß solche Identifikation nur nach der Zerstörung des Ödipuskomplexes, d. h. nach seiner Verdrängung, möglich ist. Je früher das geschieht, desto stärker formiert sich das Über-Ich, das ein Synonym für das Gewissen ist.

Die Angst, die Liebe des Objektes zu verlieren, die aus der Regression der Libido in Richtung Fixierung auf die Mutter als Objekt (das früheste Stadium), daher kommen möglicherweise die Versuche, diese Fixierung durch Zerstörung der Beziehungen zur Mutter abzublocken, auch durch aggressive Zerstörung. Die Folge ist ein Gefühl der »Leichtigkeit«, d. h. der Befreiung von der Angst.

Kann man vielleicht die Konzentration auf die Gesundheit im Alter durch Regression der Libido erklären, die nicht mehr auf dem sogenannten »richtigen« Weg befriedigt werden kann und auf dem Weg befriedigt wird, den Freud »Befriedigung vom Funktionieren der Organe« nennt.

28. 03. 90

Zuerst über meine Freunde. M. ist nach Hause gefahren. Wir haben vor der Abfahrt ordentlich einen draufgemacht! Er ist an der Grenze (hinter der Grenze?), ich bin es auch.

Er hat auf der Datsche eine Tür rausgehauen, womit er den Vater in wilde Verwirrung brachte, die in Wut überging. Dann hat er mit dem Kopf die ganze Umgebung durchgepflügt, ein Messer verloren, seine Papiere, die Schlüssel vom Wohnheim und noch irgend etwas. Am Morgen dann – völliger

Gedächtnisschwund nach dem Anfall, die Symptome sind offensichtlich: Radau, rief mich mit einem fremden Namen, war absolut nicht zu bändigen etc. Das ist schlimm. Zum Glück sieht es so aus, als wolle er von der Nadel weg oder sei schon weg. Geb's Gott, daß er durchhält. Die Folgen können furchtbar sein. Sein Zustand gefällt mir ganz und gar nicht. Die Sache mit dem »Angriff« auf die Schabolowka, *da* waren wir übrigens beide ziemlich blau. Bei jedem bißchen hat er gleich rote Flecken im Gesicht und 'ne blecherne Stimme etc. Nach seiner Abfahrt habe ich ein paarmal angerufen, war aber selbst völlig blau. Seinen Paß hat er sich noch nicht erneuern lassen, seinen Wehrdienstausweis anscheinend auch nicht. Er sagt, er geht arbeiten. Wo, hab ich im Suff vergessen. Er will sich ein Motorrad kaufen und im Juli herkommen. X. hat recht: M. muß entweder Kaskadeur werden oder zu den Rettungsmannschaften gehen. Sein Gehirn und seine Psyche sind so angelegt, daß er nur auf dem Seil balancieren kann, auf der sündigen Erde aber wird die Freude der Gefahr gleich durch den Ausdruck eines erschossenen Gottes in den Augen eingeengt. Er braucht das ständige Risiko, um seinen inneren Zwist zu übertönen. Ja, ... sieben Dienstjahre in der Armee schmücken den Menschen nicht gerade.

T. hat in der »Sojusexpertisa« Arbeit gefunden. Er arbeitet so, wie er alles macht, methodisch und ruhig. Geld verdient er da wenig, was er mit irgendwelchen Machenschaften kommerzieller Art ausgleicht, aber hat eine Masse Freizeit. Es sieht so aus, als sei er fast glücklich. Sind zusammen zu Tschernobyl-Kolja nach Malojaroslawez gefahren. Wir kamen an, und er – wie ein Blitz aus heiterem Himmel – sitzt schon eine Woche in Untersuchungshaft. Seine Schwester, dick, jedenfalls füllig, und ziemlich dumm (ist ungefähr 18, arbeitet im Kindergarten). Seine Frau Nadja mit einem ungefähr drei Jahre alten Kind. Das Kind lief im Zimmer hin und her und wiederholte: »Isolator, Isolator«.

Die Frau machte einen angenehmen Eindruck. Sie sagte, daß in der Näherei ... eine Maschine verschwunden sei und ... sich herausstellte, daß Kolja ... mit diesem ... Diebstahl zu tun habe. Das war die ganze Information. Ich habe (schon ein paar Tage später aus Moskau) N. angerufen. Sie bat um eine »Beurteilung vom Arbeitsplatz in Leninakan«. Wir haben – jeder – einen Brief an den Staatsanwalt geschrieben und zwei hatte ich schon der Mutter übergeben, einer guten, aber dörflich dummen Frau. Sie bat mich, einen Anwalt zu finden, aber ich hab bis jetzt (drei Tage sind vergangen!) keinen Finger gerührt. Ich schäme mich.

Die Situation in Kürze: Kolja hat zwei Jahre auf Bewährung von früher, von denen noch nicht mal eins um ist. Die Schuld hat er ganz auf sich genommen, auf einen Anwalt verzichtet, und er sitzt in Kaluga. Der Name des Staatsanwaltes ist Merinossow. Unangenehmer Name. Die Mutter hat noch erzählt, daß er die Bewährung für den Diebstahl eines Konzentrats hat (sie haben ihn reingelegt), daß er vor kurzem geheiratet hat – »sie mit Kind ihrem Mann weggenommen hat«. Nun hätte er leben können, aber das Schicksal ist unberechenbar – 4 Jahre wird er mindestens einsitzen. Es fällt schwer, ihn für den Diebstahl zu verurteilen: Sie leben in so einer schiefen Baracke, zusammen mit 4 oder 5 Familien. Der Junge hat vielleicht ein Schicksal – Tschernobyl (eine Dosis Radioaktivität!), Leninakan, U-Haft, was weiter? Gefängnis. Wenn er auch rauskommt, so doch mit zermanschter Psyche.

Die Philosophie ist einfach:
Tschernobyl – *die Armee*, sonst wäre er da nicht hingekommen,
Leninakan – *staatliche Schlamperei*,
U-Haft – *Armut*.
Alles zusammen in der rechten Spalte ist das staatliche System, in der linken – Schicksal des Individuums, sozusagen. Mit diesem einfachen Schema kann man sogar einem Schulkind erklären, was Sowjetunion heißt. Traurig und schrecklich.

Mit G. habe ich mich wieder vertragen, wenn wir uns überhaupt gezankt hatten, obwohl mir sein Verhalten vorgetäuscht schien. Er muß mich verstanden haben. Ich habe ihm munter meine Vorwürfe erzählt, als ob ich mich von ihnen schon losgesagt hätte, und er wunderte sich munter.

S. geht es meiner Meinung nach nicht schlecht, aber auch nicht besonders gut. Will sich einen Hund anschaffen, ist besessen von dieser Idee. Er war vor drei Tagen aus Anlaß seines Geburtstages bei mir und hat mich bis zur Gefühllosigkeit betrunken gemacht, bei aktiver Teilnahme meinerseits, versteht sich. Es ist mir unangenehm, aber ihm scheint nicht wohl dabei zu sein, daß er mich zu seinem Zwanzigsten nicht eingeladen hatte, wo mir doch solche formalen Einladungen absolut unwichtig sind. Ich hatte sogar, es ist peinlich, sein Geburtsdatum vergessen. Wir verbrachten einen angenehmen Suffabend, wenn man von dem oben Geschilderten absieht und vom Schock meiner Mutter eben durch das oben Geschilderte. Es heißt, ich hätte mir nicht mal die Hosen ausziehen können, und das ist keine Lüge, ich bin wirklich in Hosen aufgewacht, dafür ohne Strümpfe.

Zur Universität. Meine Gruppe scheint endgültig auseinandergefallen zu sein. Alle sind im Urlaub, und ich – was für ein Glück – gehe auch in Urlaub. Vor kurzem hab ich mit Pl gesprochen. Er war zu Hause, irgendwo in Kasachstan, glaub ich, und ist in sehr schlechter Stimmung zurückgekommen. Warum, sagt er nicht. Er hat Sehnsucht, Heimweh. In der Universität ist ihm alles öde, weil nicht mal C. kommt. Sie hatte alle Prüfungen abgelegt und anscheinend beschlossen, auf alles zu pfeifen. Apropos, zu ihr.

Einen feinfühligeren Menschen, der alles ohne viel Worte versteht, einen mutigeren und pflichtbewußteren und gleichzeitig weichen und taktvollen kenne ich nicht. Eine verblüffende Zusammensetzung aus den besten männlichen Eigenschaften und einer bewundernswerten Fraulichkeit.

K. war in Armenien. Die sind mit ihr die Grenze von Armenien nach Aserbaidshan lang gefahren. Es ist unmöglich, eine Information aus ihr herauszuquetschen. Ich weiß nur, daß sie mit einem Maschinengewehr geschossen hat (Begeisterung!) und eine Kalaschnikow mit zwei – drei Magazinen mitgebracht hat (durch den Sonderraum für Abgeordnete?). Wie es dort aussieht, ist mir nicht klargeworden.

Das einzige, was sie sagt, daß es in Jerewan einigermaßen ruhig ist, sogar – besser als in Moskau.

Noch aus den gesellschaftlich-politischen Neuigkeiten: Bin mit A. wegen Litauen aneinandergeraten, ob sie es rauslassen oder nicht. Nach der Dummheit, die sie gemacht haben, wird es für sie wohl noch schwieriger rauszukommen. Ich bin pessimistisch.

Jetzt zu mir, aber kurz – muß schlafen. Aus dem »Strudel« bin ich wohl raus, wenn bloß mit dem Urlaub nichts schiefgeht. Es läßt sich eine – im wahrsten Sinne des Wortes – Lebensperspektive erkennen. Ich bemühe mich, mein Leben nach dem Motto »Sterben wird verschoben« aufzubauen. Gehe Galitsch, dem Impressionismus, der Avantgarde, Rock und Kneipen aus dem Wege und überhaupt allem, was mit vermurkstem Bewußtsein verbunden ist. Höre die Nikitins, sehe keine Nachrichten, keine Sitzungen des Obersten Sowjets etc. Lese Tschaadajew, davor Dostojewski (interessant, was Aristoteles in meinem Fall der schrittweisen Überwindung des »Strudels« mit Dostojewski über die Katharsis gesagt hätte). Ich lerne, ziemlich aktiv sogar, Gitarre, aber man muß wohl doch zur Musikschule gehen. Hab mir 'ne Stelle als Pförtner gesucht. Gehalt: 100 Rubel, na und zum Teufel damit – ist für 2 – 3 Monate höchstens. Wenn es die Umstände erlauben, haue ich dann ab aus Moskau, irgendwohin – für den Sommer.

Bei den Ogarjows steht es sehr schlecht. Vera hat Zahnfleischkrebs, III. Stufe. Ein schneller und hoffentlich nicht qualvoller Tod. Nach ihrem Zustand zu urteilen – sie ist äußerst schwach, hat Sklerose –, besteht die Chance, daß sie in jene Welt geht, bevor hier der Alptraum beginnt. Anja ist im Krankenhaus – die Beine. Morgen fahre ich zu ihr, weil Vera *nicht glaubt*, daß ihre Schwester lebt. Sie braucht es schriftlich, obwohl sie sich erst vor zwei Tagen getrennt haben. Na gut, das ist nicht das Schwierigste.

Ich komme zum Schluß, muß schlafen, obwohl es sich lohnen würde, extra über das GPS (Holzverarbeitungswerk) zu erzählen.

1. 4. 90
GPS

Ich denke, jetzt werde ich öfter schreiben, da ich angefangen habe zu arbeiten. Das zweite Mal heute. Hab 24 Stunden Dienst. Lesen kann ich nicht die ganze Zeit: »Das Papier zieht zur Feder, die Feder zum Papier«, will *irgendwas* hinpinseln.

Mein Stübchen ist ziemlich karg, aber gemütlich. Das einzig Schlechte sind die Massen an Schaben, die mich jedesmal ablenken, wenn ich anfange zu lesen. Aber ich werd mich wohl daran gewöhnen. Ich bewache die Holzverarbeitungswerkhalle. Eigentlich gibt es hier nichts zu klauen. Doch mein Vorgänger ist, wie ich heute herausbekam, von den Arbeitern selbst grausam bestraft worden, weil er sich nicht »menschlich verhalten hatte« – nicht zuließ, daß etwas beiseite geschafft wurde. Sind nachts in seine Kabine eingebrochen und in die Arbeitsräume der Chefs. Danach hat er natürlich um seine Entlassung gebeten. Unter Berücksichtigung der Besonderheiten der sowjetischen Wirklichkeit habe ich nicht vor, seine Fehler zu wiederholen. Bis zu bestimmten Grenzen geht alles, und wenn jemand ein Kilo Nägel braucht, die es sonst nirgends gibt, so wird das Werk davon nicht zugrunde gehen. Wie dem auch sei, die eigenartigen Anmerkungen von dem einen Schleimi – als ich gerade die Formalitäten erledigte – über »Dinger«, die wir noch gemeinsam »drehen« würden, und der heutige Besuch eines gewissen Maxims (der Chef des Wachdienstes hatte ihn geschickt wegen ebendieser Nägel) und sein Verhalten haben mir ganz und gar nicht gefallen. Krumme Sachen werde ich mit diesen Leuten nicht »drehen«, und wenn nur die geringsten Befürchtungen in Richtung Strafgesetz entstehen, verdufte ich sofort. Koljas Schicksal möchte ich nicht teilen. Übrigens, zu ihm. Ich war bei B., wegen eines Anwalts. Sie riet mir, die juristischen Beratungsstellen abzulaufen und zu suchen. Sie sagt, man solle lieber einen an Ort und Stelle nehmen, in Kaluga, das wird billiger, und das Niveau kann sogar höher sein. Morgen rufe ich in Malojaroslawez an.

Was die Ogarjows angeht, da gibt's nichts zu schreiben. Vera ist von diesem mißratenen Töpfchen-Stuhl runtergefallen, hat sich total bedreckt und furchtbar geweint. Sie braucht wohl eine Krankenpflegerin.

Das ist alles, was mir in den Sinn kommt. Nehme mir Tschaadajew vor, will das Gelesene kurz aufschreiben, damit es nicht in Vergessenheit gerät.

4. 4. 90
GPS

Sitze in meinem Dienstzimmer und langweile mich. In letzter Zeit ist nichts passiert. Alles beim alten. Hab mit Z. wegen der Rettungsmaßnahmen gesprochen. Eine Vereinigung ist gegründet worden, eine Sonderverwaltung beim Roten Kreuz und beim Roten Halbmond wird eingerichtet. Es gibt schon eine Profitruppe (etwa 30 Mann) – Kynologen, Ärzte, Experten – zusätzlich zu den Rettungsleuten. Anscheinend auch 7, oder waren es 9 Super-Bergsteiger, überhaupt alles sehr professionell. Gott sei Dank. Auf Laien (die sogenannte zweite Kolonne) ist man noch nicht angewiesen. Ich denke, bis zu uns werden sie so in zwei Jahren stoßen – nicht früher. Aber ich fühle mich nicht mehr verantwortlich. Die Arbeit wird getan – und zwar von guten Menschen, professionellen – nicht wie ich. Also ist alles in Ordnung. Hab Z. gebeten, mich auf dem laufenden zu halten.

Was anderes. Hab mit C. gesprochen. Irgendein Kerl ist ihr abends von der Metro nachgelaufen; im Haus hat er sich dann auf sie geschmissen. Ich weiß, daß sie hingefallen ist und sich den Kopf aufgeschlagen hat. Weiter hab ich nicht gefragt. Wehe ihm, wenn ich den mal treffe ... So schlimm steht's um uns. Sehr schlimm.

11. 4. 90

Hab mich mit S. getroffen. Waren bei Dürer. Den Abend verbrachte ich mit ihm und G., der mit einer Dame kam. Sie heißt Jelena, ist Jüdin, 28, »schwärmt« für Israel; denn sie war gerade da. Sie ist hübsch, eine Dame von Welt; auf der Basis gedankenlosen, »hochwissenschaftlichen« Geplappers hat sie mit meiner Mutter eine gemeinsame Sprache gefunden und ihr zwei Stunden lang erzählt, was diese auch ohne sie gut wußte. Hab sie kaum auseinandergekriegt. Mutter hat sie anscheinend nicht sehr gefallen.

Arbeitet im Institut für Psychologie, jongliert mit Begriffen. Am Schluß war ich nicht besonders höflich, kam zu spät zur Arbeit, ach und ich habe diese Quatscherei auch satt – darum glaube ich, daß ich ihr nicht gefallen konnte. Sie wird's überleben.

Überhaupt gerät G. immer an »superkluge«, sein eigener Ausdruck, Frauen. Er ist selbst in vielem so, aber erstens hat er ein Gefühl für das Maß, und dann drückt es sich auch eher in einer gewissen unaufdringlichen Überschätzung seiner Möglichkeiten aus. Das Plus dabei ist in der Tat sein Selbstvertrauen (vielleicht – eine künstlich herausgearbeitete Verhaltensweise – als Resultat der Überwindung eines Komplexes). Bei all dem kann er hervorragend zuhören, und zwar mit ehrlichem Interesse und Anteilnahme; und er hat auch etwas Mondänes, im besten Sinne des Wortes.

Ein interessantes Detail: Alle unsere Treffen enden mit einer gewissen Abkühlung beiderseits. Warum?

Was anderes. Habe gestern mit C. telefoniert und E. bei ihr erwischt. Wäre froh, wenn es was Ernstes ist. Er hat von einer Umfrage erzählt, die das Zentrum zur Erforschung der öffentlichen Meinung im Baltikum durchgeführt hat. Die absolute Mehrheit – auch unter den Russen ist für die Abspaltung. A. sagte das gleiche. Das ist gut, aber wie lange hält das? Das Baltikum ist nicht der Kaukasus, das stimmt, aber mit solchen Fähigkeiten und Erfahrungen in der provokatorischen Tätigkeit, die der KGB hat, kann man jede beliebige Gesellschaft so weit kriegen. Szenarium: Schaffen einer ökonomischen Instabilität, Propaganda von Rassenzwist und als Folge sozialpolitische Instabilität; danach – eine nichtige, aber gut und zur richtigen Zeit angelegte Provokation, und die angestaute oder künstlich geschaffene Spannung wird geschickt in einem rassistisch-chauvinistischen Komplex kanalisiert. Die Aussichten sind äußerst traurig.

Wird das Baltikum durchhalten?

... Nehme mir Dostojewski vor.

13. 4. 90
GPS

Glück gibt es auf der Erde nicht,
doch gibt es *Ruhe* und *Freiheit* ...
       (Puschkin)

15. 4. 90
GPS

Einer der Gründe für meinen Universitätsurlaub besteht darin, Zeit zu finden, um Kontakte zu interessanten Leuten herzustellen. Solche Zufälle wie mit M. und G. sind Ausnahmen. Bekanntschaften muß man sich *anschaffen*. Liebe und Freundschaft können nur den »wie ein finnisches Messer« erschlagen, der die sieben Kreise der Hölle hinter sich hat. In allen anderen Fällen muß man sowohl das eine als auch das andere aufbauen, sich stützend auf die gegenseitige Sympathie und den Willen. Dafür braucht man Zeit, und nicht wenig! Obwohl, eigentlich habe ich, als ich die Nacht mit D. totgeschlagen habe – beinahe hätte ich »verbracht« geschrieben! –, gefühlt, wie sehr mir M., K. fehlen. Bekanntschaften sind gut und schön, doch aus der Einsamkeit kann der Mensch sich nur mit den Leuten befreien, die ihm im Geiste wirklich ähnlich sind, die er entweder liebt oder von denen er geliebt wird. Da haben wir nun den Stock mit zwei Enden, ein Oxymoron, das in vom Suff unglücklich zusammengeflochtenen Gehirnen entstanden ist.

17. 4. 90
GPS

Der Mensch wird nur dann selbständig, wenn er sich umsieht, sich und seine Verpflichtungen einschätzt und dann sagen kann: Ja, ich bin allein; allein, doch ich bin da, existiere, habe einen bestimmten Sinn und bin zu irgend etwas auf dieser Welt geboren, sei es auch nur dazu, um die »Zeitenkette« nicht abreißen zu lassen. Ich bin allein, aber ich werde mit meiner Einsamkeit fertig. Sie engt mich ein, aber sie ist nicht *stärker* als ich; mehr noch: *von mir* hängt es ab, diese Einsamkeit mir und meiner Umgebung zunutze zu machen. Eine der unverzichtbaren Bedingungen dafür ist eine, soweit es geht, objektive Selbsteinschätzung, eine Selbsteinschätzung ohne Verschönerungen, aber auch ohne Selbstgeißelung.

War gestern bei S. zu Hause. Ich konnte ja nicht ahnen, was bei ihnen los ist! Ein Alptraum. Gereiztheit und gegenseitige Feindseligkeit sind in jeder Bewegung, jedem Wort, jedem Blick zu spüren. Alle sind förmlich in ständiger Erwartung einer Ohrfeige oder eines Schreies. Furchtbar. Seit der Scheidung meiner Eltern bin ich an diesen Zustand nicht mehr gewöhnt. Wie können sie das nur aushalten – unverständlich. Das einzige Gefühl, das ich, während ich bei ihnen saß – zwei Stunden –, hatte: das Gefühl ständiger Gefahr, ständiger Kampfbereitschaft irgendwie. S. tut mir leid, ja und auch die anderen, aber treffen werde ich ihn in Zukunft lieber bei mir zu Hause oder auf »neutralem Boden«.

S. hat von seiner Schwester (etwa sieben Jahre) erzählt, sie sei sehr begabt. Zu ihr sind alle dort nett, aber die allgemeine Nervosität muß sie beeinflussen. Sehr schade.

19. 4. 90
GPS

Jeder Mensch muß eine disziplinierende Einsamkeit durchmachen. Die Heimsuchung durch die Einsamkeit ist eine der schwersten, aber sie ist offensichtlich notwendig. Man darf nur Einsamkeit nicht mit Verlassenheit verwechseln. Bei richtiger Entwicklung geht das zweite in das erste über, aber *qualitativ* ändert es sein Wesen – der passive Anfang wird aktiv, sich selbst genügend.

29. 4. 90
GPS

Jetzt was anderes. Vor einigen Tagen lernte ich hier, auf der Arbeit, einen Jungen kennen, der in der Nachtschicht arbeitete. Er heißt Pjotr, sieht aus wie 17. Er ist heftig und beweglich, aber nicht stark. Ins Werk kam er über Einweisung durch die Miliz – in der »Chemie« seine zweite Strafe abzuarbeiten (die erste war sieben Monate vorher zu Ende). Ich hab ihm 'ne Tasse Tee angeboten, woraufhin er mich mit Witzen über Wassil Ivanytsch, Saufen etc. überschüttete. Spricht abgehackt, wenn er etwas erzählt oder den Inhalt der Filme wiedergibt, die er sich in unzählbaren Mengen ansieht, kichert er irgendwie ruckartig und wirft dabei den Kopf in den Nacken. Spielt den Verwegenen, ein fideles Haus. Alle seine Interessen und Geschichten – man haben wir »gesoffen«, man hatten wir 'ne »Omme«. Übrigens hat er mir sehr genau beigebracht, wie man sich mit Portwein den Kater wegtrinken und arbeitsfähig fühlen kann. Leicht zu lernen: Trink in kleinen Schlucken, daß es sich setzen kann, und wenn du merkst, daß die Augen wieder an Ort und Stelle sind, dann hör auf und – ab an die Arbeit. Will versuchen, seine Erzählung über seinen jüngeren Bruder aus der sechsten Klasse zu rekapitulieren.

– Na, erst war er mir so 'n Mickriger, kleen. Alle haben ihn verkloppt, Scheiße. Mit mir, Mann, hat er sich gedroschen. Ich weiß noch, einmal hat er sich mit der Axt auf mich geschmissen, und da, Mann, wir hatten da so 'ne Ketten mit 'ner Kugel dran, weeßte, wenn de damit losmachst, biste im Arsch (er zeigt wie genau, lacht). Also, ich hab ausgeholt und ihm eins reingefickt mit der Kette, daß die sich um seinen Bauch wand und die Last nach hier gebumst ist (zeigt auf die Niere). Er ist gleich abgefuckt, der Hurensohn. Dann ist er operiert worden, haben die Niere wieder in Ordnung gebracht ... So ... (lacht). Dann mal – es war schon alles verheilt nach der Operation – sitzen wir so mit den Jungs, und einer – Dron – hält seinen Kopf zwischen den Knien und ärgert ihn. Na, ich hab's dem Hundesohn gegeben: Mann, kannst du nicht auf dich selber aufpassen, du Wickelkind ... Und da macht er sich plötzlich frei und donnert wie Arsch auf Dron los. Der sitzt, total verfickt, faßt mit den Händen an sein Kopp. Der Kleene macht sich los und verpißt sich zum Haus, Mann, mit 'ner Geschwindigkeit, das glaubt keen Schwanz, eh (kichert mitreißend). Dron, eh, nimmt die Hand vom Gesicht, fragt, wo er ist. Ich sag, ich weiß nicht, zu Hause, zum Arsch, wahrscheinlich. So ein Hurensohn. Und dann, zum Arsch, hat er zwei Kerle von 17 verkloppt. Na, ich wollte hin, sehen, was los ist – die hatten Geld geklaut – brauchst nicht, sagt er, die sind schon im Arsch, eh (Lachen). Mann, wie der die verkloppt hat, mit den Beinen! Mann, der Hurensohn, vor Angst, eh. Hatte Angst, daß die aufstehn und er im Arsch ist, eh. Mann, Scheiße (das ernst).

Davor, früher, hab ich ihn oft verkloppt. Einmal hab ich so zugedonnert – total im Arsch, eh. Jetzt ist er so 'n Kerl. Wie ich, eh.

Diese bis zum Merkwürdigen alltägliche und in ihrer Alltäglichkeit schreckliche Grausamkeit, in der wir leben, die wir atmen, die Fleisch von unserem Fleisch ist. Eine *nicht böse* Grausamkeit. Diese Grausamkeit ist unsichtbar, wird im alltäglichen Leben von niemandem bemerkt, und zur gleichen Zeit ist sie bei jedem Schritt anzutreffen. Der Himmelstraum dieses Jungen ist, seine Bewährung runterzuschrubben und als Transportarbeiter ins Café zu gehen, »zu Tatjana«. Der Stiefvater war im Entzug, ist vielleicht noch da. Die Mutter arbeitet. Das hat er selbst erzählt, ich hab nicht gefragt.

3. 5. 90
GPS

Meine Stimmung ist so, daß ich saufen möchte. Zwar scheint alles gar nicht so schlecht, aber ich kann mich kaum zwingen, mich nicht total vollaufenzulassen. Diese Schwermut, diese Sehnsucht. Und dabei unbegründet, hoffnungslos ... Woher kommt das? Ich kapier's nicht.

5. 5. 90

Es geht mir besser. Haben gestern mit S. den ganzen Tag auf der Datsche wie die Wilden gearbeitet – Steine und Sand geschleppt. Dann hab ich 14 Stunden geschlafen. Jetzt will ich das Evangelium lesen.

Selig ist, der sich selbst nicht zu verurteilen braucht, wenn er sich prüft (Römer 14, 22).

Alles ist mir erlaubt, aber nicht alles dient zum Guten; alles ist mir erlaubt, *aber es soll mich nichts gefangennehmen* (1. Korinther 6, 12).

Nicht, daß die anderen gute Tage haben sollen und ihr Not leidet, sondern daß es zu einem *Ausgleich* komme (2. Korinther 8, 13).

9. 5. 90
GPS

Heute hab ich den alten Leuten gratuliert. Bei ihnen ist alles mehr oder weniger in Ordnung. Opa philosophiert – bei ihm hat sich plötzlich so ein pathologischer Hang zur Weisheit eingestellt; doch in die »letzten Fragen« dringt er nicht, und seine Philosophien sind eher die veralteten Lebensweisheiten eines Menschen, der lange gelebt hat.

In letzter Zeit, und das ist ganz natürlich, kommt er ziemlich oft auf das Jahr '37 zu sprechen. Heute hat er plötzlich angefangen zu erzählen, wie sie im ehemaligen Innenministerium gefoltert hatten. Ihn – mit Schlaflosigkeit und unbequemer Haltung: du sitzt mit dem Stiez am Stuhlrand, die Beine ausgestreckt, kannst dich nicht aufstützen. Nach ein paar Tagen (!) kippt der Mensch, ungeachtet des grellen Lichtes, um und schläft ein. Er wird aufgeweckt, hochgenommen, wieder hingesetzt: »Unterschreib hier, hier und hier – dann kannst du schlafen.« Und was dann?

Einem Chauffeur aus seiner Einheit hatten sie Spionage angehängt, er hätte ins Ausland gewollt und sei darum in die französische Besatzungszone gegangen (1946). Ihn haben sie so gefoltert: in ein dunkles Zimmer gesetzt, einen starken Ventilator eingeschaltet für die Kälte und eine Sirene (!). Sie sagten ihm, wo der Knopf sei, den er drücken sollte, wenn er seine Schuld anerkennt. Was sollte er tun? Heldentum hervorkehren! In so einer Situation – man muß sich das mal vorstellen – erscheint einem Heldentum nach zwanzig - fünfundzwanzig Stunden nicht mehr als Dummheit, sondern als absoluter Wahnsinn. Resultat: Um die sieben Jahre hat er gekriegt.

So war das. Man braucht nicht zu schlagen, Finger zu brechen, Nadeln unter die Fingernägel zu stecken ... Es gibt einfachere und zuverlässigere

Methoden. Kann man das verzeihen? Vergeltung ist nach dem Prinzip des *Phaleones* – ein Überbleibsel aus der Vorzeit. Aber ich weiß nicht, was ich sagen würde, wenn ich etwas Ähnliches durchmachen müßte. Doch man darf nicht aus der Gegenwart heraus die Vergangenheit richten, wenn es um Menschen geht, die noch leben. Soll Gott richten.

Ich fühle mich zur Zeit nicht schlecht, wenn auch ziemlich schwermütig. Lange kann sich diese Übergangsperiode nicht halten und wird es auch nicht. Gleichgewicht kann nicht lange dauern. Irgendwas wird geschehen, und dann – entweder vorwärts oder zurück ... besser wäre, vorwärts.

13. 5. 90
GPS

Die letzten drei Tage war ich krank: blutiger Durchfall und schreckliche Schmerzen. Hab die ganze medizinische Enzyklopädie durchgelesen – über Hämorrhoiden, Gelbsucht, Urämie – und bin zu der Einsicht gelangt, daß ich eine gewöhnliche Magenverstimmung habe. Heute geht's mir soweit ganz gut. Vielleicht ist es schon vorbei. Bin heute in so einer hellen Stimmung aufgewacht und sehr früh – um 5 Uhr morgens. Solche Stimmung hatte ich schon etwa eineinhalb Jahre nicht mehr. So ein helles Gefühl, vielleicht weil ich gestern bis spät im Evangelium gelesen habe.

Ich hatte gegen Morgen auch einen christlichen Traum, obwohl ich überhaupt keinen Hang zur Religiosität habe. So ein völlig vergessenes Gefühl der Fülle meiner Lebenskräfte, der Freude am Dasein, so geschwollen das auch klingen mag. Lange kann dieser Zustand natürlich nicht dauern – Minuten, aber die Freude des erlebten Anfangs, auch nur des Anfangs eines Tages, bleibt. Hab am Morgen, bis ich zur Arbeit ging, die Nikitins gehört. Sie haben es – von Gott. Das Helle.

15. 5. 90
GPS

Gestern war ich auf der Datsche (hab die Alten mit dem Taxi hingebracht). Nach Berdjajew – es traf sich gerade zusammen – sind mir einige Momente in L. F.'s Verhalten aufgefallen.

Ihre verblüffende Fähigkeit, zum Kefir Pilze anzubieten und statt Pelmeni – eine Stulle mit gekochtem Fleisch, ist nicht einfach eine Eigenheit. Es ist völliges *Fehlen jeglichen Geschmacks*. Ein Echo des Positivismus (in der russischen Variante). Es ist ja beides – Fleisch. Das heißt, vom Standpunkt der Ernährungswissenschaft ist es das gleiche.

Jetzt über Vater. Seine endlosen, stürmischen und leidenschaftlichen Beschuldigungen der Kommunisten sind nicht nur Exaltiertheit von der Fülle neuer Informationen, nicht einmal nur Rechtfertigung seiner selbst. Sondern die Erscheinung russischen *Messianismus* (Berdjajew) – nach dem Inhalt – in grober und kategorischer, das heißt *bolschewistischer* Form. Eigentlich kommt das von unserer allgemeinen Kulturlosigkeit. Er hat Chancen, wie merkwürdig das auch immer ist, unerträglicher zu werden als selbst L. F. Er hat weder ihre Wendigkeit noch die Eigenschaft, sich einschüchtern zu lassen.

Überhaupt, immer wenn ich hinkomme, bekomme ich schlechte Laune.

27. 5. 90
GPS

Ein Gedanke. In jedem Menschen gibt es zwei »Ich«: ein tierisches und ein geistiges. Der Alkohol unterwirft das geistige dem tierischen, und genau darin besteht seine schwächende Wirkung, daß bei Lockerung der Bremsen der »kulturellen Schicht« das tierische »Ich« die Möglichkeit erhält, sich hervorzutun, zu entschlüpfen; wonach sich wieder ein Gleichgewicht einstellt. Dabei können die äußeren Erscheinungen und Verhaltensweisen furchtbar sein, und daher wird das Gedächtnis weise »ausgeschaltet«. Für einen Menschen, der die Gabe hat, Selbststabilität zu halten, das Gleichgewicht dieser zwei »Ich«, den status quo der eigenen Seele, ist Alkohol eher schädlich als notwendig.

14. 6. 90

Gestern war ich auf Q.'s Beerdigung. Bin nur in die Leichenkammer und zur Einäscherung gefahren – bei der Totenfeier war ich nicht, weil abends Besuch kommen sollte. Ein eigenartig friedliches Gefühl – die Beerdigung eines alten Menschen, der ein langes, wenn auch nicht immer glückliches (Krieg, Krankheit), doch ereignisreiches Leben geführt hat. Es kamen, außer der Tochter und so natürlich, noch einige Menschen, denen sie *wirklich* lieb und teuer war. Alles war feierlich und ruhig.

Was mich verblüffte: Da war kein Geruch. Für mich ist Tod ohne Geruch kein Tod. Daher kann ich die Tatsache ihres Todes bis jetzt nicht anerkennen.

18. 6. 90
GPS

Ich schreibe, weil ich Nietzsche in der Nacht ausgelesen habe und mich nicht gleich an Solschenizyn machen will. Ich hab Zeit.

Also, morgen – jetzt kann ich schon morgen sagen – habe ich zum letztenmal Dienst, und dann kündige ich, zum Teufel. Hab eine Menge Pläne, von der Fahrerlaubnis, Visum etc. bis zu sehr Persönlichem. Bei den Ogarjows sieht es schlecht aus. Vera ist in einem Vor-Insult-Zustand, Anja hat Schmerzen in den Beinen – sie stöhnt ohne Unterbrechung. Heute bringe ich ihr Zäpfchen.

G. scheint es besser zu gehen – diese I. ist aufgetaucht, und obwohl sie auf mich beim erstenmal einen ziemlich blassen Eindruck gemacht hat, scheint es was mehr oder weniger Festes zu sein. Zu seiner Ehre sei gesagt, er schafft es, sich irgendwie selbst zu regulieren oder so. Jedenfalls kann ich mir nicht mal vorstellen, daß er sich hängen ließe.

Habe Kontakt zu S. Bei ihnen steht's schlecht, da all diese Neurosen, soweit ich das verstehe, seine Mutter schon zu rein physiologischen Abweichungen gebracht haben.

War ein paarmal bei K. (Tochter von Q.). Sie trösten ist sinnlos, Beileid auszusprechen – dumm, das einzige, was man machen kann, ist zu helfen, wo es nötig ist. Bei ihr schaut ständig jemand rein, sie beschwert sich, daß sie sich nicht »setzen, nachdenken und verrückt werden« kann. Das ist wohl auch gut so.

Meine Laune ist normal-hoffnungslos, aber näher zum Guten als umgekehrt. Ich lebe »dem heutigen Tag«. Hab mich aus einem Löwen in ein Kamel verwandelt. Aber ob es für lange reicht, selbst wenn man berücksichtigt, daß ich ein viel vorsichtigeres, erfahreneres und egoistischeres Kamel bin als früher? Ich lese langsam, aber viel.

25. 6. 90

Hab gekündigt. Schon eine Woche bin ich bei meinen alten Leuten: Opa ist ins Sanatorium gefahren, und sonst ist keiner da, der bei Großmutter bleiben könnte. Zwei Tage hab ich mit S. einen draufgemacht. Zuerst bei ihm, dann in der Nähe von Wolokolamsk – sind im Suff in ihr Sportlager gefahren. Fühle mich ekelhaft: mein Herz klopft im wahrsten Sinne des Wortes, die Hände spielen tremolo crescendo, schon den zweiten Tag. Darum werde ich von heute an einen Monat nicht mehr trinken.

Was anderes. Habe heute im Fernsehen ein Interview mit Panitsch gesehen. Unglaublich komisch, aber er hat vor 40 Jahren auch bei Kabo gelernt. Er erinnert mich auch stark an Sh., aber das ist ja auch nicht verwunderlich, denn sie waren anscheinend Klassenkameraden. Die gleiche Mimik, die Art zu sprechen, sich zu wundern, sich fast physiognomisch mit dem Partner zu unterhalten; jeden Gedanken zu einem logischen und übrigens nicht trivialen Ende zu führen.

Ich lese den »Gulag«. Nimmt mich sehr mit.

16. 8. 90
»Torpedo«

Jetzt arbeite ich schon einen halben Monat in der Kooperative mit dem unerwarteten Namen »Renaissance«. Warum »Renaissance«? Weiß ich nicht. Ihr Profil: Baureparaturen. Ich bin Schwarzarbeiter. Entdecke eine neue Welt. Wir arbeiten im »Torpedo«-Stadion.

Was ist ein Grobian? Und kann ein geistig und seelisch vollwertiger Mensch zum Vieh werden? Wenn ja, unter welchen Umständen? Des Rätsels Lösung liegt wohl darin, daß Grobian nicht Natur und nicht Bestimmung ist, sondern eine Situation. Als Beispiel kann man Sascha K. nehmen. Er ist etwa 35, verheiratet, hat einen Sohn, eine schöne Geliebte, ein Auto ... seine Jugend. Ist das etwa kein Leben? Fröhlich, gutmütig, gesellig. Ein guter Mensch. Er hat sein Gesicht – er ist ein bißchen Witzbold, Streithammel und ein klein wenig Faulpelz; seine Gewohnheiten – ein besonderer Gang, die Art zu sprechen etc. *Ein guter Mensch.* Würde auch einem Fremden uneigennützig helfen. *Ein guter Mensch*!! Ich fragte ihn:

– Sascha, was würdest du mit Spekulanten machen, mit Dieben, mit denen, die Bier verdünnen, die einige Hunderttausend im Jahr haben?

Er hat sich nicht mal die Zeit genommen zu überlegen, die Frage zu Ende zu hören – die ersten fünf Wörter bis »Spekulanten« –, und die Antwort kam schon geflogen, eine schnelle, die einzig richtige und einfache. Die Antwort aller Antworten. Für alle Zeiten immer dieselbe:

– Erschießen, zum Arsch!

Du kannst dir den Mund fusselig reden – über Beweise, Gesetze etc. –, es ist sinnlos.

Beweise? Wofür, zum Teufel! Gibt's zu wenig leere Läden? Schuld? Red keinen Quatsch! Das Gesetz? Ist zu weich, Mensch, ach, und das brauchen wir auch *gar nicht*. Einer hat 'nen Menschen umgebracht. Und dafür soll er nur sieben Jahre kriegen?! Erschießen muß man die, zum Arsch! Wir haben genug Menschen. (Das ist allerdings schon ein anderer Sascha – gebildet, hat vor zehn Jahren beinahe die Hochschule beendet, auch so ein lieber, guter Junge.)

Eine spitzfindige Frage: Und wenn's dich betrifft?

– Wieso *mich*? Denen muß man die *Hände beschneiden* (zeigt wie).

– Und wieso denen?

Das hört er schon nicht mehr, *will* nicht hören. Er wird's nicht kapieren, bis sie ihm nicht selbst das Gehirn mit 'ner Kugel rausblasen.

Und laß nun diesen Sascha – die Arbeiterklasse – Hydroingenieur wie bei Solschenizyn werden. Gib ihm mehr Macht, wie 1918! Ein, zwei Wochen, und du hast den *Grobian* und das *Vieh* in einem. Köpfe werden rollen, die Hydraulik wird aufhören zu funktionieren – was geht ihn die Hydraulik an –, er wird sich eine Mannschaft zusammenstellen (auch alles gute Jungs) und eine hemmungslose Willkür mit Wodka und Mädchen schaffen. Aber nicht für lange – bis einer 'nen Bericht über ihn schreibt oder eine Havarie stattfindet.

Und bei der »Tscheka« sitzen genau solche. Sie brauchen auch weder Beweise noch Gesetz. Du säufst, Havarie – *an die Wand* (wenn die arbeiter- und bäuerliche Abstammung nicht hilft). Und wer kommt auf seinen Platz? Na, genau so einer, nur mit weniger Selbstsicherheit und mehr Vorsicht. Er wird die Fehler seines Vorgängers nicht wiederholen, seine Macht nicht zur Schau stellen, im stillen trinken, ohne Lärm – darum wird er sich länger halten. Eben mit ihm und solchen wie ihm hat sich die Rasse der Grobiane auch gehalten und wird sich halten. So ist also Roheit eine Mischung von Dummheit und Kulturlosigkeit mit der entsprechenden (nicht entsprechenden) Lage in der Hierarchie der Macht ...

Aber bis jetzt ... ist Sascha ein guter Junge, morgen gehen wir zusammen ein Bierchen trinken statt zu arbeiten.

Sevgi

Freitag
5. Januar 1989

Ich habe Vati gesagt, daß er Ayse überreden soll. Aber nein! Die Dame will zu Hause bleiben. Sie meint, sie habe Hausaufgaben und würde einen Anruf erwarten. Ich habe nur wegen ihr Klopfe bekommen. Nur, weil ich gesagt habe, sie und Bruder sollen ausziehen. Ich will von zu Hause abhauen. Aber ich weiß nicht wie. Und ich habe Angst, daß sie mich nachher verfolgen werden. Und aus der Schule muß ich dann auch rausgehen, aber ich will nicht. Ich lese ein Buch, es heißt »Ayse und Devrim«. Ayse wollte mit 18 von zu Hause abhauen, aber ich will es jetzt schon. Ich werde sowieso mit 18 ausziehen. Ich hasse meinen Bruder, Ayse und meine Mutter, alle sind gegen mich. Ich kann Mutti nicht mehr verstehen. Als ich mit ihr arbeiten war, war sie mir gegenüber ganz anders, nett. Deshalb möchte ich, daß Bruder und Ayse ausziehen sollen. Wenn sie ausziehen, dann kriege ich im Monat auch 50,– DM, aber jetzt kriege ich 2,– bis 3,– DM. Ich will auch allein ein Zimmer haben und daß meine Freunde zu mir kommen, nicht daß sie ins Wohnzimmer kommen und wir andauernd gestört werden. Ich will ein eigenes Zimmer haben mit Fernseher und Stereoanlage. Die zwei Sachen möchte ich haben, sonst wünsche ich mir gar nichts von meinen Eltern. Alle meine Freunde raten mir ab, von zu Hause abzuhauen.

Sonntag
8. Januar 1989

Ja, ich bin immer diejenige, die ausgemeckert wird. Mit Mutti habe ich mich zwei Wochen lang gut verstanden, aber wenn sie zu Hause ist, ist sie ganz anders zu mir. Wenn Bruder nicht mit uns leben würde, könnte ich mich mit Mutti sogar mehr als zwei Wochen lang verstehen. Ich hoffe, daß Bruder auszieht. Wie ich alle hasse. Ich mache jede Woche die Treppen sauber, und jede Woche trage ich Holz nach Hause. Fatma räumt ihre Sachen nicht auf, macht keine Treppe sauber, trägt kein Holz, aber keiner sagt was zu ihr. Ayse droht mir, sie sagt: »Ich werde Papi sagen, daß du Alkohol gekauft hast.« Obwohl es kein Alkohol war, sagt sie Alkohol.

Dienstag
10. Januar 1989

Seit gestern bekomme ich Klopfe. Ich soll nicht gegen Ayse was sagen. Sogar ganz schlimme bekomme ich. Gestern hat mich Mutti mit der Rührgabel geschlagen, und mir tut immer noch mein Rücken weh. Und Ayse hat auf meine rechte Schulter geschlagen. Meine Mutter meint, wenn ich wieder gegen Ayse was sage, bringt sie mich um.

Freitag
13. Januar 1989

Mir ist langweilig, ich warte und warte, damit die Zeit schnell vergeht, aber nein. Tülin wird mich anrufen, ich warte, daß sie mich abholt. Wir wollen nämlich Ali, Coskun, Manfred und Sabine besuchen gehen.

Freitag
20. Januar 1989

Ich mußte mit Kadir zum Arzt gehen, da haben Bekannte uns gesehen und gleich Mutti erzählt.

Samstag/Sonntag
21./22. Januar 1989

Mutti hat mich gefragt, wie ich mit ihm gegangen bin. Ich war total nervös. Ich glaube, ich bin jedes Wochenende nervös.

Montag
23. Januar 1989

Ich habe überlegt, ob es gut für mich ist oder nicht. Ich habe meinen Paß und mein Impfbuch genommen, außer den beiden Sachen habe ich auch 800,– DM genommen. Ich hatte große Angst.

Dienstag
24. Januar 1989

Ich bin von zu Hause abgehauen und habe am Anfang gar nicht bereut, daß ich von zu Hause abgehauen bin. Ich bin wieder zu Hause, leider!

Mittwoch
25. Januar 1989

Ich bin zu Ayses Schule gegangen und habe nur Anschiß bekommen. Ich habe bei der Praktikumsstelle angerufen und gesagt, daß ich nicht kommen kann, er hat mich beschimpft, weil ich nicht gestern angerufen hab.

Samstag/Sonntag
4./5. Februar 1989

Heute ist Acid-Party, und ich darf nicht hin, und morgen zur Rollschuhbahn dürfen wir auch nicht, weil es zu teuer ist.

Donnerstag
16. Februar 1989
Gestern hat Orhan mit Kerstin Schluß gemacht, und auch Bernd mit Sabine. Beide wollten sich umbringen, was ich für Schwachsinn halte. Habe mir geschworen, daß ich mit keinen Jungs gehen werde. Denn den Schluß kenne ich.

Mittwoch
22. Februar 1989
Heute habe ich mich mit Nicole und Birsel verabredet. Wir wollten zur Ville gehen, aber wir sind zuerst zur Wilmersdorfer gegangen, weil Nicole sich eine Bomberjacke holen wollte.

Samstag/Sonntag
25./26. Februar 1989
Ich habe weder Holz getragen noch Treppen geputzt. Es ist ganz anders am Wochenende ohne Treppenputzen. Man ist so frei.

Montag
27. Februar 1989
Heute war es sehr lustig. Ich und Selda haben andauernd gelacht. Ich und Fatma waren bei Kaisers, da haben wir Nurcan getroffen und sind zur Berrin gegangen. Wir haben andauernd Spaß gemacht. Es war ein wunderschöner Tag heute.

Sonntag
12. März 1989
Vati will mich in ein Internat stecken, ich will aber nicht. Vielleicht haue ich von zu Hause ab. Aber wenn, dann darf ich nie wieder zurück, weil sie mich bestimmt in der Türkei lassen werden.

Mittwoch
15. März 1989
Heute war unser erster Treff wegen der Türkeireise, es hat nur eine Stunde gedauert.

Freitag
17. März 1989

Ich wollte abhauen. Den Rucksack hatte ich im Keller. Die Tasche habe ich in Tantes Zimmer getan. Sie haben mich erwischt, als ich abhauen wollte.

Samstag/Sonntag
18./19. März 1989

Ich war bei Leyla abla am Wochenende und will die ganzen Ferien dableiben.

Dienstag
21. März 1989

Heute war Schwarzes Theater. Der D. J. war da, ich finde ihn süß. Da kam auch ein Junge, so ein großer, den ich auch voll süß fand. Wir haben gespielt. Außer mir und Necla kam keiner. Ich war so happy.

Freitag
24. März 1989

Heute kam Besuch zur Leyla abla. Wir haben andauernd Karten gespielt. Gestern kamen zur Leyla abla ihre neuen Ledermöbel. Wir waren draußen und haben Tischtennis gespielt.

Montag
3. April 1989

Ich bin nicht zur Schule gegangen. Ich dachte, wir müssen die Aufsätze abgeben. Ich bin Sibel im Krankenhaus besuchen gegangen. Sie hatte einen Knoten in der Brust, aber jetzt ist alles weg. Okay.

Sonntag
9. April 1989

Samstag war ich beim türkisch-deutschen Abend. Es war wunderschön. Heute war ich beim Flohmarkt.

Donnerstag
13. April 1989

Ich muß bald zum Spangenarzt, ich kriege eine neue. Will sie immer tragen, weil die AOK die Kosten sonst nicht mehr übernimmt. Ich saß mit Türkan heute, die quatscht mit mir andauernd.

Donnerstag
20. April 1989

Heute hat Adolf Hitler Geburtstag. Zur Schule kamen ganz wenige Schüler. Selda wurde erwischt, als sie schwarzgefahren ist.

Montag
1. Mai 1989

Mir kam es so vor, als ob heute Sonntag wäre. Ich habe meine Sachen aufgeräumt. Mit Bruder verstehe ich mich wieder nicht. Er sagt andauernd, daß ich abgehauen bin. Und Mutti, Vati und ich haben geweint, weil er so was sagt.

Mittwoch
10. Mai 1989

Wir sind mit dem Schwarzen Theater aufgetreten, 6mal. Es war ganz schön. Wir haben viel Besuch bekommen. Zu Hause fängt's wieder an mit der Streiterei.

Freitag
26. Mai 1989

Ich bin mit Nicole sprühen gegangen. Nicole hat es zum erstenmal gemacht. Ich habe auch Tolga, Daxy, Emre kennengelernt. Sie sind nett. Ich habe ein bißchen meine Haare geformt und aufgehört zu rauchen.

Dienstag
30. Mai 1989

Heute war Klassentreff. Ich war die Schönste. Wir wollen wieder einen machen, aber erst nach den Sommerferien. Ich freue mich schon darauf, und auf die Türkeireise.

Freitag
9. Juni 1989

Ich habe Holz reingeschleppt. Es hat mir Spaß gemacht, war aber peinlich. Auch Vati und Mutti sind zur Leyla übernachten gegangen.

Montag
12. Juni 1989

Heute ist Theater. Ich habe fotografiert. Bin mit der S-Bahn gefahren, es macht mir Spaß. Ich habe Graffiti gemacht. Weste und Jacke habe ich im Schrank gefunden.

Samstag
17. Juni 1989

Ich glaube, ich habe mich in Bora verliebt, wenn er es richtig meint ... Ich fühle mich bei den writers sehr wohl.

Zu Hause kann ich es nicht mehr aushalten. Andauernd dieses Theater, wenn ich mal rausgehen will. Und heute hat Bruder gesagt, daß er sich freuen wird, wenn ich früher sterbe. Es ist so wie früher, aber wenn ich wieder abhaue, darf ich nicht mehr nach Hause kommen. Es wird bestimmt sehr schwer für mich werden. Jasemine will es auch machen. Es ist jetzt 6 Monate her, daß ich abgehauen bin. Bis jetzt hat sich das Verhalten meiner Eltern nicht geändert. Sie hatten gesagt, daß ich es akzeptieren muß, wie ein türkisches Mädchen und nicht wie ein deutsches Mädchen zu leben. Ich will so gern in den Sommerferien nach Erzincan, weil Ferdi auch in die Türkei fährt. Ich will mich lieber umbringen, als weiter so ein Leben zu leben. Und wenn ich abhaue, werde ich es nicht aushalten und wieder nach Hause gehen.

Freitag
7. Juli 1989

Abschiedsfete. Es war schon sehr schön. Aber Mohammed war sehr traurig, weil seine Eltern wegfahren, heute um 3.00 Uhr. Ich habe zweimal geweint wegen seiner Schwester. Er ist sehr früh nach Hause gegangen.

Samstag/Sonntag
22./23. Juli 1989

Zwischen mir und Mohammed ist nichts. Es hat mich beruhigt. Ich werde arbeiten und 1000 DM verdienen. Ich kaufe Stereoanlage, Fernseher und Klamotten. Vielleicht macht Selda auch mit, das wäre geil.

Montag
31. Juli 1989

Morgens mußte ich mit Daddy zum Arbeitsamt wegen Ayse. Ich habe von Tolga, Emre, Aras, Kerstin geträumt, daß ich mit Kerstin streite, Emre raucht und wir auf einem Supermarkt klauen.

Dienstag
8. August 1989

Heute hatte Necla Geburtstag. Ich habe ihr ein Porzellan geschenkt. Sie hat sich sehr gefreut. Wir haben einen Film geguckt, dann gegessen. Es war ein gemütlicher Abend. Getanzt haben wir nicht.

Freitag
12. August 1989

Ich will nicht weg von zu Hause, aber auch nicht mehr so weiter leben. Ich will mich umbringen. Ich meine es ganz ernst damit. Wenn ich von zu Hause weg bin, kann ich es ohne sie nicht aushalten und weiß, wie sich meine Eltern fühlen werden. Und so weiter will ich auch nicht leben. Die ganzen drei Wochen von den Sommerferien nur zu Hause verbringen, ohne rauszugehen, nur putzen und putzen. Mir kommt es vor, als ob ich ein Verbrecher bin und im Gefängnis sitze und Strafarbeit machen muß. Als unser Zimmer tapeziert wurde, habe ich ein Nenha-Cherry-Poster aufgehängt mit Tesafilm, und Vati hat es sofort abgerissen. Ich kann nicht verstehen, warum er es macht. Okay, ich wollte, daß er tapeziert. Aber wenn er immer so weiter macht, verliert er jeden Tag ein bißchen die Liebe von mir.

In den Ferien habe ich auch keinen angerufen, ich habe es nicht für nötig gehalten, die ersten drei Wochen. Ich bin in keinen verliebt. Ich werde mich in keine Jungs verlieben und auch nicht mit ihnen gehen. Ich bin sehr empfindlich dafür. Mich hat ja eine Bekannte mit Bora gesehen und es meinen Eltern gesagt. Meine Eltern wollten es für sich behalten, aber es ist ihnen nicht gelungen. Nämlich Nevim hat's mir gesagt. Sie wollten gucken, ob ich mich wieder mit ihm oder anderen Boys treffe. Und dann ab in die Türkei.

Ich kann nicht immer das brave türkische Mädchen sein. Ich will unbedingt ein Buch schreiben über die türkischen Mädchen in Deutschland, die Verhältnisse mit Eltern und Freunden, über alles. Ich will mich am Montag in der Bücherei erkundigen, über Bücherschreiben, Verlage usw.

Wenn ich mir überlege, wie es sein könnte, wenn ich nicht solche Eltern hätte, sondern solche, die mir immer alles erlauben würden und für alles Verständnis haben. Als ich zurückkam, meinten meine Eltern: »Was hast Du uns bloß damit angerichtet. Wie können wir andern Leuten, Verwandten, Bekannten in die Augen schauen.« Aber jetzt wissen es alle, und trotzdem können sie gucken. Das wundert mich, wie sie jetzt damit leben können.

Freitag
8. September 1989

Heute verreise ich. Als ich gebadet habe, kam schon Tülin, um mich abzuholen. Ich habe zum erstenmal nicht geweint, wenn einer in die Türkei fliegt. Als wir am Flughafen waren, wußten wir nicht, an welchen Schalter wir gehen müssen. Es war schön zu fliegen. Als wir endlich in Istanbul waren, kam uns Koray abholen, mit ihm war auch sein Cousin Taner. Die zwei Tage waren schön. Eine Nacht ist Taner heimlich im Hotel geblieben, wir haben nur gelacht.

Montag
11. September 1989

Wir sind nach Büyükada gefahren mit den anderen Gruppen. Abends sind wir zum Rummel gegangen. Es war schön. Als wir zurückkamen, war Taner im Hotel mit Koray. Er blieb heimlich da. Wir, ich und er und Türkan, haben den ganzen Tag gelacht.

Dienstag
12. September 1989

Heute sind wir gefahren und gefahren, erst mit dem Schiff und dann mit dem Bus. Es war schrecklich. Als wir endlich da waren, war es Mitternacht. Ich habe nichts gearbeitet. Nach der Arbeit sind wir schwimmen gegangen. Es war schön warm.

Mittwoch
13. September 1989

Ich, Tülin, Jörn und Bernd haben durchgemacht. Gestern abend waren alle besoffen (Boys). Ismail ging in Kummer. Wir sind Sand holen gegangen, ich bin mit Jeans ins Wasser, und dann hatte ich meine Unterleibschmerzen.

Sonntag
17. September 1989

Heute sind wir zurückgefahren. Auf der Fahrt haben wir zwei Boys kennengelernt. Wir sind 5 oder 6 km gelaufen, um was einzukaufen. Abends sind wir in die Disco gegangen.

Montag
18. September 1989

Heute waren wir am Strand. Abends sind wir ohne Lehrer in die Stadt gegangen. Da hatten wir zwei Typen kennengelernt, aber das waren die schlimmsten. Wir haben einen big Fehler gemacht, und dafür dürfen wir in den nächsten Tagen nicht zur Disco gehen. Es war ein Schock für mein Leben.

Dienstag
19. September 1989

Koray und Ali habe ich mein Leben zu verdanken. Wir sind essen gegangen und dann Fußball spielen. Wir sind in ganz Sile spazieren gegangen.

Mittwoch
20. September 1989

16.00 Uhr sind wir von Sile abgefahren, in Istanbul waren wir um 18.00 Uhr. Wir sind zu Korays Tante gefahren. Mit ihnen sind wir zur Camlica gefahren. Ich bin 12 Stunden mit dem Bus nach Kayseri unterwegs.

Donnerstag
21. September 1989

Wir waren vormittags in Kayseri und sind erst mal zu Alis Tante gefahren, haben geschlafen und gegessen. Am gleichen Tag sind wir weiter mit dem Bus nach Bünyjan gefahren. Abends sind wir noch 7 oder 8 km gewandert, mal Berg auf, mal ab. Wir sind zu einer Quelle gewandert, wo wir auch gegrillt haben. Es war schön da, nur das Essen war ekelhaft. Wir haben die Tante kennengelernt, sehr nett.

Sonntag
24. September 1989

Ich bin früh aufgestanden und habe Frühstück gemacht. Wir sind zur Kappadokien gefahren, wo wir auch die andere Gruppe fanden. Sonntag waren wir zu Hause.

Montag
25. September 1989

Um 17.00 Uhr bin ich telefonieren gegangen. Hala war nie da, wenn ich angerufen habe.

Mittwoch
27. September 1989

Heute sind wir wieder zur Quelle gefahren, aber mit der anderen Gruppe zusammen. Wir haben gegrillt, es war schön. Dann mußten wir plötzlich mit dem Bus nach Istanbul fahren. Wir verabschiedeten uns von den Gastgebern.

Donnerstag
28. September 1989

Heute sind wir wieder in Instanbul und wollten Korays Geburtstag feiern. Alle sind dann weggegangen, ich blieb mit Türkan. In der Nacht bin ich mit Taner zusammengekommen. Es war sehr schön.

Samstag
30. September 1989
Wir konnten nur Einkäufe machen, sonst durften wir nicht raus. Aber wir sind trotzdem gegangen, Koray, ich und Bernd zur Ferda. Taner kam hin. Wieder war es für mich sehr schön. Dann war ein schrecklicher Abschied.

Sonntag
1. Oktober 1989
Wir sind wieder hier in Berlin. Ich wollte gar nicht. In der Türkei ist einiges passiert, das ich aber für mich behalten möchte. Es war eine sehr, sehr schöne Reise für mich.

Montag
2. Oktober 1989
Wir waren wieder in der Schule, leider. Bruder hat mich umarmt. Ich habe Ferda und Taner heute angerufen. Taner redet nicht am Telefon, Ferda hat sich über meinen Anruf gefreut.

Dienstag
3. Oktober 1989
Wir haben jetzt richtig mit dem Unterricht angefangen. Ich habe ihn wieder angerufen und noch geweint.

Donnerstag
5. Oktober 1989
Jemand hat angerufen und gesagt, daß ich zwei Stunden frei habe. Wir saßen in der Schule. Mir ist so ein komisches Gefühl. Ich tecke nicht. Ich mache es nicht mehr, seit ich mit Taner zusammen bin.

Donnerstag
12. Oktober 1989
Wir haben besprochen, daß Mutti mit Ayse zusammen fliegt, ich, Fatma und Dad hier bleiben und später fliegen. In der Schule war es lustig. Mit Hatice rede ich nicht mehr so wie früher, ich bin nur noch mit Tülin usw. zusammen. Ich bin eine alte Sevgi geworden.

Samstag
4. November 1989
Heute hatte Selda Geburtstag gefeiert. Es war witzig. Hatice war von zu Hause weg. Ali und Sibel sind jetzt zusammen. Irgendwie bin ich eifersüchtig

auf die beiden. Mit Ferda habe ich telefoniert, sie meinte, Taner bleibt mir treu. Ich weiß nicht, was ich davon denken soll. Ich glaube, es war nur ein Flirt, weiter nichts. Ich habe mit Taner seit vielleicht drei Wochen nicht telefoniert.

Ich will nicht weg von zu Hause. Ich finde, damit werden die Probleme nicht fertig. Ich weiß gar nicht, was ich will. Wir werden Ayse ablas Hochzeit feiern. Ich hoffe es ja noch. Dann werde ich Ferda, Taner, Kenan, Tuncay, Taylan und Sibel treffen. Ich glaube, es wird Spaß machen. Meine Gefühle über meine Eltern sind positiv. Aber ich will auch mal spät nach Hause kommen, und das würden sie nie akzeptieren. Ich will jetzt im Moment meinen Schulabschluß haben, dann möchte ich von zu Hause ausziehen. Mal gucken, vielleicht ändere ich schon morgen meine Meinung. Auf dem Hof war ich nicht mehr, seitdem ich aus der Türkei gekommen bin.

Dienstag
28. November 1989

Ich hasse mein Leben. Wozu lebe ich denn? Wenn man gar nicht genießen kann. Ich lebe wie in einem goldenen Käfig, der nicht von anderen Geschlechtswesen angefaßt werden soll, meine Meinung ist nicht gefragt. Eigentlich bin ich ein Wesen, das nur vormittags existiert und abends, also nach der Schule, nicht mehr existiert. Ich komme mir wie ein Roboter vor. Immer das gleiche machen und andere bedienen, damit sie sich wohl fühlen.

Montag
4. Dezember 1989

Es sind Projekttage. 2 Südafrikaner kamen. Eigentlich haben sie nur gesprochen. Ich habe gefragt, was man gegen Apartheid machen kann. Der Tag war interessant for me.

Mittwoch
6. Dezember 1989

Heute war auch Projekttag. Wir haben afrikanisches Essen gekocht, es hat scheußlich geschmeckt. Aber es war sehr lustig. Ich bin noch mit Taner zusammen.

Dienstag
12. Dezember 1989

Wir waren auf dem Ku'damm, Selda und ich. Wir haben den türkischen Typen gesehen. Es war voll geil. 6 Mann hatten gekifft. Ich bin draußen glücklich.

Montag
18. Dezember 1989

Heute war die Schulfete. Es war wunderbar. Ich habe immer Erkan angelacht, er zurück, er war traumhaft. Ich und Selda waren 6 Stunden unterwegs, ich konnte gar nicht einschlafen.

Montag
25. Dezember 1989

Ich heiße Sevgi und bin 15 Jahre alt. Dieses Notizbuch habe ich heute am 25. Dezember gewonnen und mache es zum Tagebuch von mir. Ich bin 1,53 m groß und wiege 51 kg. Meine Haarfarbe ist kastanienbraun, ebenfalls meine Augenfarbe. Meine Hobbys sind zur Zeit: tecken, nähen, Musik hören und spazieren. Was ich nicht mehr mache: Briefe schreiben, oft telefonieren, Bücher lesen. Ich faulenze nur noch, weil wir Ferien haben. Manchmal bin ich glücklich, manchmal nicht.

Heute bin ich erst um 11.00 Uhr aufgestanden, nach dem Frühstück habe ich aufgeräumt. Unser Zimmer sieht picobello aus. Leyla abla kam zu uns nachmittags, damit wir zusammen zum Ku'damm gehen konnten. Es war ein bißchen lustig, aber peinlich. Abends habe ich mit Bruder gestritten, Fatma übernachtet bei Leyla abla. Es ist alles so sauber und leise. Ich habe mit Hatice ungefähr 30 Minuten telefoniert. Ich liebe Erkan so.

März 1990

Mir war ganz komisch im Bauch. Ich konnte nichts mehr sagen. Meine Kehle war wie ausgetrocknet, dafür stand mir das Wasser in den Augen. Ich sah IHN nur noch verschwommen. Er, wie er wegging, ohne sich auch nur noch einmal umzudrehen. Ich konnte mir schon denken warum. Er wollte mir wohl nicht sein Lachen im Gesicht zeigen, das aussagte: »Endlich bin ich wieder frei.« Bloß nicht losheulen, bloß nicht vor allen Leuten, dachte ich. Aber warum eigentlich nicht? Sollen sie doch sehen, daß ich traurig und verletzt bin, daß er mir innerlich sehr weh getan hat. Ist doch auch egal. Und dann kullerten sie auch schon los, ohne daß ich sie zurückhalten konnte, flossen meine Tränen mir übers Gesicht. Langsam wurden sie weniger, und je langsamer sie flossen, um so erleichterter fühlte ich mich ... Warum also nicht weinen?

Sonntag
15. April 1990

Es ist 17.00 Uhr, und ich liege immer noch im Bett. Ich habe Bauchschmerzen, weil wir fasten. Ich gehe jetzt immer zur Naunynritze und zur Wille. Ersoy will was von mir. Ich meine, er ist in mich verknallt. Erkan hat einmal Kontrolle in der Wille gemacht. Er hat dann mit mir gesprochen und andauernd Annäherungsversuche gemacht. Nachher tat er so, als ob er mich gar nicht kannte. Das werde ich ihm niemals verzeihen, oder ich werde das gleiche mit ihm machen. Ich will jetzt sprühen, ich habe auch Entwürfe gemacht.

Freitag
20. April 1990

Heute ist Mofa gestorben beim S-Bahn-Surfen! Alle waren da, als er gestorben war. Erkan sehe ich nicht mehr. Ich gehe auch nicht mehr zur Wille.

31. Juli 1990

Heute war mir so langweilig. Gestern war ich mit Özlem und Fatime zum Alex gegangen. Es hat mir total Spaß gemacht, die ganzen 36 waren da. Sie sollen auch immer da sein, sogar Monster. Sie nehmen einige Mädchen auf.

2. August 1990

Ich weiß nicht, was ich machen soll. Ich weiß nicht, ob ich es noch länger zu Hause aushalten kann. Ich hasse meinen Vater. Er ist schwerbehindert. Mit Mutti rede ich gar nicht mehr. Ich hatte mich mit Banu verabredet. Fatime kam auch. Davor habe ich Erkan und die anderen gesehen. Wie er mich angeguckt hat, er ist ein Monster. Und später sind wir zum Alex gegangen.

22. August 1990

Heute habe ich Koray und Kemal gesehen. Ich habe von ihnen erfahren, daß man Selda in der Türkei entführt hat. Ich habe geheult. Ich kann es nicht glauben, daß so etwas passiert ist. Wer weiß, was Selda jetzt durchmacht. Sie kann es nicht allein durchstehen, sie würde sich umbringen.

Heute haben sich Koray und Berrin verlobt. Wir sind mit denen ins Restaurant gegangen, und es gab eine Überraschung. Obwohl wir sie nicht bestellt hatten, kam Torte.

22. Oktober 1990
Ich bin jetzt einen Monat mit ihm zusammen. Er hat mir gesagt, daß er streng sein wird. Ich glaube es jedoch nicht. Heute sind ich und Fatime zur Bano nach Hause gegangen. Wir haben gegessen und getrunken. Und dann haben wir uns fotografiert. Wir sahen ganz sexy aus. Ich bin die letzte Stunde nicht zum Unterricht gegangen. Aber ich hoffe, daß sie mich nicht eingetragen hat.

1. November 1990
Ob die Jugendlichen wegen ihrer Unsicherheit so sind? Wer weiß. Alleine sind sie harmlos. In der Gruppe fühlen sie sich sicher. Sie werden von den anderen, vom Staat, von allen ausgenutzt. Und das ist ja das Problem. Ich weiß nicht genau, warum ich in einer Gruppe bin. Weil ich mich sicher fühle, weil ich das cool finde, weil das Mode ist und weil es meine Freunde sind. Wegen ihnen bekomme ich zu Hause immer Ärger. Hat es sich überhaupt gelohnt? Warum denke ich jetzt ganz anders als früher? Was hat mich dazu gebracht? Weil ich jetzt weiß, wie das Leben in Banden ist? Oder suche ich nur was Neues? Ich glaube, zu Hause gibt man den Jugendlichen nicht die Wärme, die Liebe, und das suchen sie unter Freunden.

10. November 1990
Der neue Schüler ist da!
Gestern war es ein Jahr her, daß die Mauer geöffnet war. Ich hoffe, daß man die Mauer wieder zumacht. Es gab so viele Schlägereien und Morde. Von Anfang an schon dachte ich, daß es nicht gut geht.

Hallo Du! 4. Dezember 1990
Ich will Dir jetzt erzählen, was ich in den letzten Tagen gemacht habe. Gestern sah ich Ümit, und er hat so getan, als ob er mich gar nicht kannte. Ich fand es Scheiße von ihm. Ich dachte, wir würden noch Freunde bleiben. Hoffentlich redet er über mich nicht. Ich weiß zur Zeit nicht, wen ich lieben soll. Erkan, Cengiz, Kenan, Mustafa oder die Jungs aus meiner Schule? Ach ich weiß es einfach nicht.

Osman abi ist jetzt auch hier. Auf den wir so lange gewartet haben. Er und Ayse abla, beide sind noch nicht reif für eine Ehe. Beide sind noch Kinder. Sie tut mir leid. Am 22. diesen Monats kommt Dayi von München. Und die

Eltern von Berrins Verlobten, die in Frankreich wohnen. Ich glaube, unsere Wohnung ist dann ein internationales Hotel. Dayi aus München, Osman abi aus der Türkei, die Eltern aus Frankreich.

Ich will nicht mehr zur Naunynritze gehen. Alle die Mädchen dort werden zur Schlampe gestempelt.

25. Januar 1991

Mit Bano treffen wir uns öfters. Bano hat wieder Reporter gebracht, die mit uns Interviews machen wollen und einen Film mit uns drehen wollen. Davor brachte Bano so einen Mann, der über Jugendbanden ein Buch schreiben wollte. Ich habe erst nein gesagt. Der Mann tut mir leid, wir haben ihn so oft versetzt. Einmal habe ich ihn im Café Alibi gesehen. Das war immer so peinlich, und dann habe ich mich wieder mit ihm verabredet.

Montag
28. Januar 1991

Den Film drehen wir nicht. Gestern kam Besuch, und ich habe gebacken, einen Kuchen und Plätzchen. Und Samstag durfte ich natürlich mit Fatma weggehen. Ich habe gefragt, ob wir zur Folklore gehen können. Daddy hat gesagt, daß wir um sieben kommen sollen. Ich bin am Samstag zur Folklore gegangen, und später sind wir zur Naunyien gegangen.

Dienstag
5. Februar 1991

Rabiye ist mit Ibrahim zusammen, Filiz ist mit Erol zusammen. Und ich bin mit gar keinem zusammen. Heute sind Rabiye, Fatime und ich zu Ibrahim nach Hause gegangen. Erkan schlief, als wir kamen. Aber davor waren wir bei Bano. Sie mußte auf die Uni gehen. Bei Ibrahim habe ich mich nicht wohl gefühlt wegen Erkan. Der hat mich natürlich doof angemacht. Ich bin zu seinen Füßen gegangen. Ich bin so richtig doof und habe es gemacht. Gestern haben wir in der Schule Sekt getrunken und waren besoffen. Wir sind zur Carl-Ossietzky-Schule gegangen. Wir haben uns aber doof angestellt.

Heute ist der 20. Tag, daß es Krieg am Golf gibt. Ich war auf Demos, aber nichts hat geholfen. Der Krieg geht weiter.

Fatime und ich haben eine Wohnung gesucht, aber nichts gefunden. Gestern hat mich Daddy verklopft. Ich bin um 16.00 Uhr ins Bett gegangen und bin um 20.00 Uhr aufgestanden und habe nur noch gekotzt. Ich will von zu

Hause ausziehen. Ich möchte nicht vor Gericht über meine Eltern eine Aussage machen. Ich möchte mit Freunden zusammen ziehen, aber das dauert bestimmt lange. Ich liebe eigentlich Erkan nicht. Auf meiner Schule ist der Cousin von Cem. Mir kommt es so vor, als ob er mich und Fatime kennenlernen möchte. Eigentlich sieht er nicht schlecht aus. Mal gucken, was passieren wird. Lassen wir mal das Schicksal was mit uns machen. Mit wem komme ich zusammen? Wen liebe ich eigentlich? Was will ich eigentlich?

Ich hasse Vati so sehr. Er spielt den Kranken, aber eigentlich ist er es nicht. Was für eine Rolle spielt er eigentlich? Er spielt eine sehr gute, seine Rolle.

Wirst du verstehn? 5. Februar 1991

Ich sitze hier
und frage mich
was soll ich sagen
wenn Du mich fragst!
Ich möchte ja
sehr gern sogar
und nur mit Dir
doch noch nicht jetzt
und auch nicht morgen.
Wirst Du verstehn?
Ich brauch noch Zeit
ein bißchen Time.
Ich möchte Dich halt
noch besser kennen
und auch Du kennst
mich noch nicht.
Du wirst verstehn!
Ich hoffe es!

Kälte

Ich stehe am Strand,
es ist kalt.

Der Wind weht
grausam,
und keiner ist da,
der mich festhält,
mich vor der Kälte
schützt.
Dunkle Wolken
ziehen am Himmel
und ich bin allein.
Allein –
das Wort klingt hart
und doch nicht
hart genug.
Wo bist Du?
Ich such Dich!
Mir ist so kalt.

Du

Vor Jahren noch
unerreichbar fern,
und jetzt so nah,
unendlich nah.
Näher als
sonst irgend etwas
auf dieser Welt.
Du bist mein Freund,
vertraut,
alle Probleme,
Sorgen, Ängste,
meine Zweifel, Tränen
für Dich.
Deine starke Hand,
streichelnd,
läßt mich wissen,
ich bin nicht allein.

Mit Deiner Zärtlichkeit und Sehnsucht weckst Du in mir Sehnsucht und Zärtlichkeit. Alles Glück, alle Freude durch Dich.
Nicht vorstellbar der Gedanke, ohne Dich zu sein.
Du zeigst mir, was Liebe ist.
Unendliches Glück, Deine warmen Hände auf meiner Haut zu spüren.
Die Vision, einmal ganz Dir zu gehören – hoffentlich nicht nur ein Traum.
Du bedeutest so viel für mich.

Ich liebe Dich.

24. Februar 1991

Warum kriege ich keinen Freund. Ich liebe auch Erkan nicht. Zur Zeit liebe ich keinen. Was ist das Wort »Liebe«, und was bedeutet sie? Weiß jemand daraufhin eine Antwort? Kann jemand sagen, was das eigentlich ist? Jeder sagt, ich bin verliebt. Woher weiß er, daß er verliebt ist? Wie merkt man, daß man verliebt ist? Was sind Freunde? Ich war ja, besser gesagt, bin immer noch befreundet mit Fatime und Rabiye. Jetzt wird es mir langweilig mit denen.

Ich muß noch üben für die Klausur morgen. Ich muß abnehmen. Ich muß Sport machen, weil ich so dick geworden bin, daß man es nicht glauben kann. Ich muß bestimmt auch gleich aufräumen zu Hause.

Mittwoch
6. März 1991

Die Pädagogikklausur war Scheiße. Ich habe sie verhauen. Ümit hatte heute keine Schule. Ich habe mich in ihn verliebt, als er nach mir gefragt hat und gesagt hat, daß er sauer ist. Er soll heute auf Rabiyes Schule gewesen sein, er soll geglaubt haben, daß ich auf Rabiyes Schule bin. Heute bin ich mit Daddy zum Anwalt gegangen. Ich weiß nicht so recht, es war ein schönes Gefühl in mir, als ich mit Daddy und Mama heute gesprochen habe. Sie hatten Vertrauen zu mir. Ich weiß genau, daß sie mir vertrauen. Das ahne ich.

Freitag
8. März 1991

I am happy so much! Ich war in allen meinen Pausen mit Ümit zusammen. Es war schön. Ich glaube, ich schaffe, daß er nicht so schüchtern mir gegenüber ist. Er geht auch zur Hochzeit. Ich auch. Ich freue mich schon. Ich war heute beim Spangenarzt. Nachher bin ich zur Naunyn gegangen. Ich bin zur Schwester gefahren und dann zu diesem Fest. Da waren auch Alev, Fazilet, Anna, Özlem, Fatime und Filiz. Ich habe sie mit meiner Schwester bekannt gemacht. Ich war schön.

**Sonntag
24. März 1991**

Leyla abla kam, und wir haben Spaß gehabt. Papi rief mich und fragte, ob ich von ihm 5 DM genommen habe. Was für eine Beschuldigung. Ich habe es nicht gemacht und werde beschuldigt. Ich bin ausgerastet und fing an zu weinen, ich wollte weg, nur weg. Ayse abla beruhigte mich. Sie meinte, wenn es mit der Wohnung klappt, kann ich bei ihnen wohnen. Wenn ich 18 bin, ziehe ich aus. Ich habe es satt.

Papi kam in mein Zimmer und wollte wieder mit mir reden. Er hat gestanden, daß er einen Fehler gemacht hat. Er wollte mich wieder versöhnen, aber es war zu spät. Ich hasse ihn, und wie ich ihn hasse.

Ich habe mich erleichtert, nachdem ich alles aufgeschrieben habe. Das ist eine bessere Therapie gegen die schlechte Laune als das Weinen.

**Mittwoch
27. März 1991**

Als ich aufstand, weinte Papi. Büyük Amca ist gestorben. Es war für mich traurig. Aber ich kann nicht weinen. Man kann ja nicht denjenigen damit zurückholen, wenn man weint. Osman abi ist zum Rummel gegangen sich vergnügen. Ich fand es gar nicht gut. Leyla abla kam, aber sie redet ja nicht mit mir. Bruder kam, er redet auch nicht mit mir. Wir haben, glaube ich, zum erstenmal kein Fernsehen und kein Radio angemacht.

Ich und Fatma gingen raus, um für uns was zu kaufen. Wir sahen Rabiye, Fatime, Özlem und Fazilet. Ich weiß nicht so recht, ich mag die nicht so sehr wie vorher. Ich meine damit Fatime und was sie mir am Samstag gesagt hatte mit dem Tagebuch. Morgen gehe ich auch arbeiten mit denen, wenn ich darf natürlich.

I don't know.